Transnationale Spurensuche in den Anden

Juliana Ströbele-Gregor

# Transnationale Spurensuche in den Anden

## Von geflüchteten Juden, „Altdeutschen“ und Nazis in Bolivien

(M) | METROPOL

Umschlagabbildungen:
Mitte oben: Jüdische Auswanderer, Foto aus Gustav Schröder: „Heimatlos auf hoher See" | Rechteinhaber unbekannt || Mitte unten: La Paz mit Blick auf den Illimani, 1952 | Privatarchiv Juliana Ströbele-Gregor || unten rechts: Monika Ertl bei Filmaufnahmen in Bolivien | ullstein bild 1004610610 (Ausschnitt) || unten links: Gestapo-Offizier Klaus Barbie | ullstein bild – TopFoto 80080380 (Ausschnitt)

ISBN: 978-3-86331-395-1

2. Auflage 2026

Ansbacher Straße 70
D–10777 Berlin
www.metropol-verlag.de

Druck: AALEXX Druck Produktion, Großburgwedel

# Inhalt

# Einleitung

## Spurenmarkierung

Das alte Schulhaus in Charobamba ist renoviert, das kleine Museum im ersten Stock erinnert an die jüdischen Emigranten, die hier 1940 im subtropischen Nebelwald eine landwirtschaftliche Kooperative aufgebaut hatten. Einfache Arbeits- und Haushaltsgeräte sowie einige alte Fotos und Informationstafeln zeugen davon, wie Menschen hier einst lebten und arbeiteten, und vermitteln einen Eindruck vom entbehrungsvollen Leben der Kolonisatoren.

Ein alter indigener Bauer führt uns durch das unwegsame Gelände und erzählt von der Eröffnungsfeier 2014, als der deutsche Botschafter in Bolivien, Peter Linder, und der Vertreter der jüdischen Gemeinde von La Paz, der Gynäkologe Dr. Ricardo Udler Cymerman, die Gedenkstätte einweihten. Erinnerungen an meine Kindheit in La Paz und Ferienaufenthalte im nahen Städtchen Coroico werden lebendig. Zu jener Zeit, Anfang der 1950er-Jahre, sprach niemand von Charobamba, und in der deutschen Kolonie wahrte man Distanz zu den jüdischen Emigranten, die angesichts der Verfolgung im Dritten Reich in Bolivien Exil erhalten hatten. Nun also das Gedenken an die Zeit der Flucht. Jedoch auch jetzt verirrt sich kaum ein Besucher aus der deutschen Kolonie nach Charobamba. Aber immerhin gibt es dank der Unterstützung der deutschen Entwicklungspolitik jetzt diesen Ort des Gedenkens.

Als 1933 mit der Machtübernahme Hitlers die Verfolgung Andersdenkender und bald darauf die systematische Ausgrenzung, Entrechtung, Verfolgung und Vertreibung der Juden einsetzten, begann die erzwungene Emigration, die in den folgenden Jahren zum Exodus von Hunderttausenden wurde.[1] Fluchtziele waren zunächst vorrangig die europäischen Nachbarländer, aber auch Palästina und die USA. Nach der Besetzung der Nachbarstaaten durch die Deutschen weitete sich die Fluchtbewegung auf andere Kontinente aus, so auch auf Lateinamerika. Das Andenland Bolivien war zwar kein Wunschziel der Flüchtenden – doch je mehr Staaten ihre Tore verschlossen, desto glücklicher waren jene, die ein bolivianisches Visum erhielten und dort Aufnahme fanden. Bolivien gehörte neben der Dominikanischen Republik und Shanghai zu den wenigen Staaten, die noch 1938 bis 1940 jüdischen Flüchtenden in großem Umfang Exil gewährten und dabei auf den Nachweis von Verwandten im Lande verzichteten und kein hohes „Einreisegeld“ verlangten, wie das in einigen anderen Ländern, beispielsweise in Argentinien, der Fall war. Der Einwanderungspolitik der bolivianischen Regierungen jener Zeit lagen allerdings nicht nur rein humanitäre Motive zugrunde; sie war durchaus interessengeleitet. Die Regierung hoffte auf Landwirte für Kolonisationsprojekte. Nichtsdestotrotz bot das Visum für Bolivien Juden nach der „Reichskristallnacht“ 1938 eine der letzten Möglichkeiten, aus Nazi-Deutschland zu entkommen. So wurde das Land Fluchtort von Tausenden Juden aus dem Deutschen Reich, aus Österreich, der Tschechoslowakei, aus Ungarn, Polen und Osteuropa. Zu den Flüchtenden gehörten darüber hinaus politisch Verfolgte nicht-jüdischen Glaubens, überwiegend Sozialdemokraten und Kommunisten.

1 Laut Strauss verließen zwischen 1933 und 1941 278 500 deutsche Juden Deutschland. Die Zahl der Emigranten, einschließlich nicht-jüdischer Geflüchteter aus Deutschland, Österreich und der Tschechoslowakei, schätzt er auf 500 000. Siehe Herbert A. Strauss, Jewish Emigration from Germany. Nazi Policies and Jewish Responses (I), in: The Leo Baeck Institute Year Book 25 (1980) 1, S. 313–361, hier S. 326.

Nach Kriegsende kamen nochmals zahlreiche jüdische Einwanderer nach Bolivien: Überlebende des Holocaust. Viele von ihnen stammten aus Osteuropa. Die meisten ließen sich in La Paz nieder. Zeitgleich begannen immer mehr Emigranten, das Land zu verlassen, um in Argentinien, den USA, Kanada, Australien oder in dem 1948 gegründeten Staat Israel eine neue Existenz aufzubauen. In Bolivien waren sie nicht heimisch geworden.

Bolivien war jedoch schon lange zuvor Residenzort vieler Deutschstämmiger gewesen. Die Einwanderung Deutscher datiert zurück auf das Ende des 19. und den Anfang des 20. Jahrhunderts, als sich die Handelsbeziehungen zwischen Deutschland und Bolivien ausweiteten und im Bergbau die Nachfrage nach Ingenieuren zunahm. Den „Alteingesessenen" oder „Altdeutschen", wie sie sich nannten, war es gelungen, eine gesellschaftlich und wirtschaftlich starke Position aufzubauen. Wie in anderen lateinamerikanischen Ländern dachte auch hier die Mehrheit der Reichs- und Volksdeutschen deutschnational. Dies bot offenbar die Voraussetzungen dafür, dass der Nationalsozialismus bereits in den frühen 1930er-Jahren Anhänger in der deutschen Kolonie fand[2] und entsprechende Organisationen aufbauen konnte, wie die Recherchen der Historikerin Irma Lorini ergaben.[3] In den Jahren nach Kriegsende lebte nationalsozialistisch gefärbtes Gedankengut in der „Deutschen Kolonie" auf verdeckte Weise fort – nicht viel anders als in der soeben erst gegründeten Bundesrepublik Deutschland.

Dieses Buch berichtet zum einen von dem Leben aus Nazi-Deutschland Geflüchteter in Bolivien, zum anderen von der dort ansässigen deutschen Kolonie in La Paz, wozu auch deren Verhältnis zum Nationalsozialismus gehört, sowie um die Beziehungen dieser

2 Siehe Patrik von zur Mühlen, Fluchtziel Lateinamerika. Die deutsche Emigration 1938–1945. Politische Aktivitäten und soziokulturelle Integration, Bonn 1988, S. 214.

3 Siehe Irma Lorini, Nazis en Bolivia. Sus militantes y simpatizantes 1928–1945, La Paz 2016.

Gruppierungen zueinander. Da die Entwicklung dieser Beziehungen in die sozialen und politischen Prozesse des Gastlandes eingebettet und von ihnen beeinflusst war, ist zudem die Darstellung dieses Kontextes und der Dynamik ihrer Veränderungen erforderlich. Ausgangspunkt der Erzählung sind meine persönlichen Erinnerungen aus der Kindheit. Sie haben mich nie losgelassen. Und so habe ich mich auf den Weg gemacht, mich diesem so komplexen Thema anzunähern.

***

Meine Geschichte in Bolivien beginnt 1952.[4]

Damals war ich neun Jahre alt. Mein Vater war der erste Gesandte der Bundesrepublik Deutschland – später Botschafter – nach dem Krieg in Bolivien. Die diplomatischen Beziehungen zwischen beiden Ländern waren während des Krieges 1942 von bolivianischer Seite abgebrochen worden, als sich die bolivianische Regierung den Alliierten anschloss. Im Herbst 1952 trafen wir in La Paz ein – ein halbes Jahr nach der Nationalen Revolution vom 9. April, mit der eine neue politische und wirtschaftliche Ordnung des Landes etabliert worden war.[5] Ende des Jahres 1952 wurde die deutsche Vertretung in Bolivien eröffnet.

Ich wurde sogleich in die Deutsche Schule *Colegio Mariscal Braun* eingeschult. Bis wir ein eigenes Haus beziehen konnten, wurde häufig im Deutschen Klub gegessen. Der Klub war zu jener Zeit eine recht einfache Lokalität im Stadtzentrum mit einem Versammlungsraum und einem Restaurant. Hier trafen sich u. a. Geschäftsleute zum Mittag. Bei

4 2013 habe ich eine Kurzversion des vorliegenden Textes veröffentlicht: Juliana Ströbele-Gregor, Transnationale Spurensuche. Von „Altdeutschen“, Nazis und geflüchteten Juden im Bolivien der 1950er-Jahre, in: Markus Hochmüller/Anne Huffschmid/Teresa Orozco Martínez/Stephanie Schütze/Martha Zapata Galindo (Hrsg.), Politik in verflochtenen Räumen – Los espacios entrelazados de lo político. Festschrift für Marianne Braig, Berlin 2013, S. 476–498.

5 Zur Nationalen Revolution sowie insgesamt zu zentralen Punkten der bolivianischen Geschichte siehe das Kapitel: „Bolivien – das Land im Herzen Südamerikas“.

Gesandter Dr. Werner Gregor, Antrittsbesuch bei
Staatspräsident Víctor Paz Estenssoro, 1953
*Privatarchiv Juliana Ströbele-Gregor*

den Gesprächen der Herren (an Frauen kann ich mich nicht erinnern) mit meinen Eltern ging es meist um die politische Lage sowie um Ereignisse während und nach der Revolution vom vergangenen April. Von Enteignungen von *haciendas* war die Rede, von der Gefangennahme ehemals wichtiger Personen und auch von Todesurteilen oder der grausamen Ermordung politischer Gegner. Die Ankündigung eines Todesurteils – ein ehemals hoher Offizier sollte am nächsten Morgen erschossen werden – ließ mich in der folgenden Nacht keinen Schlaf finden. Ich malte mir die Panik des Mannes in seiner letzten Nacht und seine Erschießung im Morgengrauen aus. Am nächsten Tag beim Mittagessen dann die Erleichterung: Das Todesurteil war aufgehoben worden.

Sehr bald begann für mich die Entdeckung des fremden Landes, das mich schnell in seinen Bann schlug. Fasziniert von der Landschaft und den fremden Lebensformen sog ich die neuen Erfahrungen in mich auf. Ich nahm jede Gelegenheit zu einem Ausflug, einem Wochenende oder Ferienaufenthalt auf dem Land wahr. Beliebt waren die Fahrten zu dem auf über 3800 Meter über dem Meeresspiegel gelegenen tiefblauen, riesigen Titicacasee, in Sichtweite die schneebedeckten Anden, oder in die subtropischen *Yungas*. In der Nähe ehemaliger *haciendas* hörte ich Geschichten von der Revolution und über die ersten Folgen der soeben (1953) von der Regierung verfügten Agrarreform. Erzählt wurde, wie die indigenen Bauern Güter besetzten. Es hieß, die Großgrundbesitzer-Familien, die bisher alles bestimmt hatten, hätten nichts mehr zu befehlen; die Gesellschaftsverhältnisse hätten sich verändert. Gespannt lauschte ich den Geschichten aus alten Zeiten, die von Ausbeutung, Unterdrückung, blutigen Kämpfen und der Revolution handelten. Und ich hörte auch, wie die „weißen" Bolivianer, etwa bei Einladungen in der Gesandtschaft, oder auch alte und neue Einwanderer aus Europa voller Verachtung, gepaart mit Ängsten, über die *indios* und die Revolutionsregierung sprachen.

Zu den Aufgaben des neuen deutschen Gesandten gehörte neben dem Aufbau der Beziehungen zwischen der Bundesrepublik Deutschland und Bolivien auch die Herstellung der Verbindung zur deutschen Kolonie ebenso wie zu den ehemaligen jüdischen und politisch Verfolgten deutscher Herkunft. Ein weiterer Auftrag war die Vermittlung der gesellschaftspolitischen Positionen der neuen deutschen Bundesrepublik. Wie sich bald zeigte, erwies sich der Aufbau der Beziehungen zu den verschiedenen Gruppierungen als eine hochsensible Aufgabe. Zwischen ihnen herrschten eine tiefe Kluft, gegenseitige Ablehnung und Misstrauen. Im Bewusstsein beider Gruppen war die Zeit des Dritten Reiches und des Krieges noch sehr präsent. Die deutsche Kolonie hatte zu Hitler-Deutschland gestanden, von einer Auseinandersetzung mit den Verbrechen der Nazis konnte keine Rede sein.

Die Erinnerungen an das Leben in der deutschen Kolonie in La Paz und an bestimmte, mir gut bekannte Personen, von denen ich später erfuhr, dass sie Nazis waren, sowie an die Erzählungen und Lebensgeschichten von geflüchteten Juden und Jüdinnen prägten sich tief in mein Gedächtnis ein. Wahrnehmungen und Gespräche aus jener Zeit, den 1950er-Jahren, waren mit intensiven Emotionen verbunden, Begegnungen und Begebenheiten aus dem Alltag und aus der Lebenssituation unterschiedlicher Einwanderergruppen fügten sich zu Erinnerungsbildern, die mich mein Leben lang begleiteten. Ich nenne sie „Erinnerungssplitter", denn sie sind nicht durch eine Erzähldramaturgie miteinander verbunden. Aber sie stehen in einem inneren Zusammenhang, weil sie Schlaglichter auf die Welt der ehemaligen Geflüchteten und der deutschen Kolonie in La Paz in jenen Jahren werfen, auf die verflochtenen Geschichten und darauf, wie ich diese von Abgrenzungen und Misstrauen geprägte Atmosphäre wahrnahm.

An manche Situationen erinnere ich mich vor allem deshalb, weil mir das Geschehen sonderbar erschien oder unverständlich war, an andere, weil sie mich tief berührten, ohne damals alles genau zu verstehen. Die Entschlüsselung der Erinnerungssplitter und ihrer Bedeutung beschäftigte mich immer wieder, und ich begann in späteren Jahren, nach den gesellschaftlichen Zusammenhängen und historischen Hintergründen, mit denen sie verbunden waren, zu suchen.

Die komplizierten Verhältnisse zwischen den Flüchtlingsgruppen und den „Altdeutschen" waren nicht nur berufsbedingt ein häufig wiederkehrendes Gesprächsthema bei meinen Eltern, sondern schon allein deshalb, weil bereits nach kurzer Zeit eine Reihe jüdischer Familien zum Freundeskreis meiner Eltern zählte. Dies wurde in der deutschen Kolonie mit äußerstem Argwohn betrachtet. In den Unterhaltungen mit jüdischen Bekannten, bei denen ich bisweilen anwesend war, hörte ich sie und meine Eltern über die Vergangenheit in Deutschland sprechen und über die Ursachen der Emigration nach Bolivien. Ein nicht seltenes Thema war das jüdische Leben der Vorkriegszeit in Berlin, Wien oder Prag; aber auch Ausgrenzung, Demütigungen, Flucht und das Zurechtfinden-Müssen im neuen Land kamen zur Sprache. 1943 geboren, hatte auch ich Erinnerungen an Flucht und Nachkriegszeit. Die Trümmerruinen in Hamburg waren mein Spielplatz gewesen. Worte wie „Zusammenbruch“ und „Nazis“ hatte ich in der frühen Kindheit aufgeschnappt, doch ohne sie zu verstehen. Jetzt, in diesen Jahren in Bolivien, füllten sie sich mit den Erzählungen der Menschen über Vertreibung, darüber, wie Väter, Mütter, Großeltern, Onkel oder Tanten verschleppt worden waren, umgebracht. Ich stellte mir vor, was geschehen war, diese schrecklichen Bilder. Das Wort Konzentrationslager fiel immer wieder, ohne dass ich genau begriff, was das war. Ich fühlte nur, es war etwas Furchtbares. „Die Deutschen“ hatten das alles getan.

### Erinnerungssplitter I
### Eine Holocaust-Überlebende erzählt

*Auf der finca, einem kleinen Landgut einer schweizerischen Familie in der ferneren Umgebung von Cochabamba, verbrachte ich mit Nani, meiner geliebten Kinderfrau und Haushälterin unserer Familie, Ferien als* paying guests. *Es gab dort noch einige weitere Gäste. Darunter eine jüngere jüdische Frau. Eines Abends, es dämmert bereits und die Luft ist noch warm, stehen Nani und die Frau vor dem Haus und unterhalten sich. Ich komme hinzu, die Unterhaltung geht weiter. Irgendwann schiebt die Frau den Ärmel ein Stück hoch und streckt den Arm aus. Zu sehen sind blaue Zahlen. Sie erzählt. Sie beginnt zu schluchzen, erzählt weiter. Ich kann mich nicht im Einzelnen an ihre Geschichte erinnern, aber an das Entsetzen, das ich empfand. Von „den Deutschen“ war die Rede, von „Nazis“, von „Konzentrationslagern“. Dass sie von ihrer Familie getrennt wurde, sie nie wiedersah. Dass sie nach Kriegsende gerettet wurde. Dass sie dann nach Bolivien kam.*

Die Gefühle, die solche Erzählungen in mir auslösten, sind noch heute schwer zu beschreiben. Sie waren eine Mischung aus Entsetzen und Verwirrung und ließen mich nicht mehr los. Später, am Ende des Aufenthalts in Bolivien, begannen sich die Erzählungen für mich zu Vorstellungen darüber zu verdichten, was in Deutschland geschehen war.

Und mit dem Verstehen kam die Scham, die Scham, Deutsche zu sein. Das hatte zur Folge, dass ich, als die Amtszeit meines Vaters in Bolivien abgelaufen war, nicht nach Deutschland zurückkehren wollte, zumal Bolivien emotional für mich zur Heimat geworden war. Doch natürlich musste ich mit meinen Eltern nach Deutschland zurückkehren. Aber die Erinnerungen aus Bolivien und die Scham veranlassten mich in der Folgezeit, mich mit der Geschichte Nazi-Deutschlands zu beschäftigen. Das erste Buch, das ich nach der Rückkehr in Deutschland kaufte, war eine rororo-Ausgabe des Tagebuchs von Anne Frank. Ich erstand es an einem Kiosk an einer Straßenbahnhaltestelle in Bonn.

Zwei Begebenheiten aus den 1970er-Jahren bewirkten, dass meine Erinnerungen an die Situation von Juden und Nazis damals in Bolivien erneut virulent wurden. Da war zum einen die Enttarnung von Klaus Altmann als Klaus Barbie durch Beate Klarsfeld. Damit bekamen Erinnerungen an bis dahin unverständliche Erinnerungssplitter an den Vater meiner Schulkameradin Ute Altmann in der Deutschen Schule einen Sinn. Darüber hinaus präzisierte sich das Bild der deutschen Kolonie, nicht zuletzt auch das einzelner Lehrer an der Deutschen Schule.

Klaus Barbie alias Klaus Altmann, der ehemalige Gestapomann, der „Schlächter von Lyon", der als Kriegsverbrecher im Nachkriegs-Frankreich in Abwesenheit zum Tode verurteilt worden war, war 1951 unter dem Namen Klaus Altmann mit seiner Familie nach Bolivien gekommen. Der US-amerikanische Geheimdienst CIA, von dessen Vorgängerinstitution CIC Barbie 1946 angeheuert worden war, hatte ihm die Flucht ermöglicht.[6] So konnte er sich in Bolivien nicht nur eine neue Existenz zimmern, darüber hinaus gelang es ihm, Verbindungen bis in höchste Kreise der Militärs aufzubauen und diesen mit seinem Repressionswissen als Berater in Sachen Bekämpfung der politischen

6 Ausführlich dazu sowie zu Barbies Wirken in Bolivien die ausgezeichnete Publikation von Peter Hammerschmidt, Deckname Adler. Klaus Barbie und die westlichen Geheimdienste, Frankfurt a. M. 2014.

Opposition zur Seite zu stehen. Anlässlich der Enttarnung von Altmann-Barbie wurden seine Tätigkeiten in den Geheimdiensten der Diktaturen Barrientos (1964–1969) und Banzer (1971–1978) Gegenstand von Publikationen (und später auch seine Verbindungen zur Drogendiktatur Garcia Meza 1980–1981).[7] Deutsche Medien waren zudem auf die rechten Tendenzen in der deutschen Kolonie aufmerksam geworden. In den Blick geraten waren die Verbindungen einiger Angehöriger der deutschen Kolonie zum Putsch-General Banzer,[8] zu alten Nazis innerhalb der alteingesessenen „deutschen Kulturgemeinschaft" und zu Nazis, die dort nach Kriegsende Unterschlupf gefunden hatten. Die Geschichte Barbies in Bolivien und seine erstaunliche Beziehung zu Juden in Bolivien werden Gegenstand eines späteren Kapitels sein.

Die zweite Begebenheit, die heftige Erinnerungen in mir wachrief, war das Attentat auf den bolivianischen Konsul in Hamburg 1971. Monika Ertl, die Tochter von Hans Ertl, galt als Täterin. Hans Ertl war 1951 mit seiner Familie nach Bolivien ausgewandert. Als Bergsteiger, als Kriegsberichterstatter der deutschen Wochenschau sowie als Kameramann in Leni Riefenstahls Film über die Olympischen Spiele 1936 hatte er einige Berühmtheit erlangt.

In Bolivien machte er sich schnell einen Namen als jemand, der abenteuerliche Expeditionen in die Andenwelt und in Urwaldregionen unternahm. Seine Fotos und Expeditionsberichte aus Bolivien erreichten wie sein Buch[9] in Deutschland ein interessiertes Publikum. Auch mich begeisterten seine Geschichten, als ich ihn 1952 in La Paz

7 Zu Barbies alias Altmanns Beratungstätigkeit und Ausbildung von Geheimpolizei während der Diktaturen Barrientos, Banzer und Garcia Meza siehe Hammerschmidt, Deckname Adler, S. 316 ff.

8 Siehe z. B. Deutsche in Bolivien, Monitor-Sendung, 28. 1. 1972; Bolivien fest in deutscher Hand, in: Der Stern, 10. 12. 1972; Bolivien. Mütze mit Hakenkreuz, in: Der Spiegel, Nr. 20, 11. 5. 1981, S. 161–165.

9 Hans Ertl, Paititi. Ein Spähtrupp in die Vergangenheit der Inkas im Rahmen der Anden-Amazonas-Expedition 1954–1955, München 1956.

kennenlernte. Ich beneidete seine Tochter Monika, die an einigen seiner Expeditionen teilnahm. Monikas Lebensweg verlief zunächst gemäß den üblichen Mustern in der deutschen Kolonie. Doch Ende der 1960er-Jahre schlug sie einen anderen Weg ein. Sie schloss sich der wiederbelebten bolivianischen Guerillaorganisation *Ejercito de Liberación Nacional* (ELN – Nationale Befreiungsarmee) an. 1971 geriet sie als vermeintliche Urheberin des Attentats auf den bolivianischen Konsul in Hamburg in die Schlagzeilen. Auch wenn die mit der Ermittlung befasste Staatsanwaltschaft Hamburg einige Indizien zusammentrug, wurde der endgültige Nachweis ihrer Täterschaft nie erbracht. Aber um das Attentat, um Monika Ertls Werdegang als Guerillakämpferin und ihren Tod rankten sich viele Spekulationen. Fest steht, dass sie im Mai 1973 gegen Mitternacht im Kugelhagel der von Klaus Barbie ausgebildeten Geheimpolizei umkam.[10]

Ihr ungewöhnliches Leben machte sie nicht nur zum Gegenstand von Presseberichterstattung, sondern zu einer Ikone, in die Filmemacher (Baudissin) und Autoren (Debray, Schreiber) ihre Fantasien projizierten. Das komplexe Umfeld aber, in dem sie in den postrevolutionären Zeiten der 1950er- und 1960er-Jahre aufgewachsen war, das Leben in der deutschen Kolonie, die Beziehungen zwischen alteingesessenen Deutschen, Geflüchteten aus Hitlerdeutschland und der bolivianischen Gesellschaft werden ausgeblendet. Ebenso unterschlagen diese Autoren den Antisemitismus und die Verehrung des Hitler-Regimes innerhalb weiter Kreise der bolivianischen Bevölkerung, einschließlich Mitgliedern und Anhängern der Regierungen des MNR (*Movimiento Nacionalista Revolucionario* – Nationalrevolutionäre Bewegung). Nicht zuletzt in der Krisenzeit der 1950er-Jahre (und

10 In einem verschlüsselten Fernschreiben der Deutschen Botschaft in La Paz an das Auswärtige Amt (Nr. 29) vom 14. 5. 1973, PA AA, Best. B 33, Bd. 535, AZ: RK Roem 5 4-sw 1455, heißt es: „Monika Ertl wurde am Samstag, den 12. 5. 1973 gegen 23:30 Uhr in La Paz in einem Feuerwechsel mit staatlichen Sicherheitsorganen erschossen. Dies teilte Innenminister Arce in einer Pressekonferenz in den frühen Morgenstunden am 13. 5. 1973 mit."

auch zuvor) wurden etwa antisemitische Diskurse initiiert, um von wirtschaftlichen Problemen abzulenken. Ich werde darauf zurückkommen.

Mit derartigen Diskursen wurde eine Atmosphäre unterstützt, die den Einstellungen nicht weniger Mitglieder der deutschen Kolonie entgegenkam. Zu kurz kommt bei diesen Autoren auch eine differenzierende Betrachtung des von Rassismus und Ausgrenzung der indigenen Mehrheit der Bevölkerung geprägten gesellschaftlichen Kontextes. Die Analyse dieser gesellschaftlichen Atmosphäre aber wäre für ein Verständnis des Lebenslaufes von Monika Ertl erforderlich gewesen. Die verschiedenen, oft spekulativen Publikationen über sie erzürnten mich immer wieder. Das Nachdenken über ihren Lebensweg im Rahmen dieser komplexen gesellschaftlichen Verhältnisse in La Paz in den 1950er-/1960er-Jahren veranlassen mich nun, einige Aspekte in ihrem Leben näher zu betrachten. Dabei geht es mir darum, ihr Handeln in den Zusammenhang mit gesellschaftlichen und familiären Konstellationen zu stellen und damit verstehbar zu machen.

***

Das Buch gliedert sich in drei Teile, die eng aufeinander bezogen sind. In Teil I befasse ich mich mit der Geschichte der aus Nazi-Deutschland Geflüchteten in Bolivien sowie der deutschen Kolonie in La Paz. Es ist der Versuch einer Annäherung an die verschiedenen Lebenswelten, aber auch an Interaktionen zwischen jüdischen Einwanderern und der deutschen Kolonie im Kontext einer von Umbrüchen, Revolution und politischer Instabilität gekennzeichneten Gesellschaft. Zeitlich liegt der Schwerpunkt auf den Jahren zwischen 1933 bis Ende der 1960er-Jahre. Im Mittelpunkt von Teil II und Teil III stehen jeweils eine Person: Klaus Barbie und Monika Ertl. Auch hier geht es um die gesellschaftliche und politische Verflechtung mit Teilen der bolivianischen Gesellschaft sowie um Verbindungen nach Deutschland und Lateinamerika. Eine besondere Rolle spielen darüber hinaus auch hier die Lebenszusammenhänge in der deutschen Kolonie sowie die Beziehungen zu jüdischen Emigrantinnen und Emigranten.

Lebenswelten sind bekanntlich keine isolierten und statischen Phänomene. Sie sind Teil eines gesellschaftlichen Kontextes, mit dem sie in dynamischer Wechselwirkung verbunden sind. Zugleich sind sie auf sehr vielfältige Weise geprägt durch historische Erfahrungsprozesse, die wiederum im Verlaufe der Zeit unterschiedlich wirksam sind. Diese dynamischen Wechselwirkungen werden ihrerseits von Prozessen und Geschehnissen auf der lokalen, nationalen und globalen Ebene beeinflusst. Das Verständnis dieser Lebenswelten wie auch der Individualgeschichten in Bolivien, von denen dieses Buch handelt, erfordert damit die Wahrnehmung jener komplexen Konstellationen und Dynamiken, innerhalb derer sich individuelle und gesellschaftliche historische Erfahrungen im Kontext politischer Entwicklungsprozesse in Bolivien und auf globaler Ebene miteinander verflechten.

Bezüglich des Zeitraums der Einwanderung der Verfolgten des Naziregimes ab 1933 richtet sich der Blick notwendigerweise auch auf die Vorgänge in Deutschland: zum einen auf die Bedingungen von Flucht und Verfolgung durch das Hitler-Regime, zum anderen auf Strategien und Wirkungen des Nationalsozialismus in der deutschen Kolonie in Bolivien. Vor dem Hintergrund dieser Konstellationen sind die schwierigen Verhältnisse zwischen Geflüchteten und alteingesessenen Deutschen zu sehen. Hier existieren Forschungslücken. In der mir bekannten Literatur werden die hier angedeuteten Wechselwirkungen zwischen den komplexen Lebensverhältnissen der Geflüchteten und der „alteingesessenen“ Deutschen im Kontext der bolivianischen Gesellschaft meist nur am Rande thematisiert. Das gilt insbesondere für die Periode zwischen 1933 bis Ende der 1950er-Jahre. Das hat zur Folge, dass das Bild der Lebenswelten der neuen und alten Emigranten ungenau und unvollständig bleibt. Mir geht es deshalb darum, diese Lebenswelten, die Dynamik der in diesen gesellschaftlichen Zusammenhängen konstruierten sozialen Räume, die „Kontaktzonen“ sowie Entwicklungsprozesse zwischen den beiden Gruppen näher zu betrachten.

Ausgehend von den „Erinnerungssplittern“, die die Perspektive des Kindes wiedergeben, werde ich bestimmte Räume der sozialen

Geografie dieser verschiedenen sozialen deutschsprachigen Gruppen in La Paz (re)konstruieren und zeigen, wie ihre jeweilige Vorgeschichte ihre Haltungen geprägt hat. Dabei spielen Fragen, wie sie ihre Identitäten konstruieren, wo die Abgrenzungen, wo Interaktionen zwischen den verschiedenen Gruppen stattfanden, wie sie ihre Lebenswelten gestalteten, welche politischen Positionen daraus folgten, eine wichtige Rolle. Es ist der Versuch, Abschnitte des Weltgeschehens aus der peripheren lokalen Perspektive verschiedener sozialer Gruppen in La Paz zu erzählen.[11] Dem liegt der theoretische Forschungsansatz der *Entangled History*[12] zugrunde, der soziale, politische, wirtschaftliche, kulturelle und ökologische Geschehnisse als miteinander verflochtene Prozesse versteht, die vielfältige historische Wurzeln haben und auf lokaler, nationaler und globaler Ebene miteinander interagieren. Dieser Ansatz wird hier um die individualgeschichtliche Dimension erweitert.

Die Analyse des Werdegangs und der Handlungen von Klaus Barbie bzw. Monika Ertl in Bolivien in Teil II und III erfordert ebenso den Blick auf die zahlreichen sozialen und politischen Verflechtungen. Das betrifft vor allem die Dynamik ihrer Beziehungen zur bolivianischen Gesellschaft, zum deutsch-bolivianischen Umfeld, aber auch zu gesellschaftlichen Prozessen in Deutschland. Ein weiterer Aspekt sind spezifische politische Geschehnisse jenseits der nationalen bolivianischen Grenzen. Dazu gehören die wechselvollen Beziehungen zwischen Bolivien und den USA, die Militärdiktaturen in Südamerika, in denen

11 Ich danke der argentinischen Soziologin und Jüdin Elisabeth Jelin für den Hinweis auf diesen Aspekt und für unsere Gespräche über die Vielfalt des jüdischen Lebens nach der Flucht nach Lateinamerika.

12 Shalini Randeria, Geteilte Geschichte und verwobene Moderne, in: Jörn Rüsen/Hanna Leitgeb/Nobert Jegelka (Hrsg.), Zukunftsentwürfe. Ideen für eine Kultur der Veränderung, Frankfurt a. M. 2000, S. 87–96; Sebastian Conrad/Shalini Randeria, Geteilte Geschichten – Europa in einer postkolonialen Welt, in: dies. (Hrsg.), Jenseits des Eurozentrismus. Postkoloniale Perspektiven in den Geschichts- und Kulturwissenschaften, Frankfurt a. M. 2002, S. 9–49.

Nazi-Netzwerke zu wichtigen Akteuren werden konnten, oder die Beziehung von Geheimdiensten zu Klaus Barbie.[13]

2006 machte ich mich daran, meine „Erinnerungssplitter" zusammenzusetzen. Damit begann meine Reise in die Vergangenheit. In La Paz führte ich Gespräche und Interviews mit Mitgliedern der jüdischen Gemeinde und Angehörigen der deutschen Kolonie, die mich sehr bewegten. Sodann folgte die Recherche, um die individualhistorische Annäherung in einen größeren historischen Zusammenhang zu stellen. Von besonderem Interesse waren die Recherchen im Politischen Archiv des Auswärtigen Amts (PA AA), wo ich nach den Berichten und Informationsschreiben der deutschen Botschafter aus La Paz bis ins Jahr der Aufdeckung von Klaus Barbie suchte. Berichte von diplomatischen Vertretungen an das Auswärtige Amt umfassen naturgemäß das gesamte Aufgabenspektrum einer Auslandsmission.[14] Bei der Auswertung der Dokumente habe ich mich auf jene Berichte und Quellen konzentriert, die Informationen enthalten, die mir einen vertiefenden Einblick in spezifische Ereignisse und gesellschaftlichen Verhältnisse jener Zeit ermöglichten. Das betrifft die deutsche Kolonie, die jüdischen Emigranten, alte und neue Nazis und die Haltung der jeweiligen bolivianischen Regierung in diesem Kontext. Verständlicherweise war ich auf die Berichte meines Vaters aus den frühen 1950er-Jahren besonders neugierig.

Auf diese Weise verbinden sich in diesem Buch subjektiv erinnerte Bilder, Wahrnehmungen, Erzählungen und Erlebnisse mit der Auswertung von unterschiedlichen Quellentypen – offizielle bolivianische Dokumente, historische Studien und Zeitungsberichte, die Berichterstattung der deutschen Gesandtschaft (später Botschaft) und

13 Ich beschränke mich daher notwendigerweise bei meinen historischen Einlassungen bezüglich NS-Regime und Verfolgung, bolivianische Revolution, MNR-Regime und Militärdiktaturen, CIA oder Nazi-Netzwerke in Lateinamerika auf jene Aspekte, die für die engere Thematik der Erzählung bedeutsam sind.

14 Die Schreibweise sämtlicher Zitate aus Quellen entspricht den Originalen.

Juliana Gregor mit ihrem Hund Rexi
im Garten der Residenz, La Paz 1955
*Foteco, Privatarchiv Juliana Ströbele-Gregor*

insbesondere Gespräche und Interviews. Es ist der Versuch einer multiperspektivischen Geschichtserzählung, in der Subjektivität und wissenschaftliche Erforschung zusammenfließen und miteinander verflochten werden. Die „Erinnerungssplitter" sowie weitere Erinnerungen, verbundenen mit (Selbst-)Reflexionen und Mutmaßungen bilden die Ausgangspunkte und thematischen Marksteine, die meine Erzählung leiten.

# Teil I

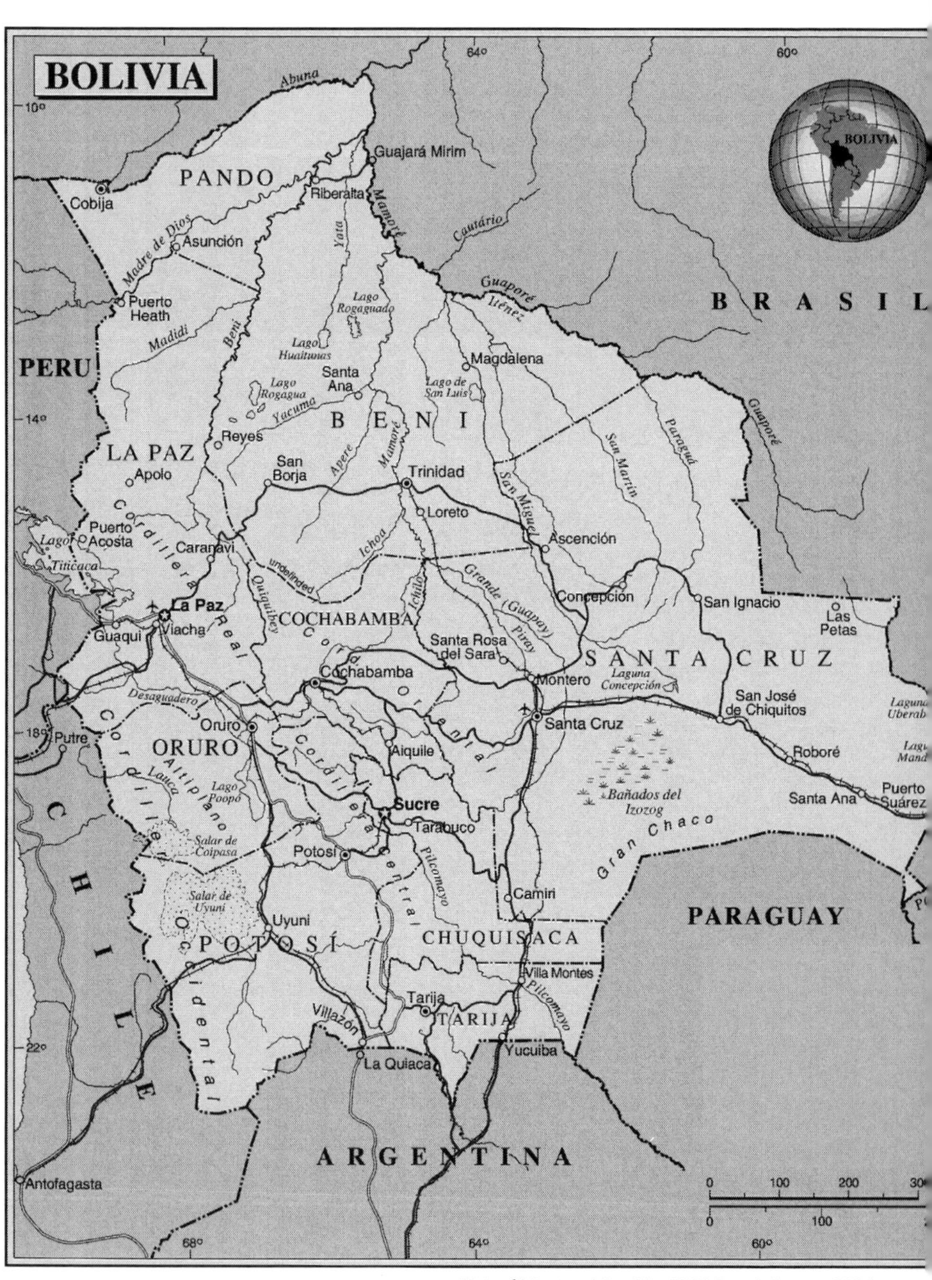


United Nations Map No. 3875 Rev. 3 August 2004

# Einwanderungsland Bolivien – Marksteine einer sozialen und politischen Geografie

Die Marksteine der sozialen Geografie sowohl der Geflüchteten als auch der bereits ansässigen Deutschen sind im gesamten gesellschaftlichen Umfeld Boliviens verortet, das die sozialen und wirtschaftlichen Strukturen, die Machtkonstellationen und die politischen Entwicklungen vor und nach der Nationalen Revolution von 1952 umfasst. All diese Faktoren beeinflussten maßbeglich die Lebensumstände von „Altdeutschen" und Emigranten aus Nazi-Deutschland, wenngleich die einzelnen Akteure in sehr ungleichem Ausmaß und in unterschiedlicher Weise mit der bolivianischen Gesellschaft in Beziehung standen.

Meine Ausführungen beginnen mit der Schilderung der so vielfältigen Naturräume des Landes sowie der sozialen Verhältnisse jener Jahre, in denen die Neuankömmlinge sich zurechtfinden mussten. Daran schließt sich eine Skizze des gesellschaftlichen und politischen Umbruchs 1952 und seiner Vorgeschichte an.

## Bolivien – Land im Herzen Südamerikas

Bolivien ist ein Land mit einer großen naturräumlichen und kulturellen Vielfalt. Ohne Zugang zum Meer dehnt es sich aus zwischen der zentralen Andenkordillere im Westen bis zum tropischen Tiefland Amazoniens im Norden, den heißen Feucht- und Trockensavannen im Osten und den Trockenwäldern und Dornbuschsavannen des

*Chaco* im Süden des Landes. Im Westen, am Fuße der schneebedeckten Kordillere, erstreckt sich auf annähernd 4000 Metern über dem Meeresspiegel das karge Hochland, der *Altiplano*, mit seinem Reichtum an Bodenschätzen. Das Silber des Berges von Potosí hatte bereits die spanischen Eroberer des 16. Jahrhunderts angelockt. Seitdem bestimmt der Bergbau einen wesentlichen Teil dieser Region und bildet eines der Fundamente der bolivianischen Wirtschaft. In jenen Jahren, als die Geflüchteten aus Europa einwanderten, war das Hochland dünn besiedelt. Ausnahmen bildeten die wenigen Städte wie Potosí und Oruro, die Zentren des Bergbaus waren, oder Llallagua, Uncia und weitere Minenorte. Insgesamt jedoch war die Bevölkerungsdichte Boliviens im Vergleich zu anderen lateinamerikanischen Ländern äußerst gering: Laut Zensus von 1950 zählte Bolivien damals 2 704 165 Einwohner.[1]

Das andine Hochland war seit über 2000 Jahren Siedlungsgebiet indigener aymara- und quechuasprachiger Völker. Bis in die Gegenwart leben sie hier in verstreuten bäuerlichen *comunidades*, Dorfgemeinschaften, und betreiben Ackerbau und Viehwirtschaft. Ab Mitte des 19. Jahrhunderts war jedoch ein Großteil des Landes zu Latifundien im Besitz von Großgrundbesitzern geworden. Agrargesetze, die nach Gründung der Republik 1825 erlassen wurden, hatten zur Folge, dass sich die Großgrundbesitzer das Land der Dorfgemeinschaften aneigneten.[2] Auf diese Weise waren Anfang des 20. Jahrhunderts die meisten *comunidades* im Hochland und in den Talregionen zwangsweise in Latifundien „eingemeindet", die Bauernfamilien wurden in semifeudalen Abhängigkeitsverhältnissen ausgebeutet. Armut, extrem

1 Instituto Nacional de Estadística (INE), Historia de Censos, 2012, http://censos bolivia.ine.gob.bo/portal_infantes/censos.php?id=5 [6. 2. 2018]. Laut dem nationalen Statistikamt INE 2012 wurden zwischen 1900 und 1950 keine nationalen Volkszählungen durchgeführt.

2 Siehe Luis Antezana E., La táctica nacionalista en la revolución boliviana. Impresores, La Paz 1969; Herbert S. Klein, Historia General de Bolivia, 2. Aufl., La Paz 1984, S. 179 f.

prekäre Lebensbedingungen und gesellschaftliche Rechtlosigkeit prägten ihr Leben.[3] Immer wieder kam es auf lokaler Ebene zu Rebellionen, aber auch zu Konflikten zwischen ethnischen Gruppen oder Dorfgemeinschaften. Dennoch begannen sich in den 1920er-Jahren die Aymara- und Quechua-Bauern politisch zu organisieren[4] und lokal übergreifende Widerstandsaktivitäten zu entfalten. Antezana beschreibt dies als Beginn der *contraofensiva indígena 1920–1932* – der Kontraoffensive der Indigenen –, die 1952 zur massiven Beteiligung an

3 Siehe Silvia Rivera Cusicanqui, La expansión del latifundio en el altiplano boliviano: elementos para la caracterización de una oligarquía regional, in: Avances (Noviembre 1978) 2, S. 95–118; Andrew Pearse, Campesinado y Revolución: El Caso de Bolivia, in: Fernando Calderón/Jorge Dandler (Comp.), Bolivia: la fuerza histórica del campesinado, La Paz 1984, S. 309–360; James Dunkerley, Rebelión en las venas, 2. Aufl., La Paz 2003, S. 42–50.

4 Siehe Silvia Rivera Cusicanqui, Oprimidos pero no vencidos – luchas del campesinado aymara y qhechwa 1900–1980, La Paz 1984; Tristan Platt, Pensamiento político Aymara, in: Xavier Albó (Compilación), Raíces de América. El Mundo Aymara, Madrid 1988, S. 365–450; Victor Hugo Cárdenas, La lucha de un pueblo, in: Xavier Albó (Compilación), Raíces de América. El Mundo Aymara, Madrid 1988, S. 495–534. Die bolivianische Soziologin Silvia Rivera Cusicanqui hat bereits in den 1970er-Jahren gemeinsam mit Repräsentanten aus Aymara-Gemeinschaften diese lokalen Widerstandsgeschichten und die Geschichte der politischen Organisationsprozesse erforscht und darüber publiziert, siehe u. a. Rivera Cusicanqui, Oprimidos pero no vencidos. Im Rahmen der Oral History eröffneten darüber hinaus aymarastämmige Anthropologen und Historiker mit ihren Forschungen einen ganz neuen Blick auf die lokale andine Geschichte, siehe z. B. Roberto Choque Canqui, Historia de una lucha desigual. Los contenidos ideológicos y políticos de las rebeliones indígenas de la pre y post Revolución Nacional, La Paz 2005 und Carlos B. Mamani Condori, Taraqu 1866–1935: Masacre, Guerraaraqu, 1866–1935: Masacre, Guerra Y Renovacion En La Biografia De Eduardo L. Nina Qhispi (Serie Agresion colonial y resistencia indigena), La Paz 1991. Für die Geschichte der in den 1970er- und 1980er-Jahren zentralen indigenen Bauernbewegung der Kataristen (*Movimiento Katarista*), die ihre Wurzeln in diesen frühen Widerstandsbewegungen hat, siehe Javier Hurtado, El Katarismo, La Paz 1986.

der Nationalen Revolution und zur Durchsetzung des Agrarreformgesetzes von 1953 führte (siehe weiter unten).[5]

In jenen Dorfgemeinschaften, die sich ihre relative Unabhängigkeit von den Latifundien bewahren konnten, überlebten die Prinzipien der traditionellen kulturellen Produktions- und Wirtschaftsweisen sowie die soziale Ordnung: gemeinsamer Landbesitz, Kooperation und gegenseitige Hilfe, Austausch von Gütern und Arbeitsleistungen innerhalb der *comunidad* sowie mit *comunidades* in entfernten Regionen;[6] die Nutzung des andinen Ökosystems mit seinen verschiedenen Höhenstufen[7] für den traditionellen Ackerbau (vor allem Kartoffeln, Quinoa, Zwiebeln) und die Weidewirtschaft (Alpaka, Lama, Schafe). Handel und Tauschwirtschaft vervollständigten diese weitgehend auf Subsistenz orientierte Wirtschaftsweise.[8] Zugang zu monetärem Einkommen bot die saisonale oder endgültige Arbeitsmigration einzelner Familienmitglieder in die Bergwerke[9] oder Städte.

Zur Bergwelt der Anden gehören ebenso die fruchtbaren subtropischen Täler. Auch hier – wie im Osten und Süden des Landes – war bis 1952 Großgrundbesitz vorherrschend, und es galten die gleichen Ausbeutungsverhältnisse wie im Hochland. Hauptprodukte waren und sind Zitrusfrüchte, Kaffee und Koka. In der andinen Kultur, namentlich im sozialen und religiösen Leben spielen Koka-Blätter eine

5 Siehe Antezana E., La táctica nacionalista en la revolución boliviana, S. 266–298.

6 Xavier Albó, Desafíos de la solidaridad aymara (Cuaderno de investigación, No. 25), La Paz 1985.

7 Jürgen Golte, La racionalidad de la organización andina, Lima 1980, historisch: John Murra, Formaciones económicas y políticas del mundo andino, Lima 1975.

8 Siehe u. a. Olivia Harris, El parentesco y la economía vertical en el Ayllu Laymi (Norte de Potosí), in: Avances (Febrero 1978) 1, S. 51–64. Das Thema andine Produktionsweise ist Gegenstand einer großen Zahl von Publikationen, siehe u. a. Golte, La racionalidad; Albó, Desafíos de la solidaridad aymara.

9 Olivia Harris/Xavier Albó, Monteras y guardatojos. Campesinos y mineros en el Norte de Potosí, 2. Aufl., La Paz 1984.

zentrale Rolle. Aber sie sind auch der Rohstoff für Kokain, das seit den 1970er-Jahren den Drogenhandel im Land erblühen ließ. Weiter westlich erweitern sich die Talregionen. Das milde Klima erlaubt Mais-, Getreide- und Gemüseanbau. Seit der Kolonialzeit wurde hier für die Minenzentren, hauptsächlich für Potosí, produziert, ein Großteil der fruchtbaren Ackerfläche war seit Mitte des 19. Jahrhunderts auch hier im Besitz von Großgrundbesitzern.

Im Norden des Landes erstreckt sich das weite Tiefland Amazoniens mit Urwäldern und breiten Flüssen, die den Amazonas speisen. Haupteinnahmequellen der Oligarchie waren hier bis Ende des 19. Jahrhunderts Kautschuk und Chinin. Als die Nachfrage auf dem Weltmarkt für diese Rohstoffe sank, geriet die abgelegene, schwer erreichbare Region eine Zeit lang in Vergessenheit. Südöstlich liegen die weiten Savannenzonen des Tieflands. Auf ausgedehnten Latifundien wurde – und wird noch heute – vorrangig Viehzucht betrieben, aber auch Zuckerrohr und Baumwolle werden angebaut; in der zweiten Hälfte des 20. Jahrhunderts ist die Sojaproduktion für den Weltmarkt dazugekommen. Weiter südlich, in den Departements Santa Cruz und Tarija, erstreckt sich die Trockenzone des *Chaco*, reich an Erdgas- und Erdölvorkommen. In den 1930er-Jahren verlor Bolivien im Krieg mit Paraguay einen erheblichen Teil des *Chaco*-Territoriums. Die verbliebenen Teile des *Chaco* waren nach dem Krieg weitgehend entvölkert, sodass die Regierungen der 1940er-Jahre um Einwanderer aus Europa warben. Darauf werde ich noch genauer eingehen.

Der gesellschaftliche Kontext, in dem sich die Geflüchteten zurechtfinden mussten, war aufgrund der Heterogenität der bolivianischen Gesellschaft äußerst komplex.[10] Das Land war damals soziopolitisch,

10 Ich teile den theoretische Zugang der Soziologin Inés Nercesian, die René Zavaletas Ansatz der „sociedad abigarrada" („buntscheckigen Gesellschaft", sinngemäß: mit vielfältigen Formen), mit der dieser den bolivianischen Staat gekennzeichnet hat, weiterentwickelt hat: „La idea de forma social abigarrada permite pensar la coexistencia de varios tiempos históricos, varios modos de producción, cosmovisiones, lenguas, procesos de reproducción y, sobre todo,

wirtschaftlich und kulturell tief gespalten und in allen gesellschaftlichen Bereichen von extremer Ungleichheit gekennzeichnet. Das trifft bis zu einem gewissen Grad auch heute noch zu, trotz der politischen Veränderungen seit 2005, als erstmals ein indigener Präsident gewählt wurde.[11]

estructuras de autoridad y formas de autogobierno. Esta noción refleja la idea de sociedades sobrepuestas, remite a un conjunto de relaciones sociales, modos de producción, concepciones del mundo, lenguas y estructuras de autoridad o tiempos históricos cuyo rasgo es la superposición desarticulada [...] No sólo hay países multiculturales, sino multisocietales. En esta línea hay que comprender la formación del Estado nación en Bolivia." [Die Idee der „sociedad abigarrada" ermöglicht die Vorstellung der Überschneidung verschiedener historischer Zeiten, verschiedener Produktionsformen, Kosmovisionen, Sprachen, Produktionsprozessen und vor allem Herrschaftsstrukturen und Formen der Selbstverwaltung. Dieser Begriff verdeutlicht die Idee von der Überlagerung verschiedener Gesellschaften, verweist auf das Zusammenspiel sozialer Beziehungen, Produktionsformen, Konzepte über die Welt, Sprachen, Autoritätsstrukturen oder historische Zeitläufe, die sich überschneiden und auflösen [...] Länder sind nicht nur als multikulturell aufzufassen, sondern als eine Vielfalt von Gesellschaften. Auf diese Weise ist die Herausbildung des Nationalstaats in Bolivien zu verstehen." Inés Nercesian, El pensamiento de René Zavaleta Mercado y sus principales contribuciones al campo de las ciencias sociales, in: X Jornadas de Sociología. Facultad de Ciencias Sociales, Universidad de Buenos Aires, Buenos Aires 2013, http://cdsa.aacademica.org/000-038/154.pdf [26. 6. 2017]. Übersetzung J. S.-G.

11 Der Entwicklungsbericht der UN zu Bolivien von 2010 über Ungleichheit und soziale Mobilität weist auf der Grundlage detaillierter Erhebungen zur Lage und zu den Veränderungen in den verschiedenen Bereichen von Politik, Wirtschaft und Kultur nach, dass es trotz der neuen politischen Verhältnisse weiterhin eine „Persistenz der historischen Ungleichheiten" (*persistencia de las desigualdades históricas*) gibt. Siehe Informe Nacional sobre Desarrollo Humano del Programa de las Naciones Unidas para el Desarrollo (PNUD) (Ed.), Los cambios detrás del Cambio. Desigualdades y movilidad social en Bolivia. Informe Nacional sobre Desarrollo Humano en Bolivia, La Paz 2010, S. 269–272.

Bolivien galt – und gilt auch immer noch – als „indianisches Land". Die große Mehrheit der Bevölkerung ist indigener bzw. indigen-mestizischer Abstammung. Die größten indigenen Gruppen sind die Aymara und Quechua. Weitere 35 ethnische Gruppen verteilten sich auf das Hochland sowie die Wälder und Savannen Nordost- und Südboliviens. Über die Anzahl der indigenen Bevölkerung in jener Zeit gibt es nur Spekulationen. Bis zum Nationalen Zensus von 2002 wurden keine Angaben zur ethnischen Zugehörigkeit erhoben. Eine Minderheit in der bolivianischen Bevölkerung stellten demgegenüber die europäischstämmigen Gruppen. Seit der Kolonialzeit haben sich Nachkommen spanischer Kolonialherren und europäischer Einwanderer im Land niedergelassen. Nicht selten kam es zu Beziehungen mit einheimischen indigenen Frauen und auch zu Familiengründungen, weshalb *mestizaje* (Mestizentum) ein wesentliches Element der bolivianischen Bevölkerung ist.[12] Ausschlaggebend in der sozialen Pyramide sind der Phänotyp und die Hautfarbe einer Person, die Klassenzugehörigkeit, die Beherrschung der spanischen Sprache, die Abstammung, der Name und nicht zuletzt der Herkunftsort. Diese Kriterien sind Erbe der Kolonialzeit und haben sich seit der Unabhängigkeit von Spanien 1825 noch weiter vertieft und verfestigt. An der Spitze der sozialen Pyramide stand – und steht – die wohlhabende, hellhäutige, europäischstämmige Gruppe der *criollos*. Auch während des gesamten 20. Jahrhunderts beherrschte sie Politik, Wirtschaft und Kultur. *Criollos* definieren sich als „Weiße" und markieren damit die Trennung zu der bis zur Nationalen Revolution

12 *Mestizaje* bedeutet in Bolivien wie insgesamt in Lateinamerika allerdings nicht nur die biologische Verbindung von Angehörigen unterschiedlicher Bevölkerungsgruppen im Rahmen ungleicher Machtverhältnisse (siehe Wolfgang Gabbert, Mestizaje/mestiçagem, in: Silke Hensel/Barbara Potthast [Hrsg.], Das Lateinamerika-Lexikon, Wuppertal 2013, S. 217 f.), sondern darüber hinaus die vielfältigen Formen kultureller und sozialer Verflechtungen und Synkretismen. Siehe Beispiele und Analysen bei: Dietmar Dirmoser u. a. (Hrsg.), Die Wilden und die Barbarei (Lateinamerika – Analysen und Berichte, Nr. 16), Münster 1992.

von 1952 weitgehend rechtlosen und verachteten dunkelhäutigen indigenen Landbevölkerung, den *indios*, die auf der untersten Stufe der sozialen Pyramide stehen. Der Begriff *indio* ist ein Stigma, Ausdruck der rassistischen Abwertung, der zudem vielfach mit den Adjektiven „dreckig" und „faul" verbunden wird. Die rassistische Herrschaftsideologie hat nicht nur die Funktion der Machtlegitimierung, sondern beinhaltet nebenher auch den Versuch der „weißen" Herrschaftsschichten, ihre Familiengeschichte zu „weißen", um zu übertünchen, dass es auch in ihren *criollo*-Familien indigene Großmütter gibt.

Bis zur Nationalen Revolution 1952 verfügte eine kleine Gruppe von Oligarchen – Großgrundbesitzer, Minenbesitzer, Großunternehmer – über große Teile des Grund und Bodens sowie über die natürlichen Ressourcen des Landes.[13] Die meisten entstammten *criollo*-Familien; gleichwohl gehörten zu den mächtigsten von ihnen ein deutschstämmiger Jude, der „Bergbau-Baron" Moritz (Mauricio) Hochschild, und ein *mestizo*, Simón Patiño, beide Inhaber zahlreicher Minen und Firmenimperien. Zum luxuriösen Leben dieser Oligarchen in La Paz, Cochabamba oder Sucre gehörte auch die Zweitwohnung in London, Paris oder New York. Ihre Kinder besuchten Privatschulen und studierten danach in Europa oder in den USA. Zur sozialen Gruppe der *criollos* gehört zudem die weniger reiche, jedoch gut situierte Mittelschicht: Angestellte, höhere Staatsbedienstete und Militärs, Akademiker, Selbstständige, Ärzte und Rechtsanwälte.

In Minen und Fabriken der Oligarchie schufteten die *indios* für einen Hungerlohn, die Bedingungen, unter denen sie lebten, waren menschenunwürdig. Im Rahmen der semi-feudalen Abhängigkeitsstrukturen auf den *haciendas* mussten die dort „eingemeindeten" Indigenen nicht nur unentlohnte Arbeit in der Landwirtschaft leisten (für ihre Selbstversorgung wurde ihnen ein kleines Stück Land überlassen),

13 Zur Klassenstruktur, politischen und wirtschaftlichen Machtverhältnissen im vorrevolutionären Bolivien siehe James M. Malloy, Bolivia. The Uncompleted Revolution, Pittsburgh 1970, S. 34–50.

sondern auch unbezahlte Dienste für die Familie des Grundherrn in der Stadt.

Die machtvolle katholische Kirche stützte diese herrschende Ordnung. Die *indios* waren auch in ihren Augen unzivilisierte unmündige Wesen, die der Anleitung eines strengen Herrn bedurften. In den ländlichen Regionen beschränkten die Priester ihre seltene Anwesenheit darauf, den Dorfgemeinschaften einmal im Jahr einen Besuch abzustatten, zumeist anlässlich der Feierlichkeiten der dort verehrten Heiligen. Dabei wurden auch Hochzeiten und Taufen mit dem kirchlichen Segen zelebriert. Unverzichtbar waren die strengen Predigten, in denen die *indios* zu Gehorsam gegenüber dem Dienstherrn und christlich-moralischer Lebensführung ermahnt wurden.[14] Dort, wo die Kirche Missionen unterhielt, verband sie christliche Unterweisung mit der allgegenwärtigen Kontrolle über das gesamte Leben der Indigenen. Einzelne Ordensbrüder insbesondere im östlichen Tiefland pflegten kolonialzeitliche Traditionen und unterwiesen die *indios* in der Herstellung von Kunsthandwerk und in klassischer geistlicher Musik. Viele Elemente dieser kirchlichen Strukturen haben bis in die Gegenwart überlebt.[15]

Indes – ob im Hochland oder im Tiefland – das Leben der verschiedenen indigenen Völker ist vor allem geprägt von Werten und ethischen Normen ihrer indigenen Kulturen, die eingebunden sind

14 Zu den „Ermahnungen“ in den Predigten gehörten auch schlimmste Drohungen, wenn sich indigene Gemeinschaften um Schulbildlung bemühten, denn die Kenntnis von Lesen, Schreiben und der spanischen Sprache sahen die Herrschenden als Bedrohung der sozialen Ordnung an. Beispiel dazu u. a. in der Studie über die Dorfgemeinschaft Irpa Chico. Siehe William E. Carter/Mauricio Mamani, Irpa Chico. Individuo y comunidad en la cultura aymara, La Paz 1982, S. 371.

15 Wie ich bei meinen eigenen Feldforschungen in 1990er-Jahren in der Chiquitanía feststellen konnte, trifft das insbesondere für die Missionsregionen im Tiefland zu. Dazu gehören die ehemaligen Jesuiten-Missionen (Reduktionen) in den Departements Santa Cruz und Beni.

in religiöse Glaubenssysteme und Weltbilder. Vor allen sie prägen den Verhaltenskodex, soziale Organisationsformen und die Geschlechterrollen. Diese Glaubenssysteme sind so vielfältig und zahlreich wie die indigenen Kulturen der Anden, Amazoniens, der Savannen oder des *Chaco*. Die Präsenz und Unmittelbarkeit ihrer Religionen manifestieren sich in Mythen, in der Erklärung und Orientierung im Alltagsleben, bei der Arbeit sowie in den Konzepten von Gesundheit, Krankheit und Heilungspraktiken. Wo eine christliche Missionierung seit der Kolonialzeit relativ erfolgreich war, etwa in den Anden oder in den ehemaligen Jesuitenmissionen des Tieflands, hat dies zu Synkretismen und/oder dualen religiösen Praktiken geführt. So gehört es beispielsweise zum Brauchtum der Aymara, bei der Geburt des Kindes überlieferte Riten zur Stärkung seiner drei Seelen durchzuführen, aber das Kind zugleich vom katholischen Priester taufen zu lassen. Insbesondere bei der Landbevölkerung lebt die enge Verbundenheit zur natürlichen „beseelten" Umwelt fort. Dies zeigt sich in Agrarriten, etwa wenn die Aymara und Quechua *Pacha Mama* (Mutter Erde) als Machtwesen, zuständig für die Fruchtbarkeit des Bodens und der Frauen, verehren. Der gesamte Naturraum wird durch Machtorte wie Berge und Seen strukturiert. Hier „wohnen" die Geist-Natur-Machtwesen sowie die Ahnen, die beständig in das Leben der Menschen eingreifen. Unverzichtbar ist daher der rituelle Kontakt mit ihnen.[16] Viele dieser Glaubensvorstellungen und Riten sind auch bei indigenen Städtern erhalten geblieben.

16 Dazu liegt eine umfangreiche ethnologische/kulturanthropologische Literatur vor. Beispiele sind für das Hochland: Olivia Harris/Thérèse Bouysse-Cassagne, Pacha: en torno al pensamiento aymara, in: Xavier Albó (Compilación), Raíces de América. El Mundo Aymara, Madrid 1988, S. 217–282; Carter/Mamani, Irpa Chico; Juan van Kessel, Cuando arde el tiempo sagrado, La Paz 1992; für das Tiefland: Bernd Fischermann, Los Ayoréode, in: Jürgen Riester/Bernd Fischermann, En busca de la Loma Santa, La Paz/Cochabamba 1976, S. 66–118; Bartomeu Meliá, La Tierra sin Mal, in: Ñande Reko, La comprensión guaraní de la Vida Buena, Eschborn 2002, S. 99–104.

Den Emigrantinnen und Emigranten aus Hitler-Deutschland blieben diese indigenen Kulturen in der Regel unbekannt – jedenfalls finden sie weder in Autobiografien noch in Interviews Erwähnung. Das hat gewiss viele Ursachen. Ein Grund mag darin liegen, dass die meisten Emigranten in der Stadt lebten. Aber auch dort, wo sie sich als Agrarkolonisten in subtropischen Regionen niederließen und mit der dortigen indigenen Bevölkerung in Kontakt traten, wie seinerzeit in Charobamba, beschränkte sich der Kontakt offenbar – schon aufgrund der Sprachbarrieren – auf Arbeitsbeziehungen.

Auch in den Städten war die indigene und indigen-mestizische Bevölkerung unübersehbar. Bereits während der Kolonialzeit flohen *indios* in die Städte, um der Zwangsarbeit in den Bergwerken zu entkommen, Bauern und Bäuerinnen aus den Dorfgemeinschaften suchten hier ein besseres Leben. So auch im 20. Jahrhundert und zum Zeitpunkt der Einwanderung der Geflüchteten. Die indigenen Städter betrieben – und tun dies bis heute – Handwerke, Handel, arbeiteten in Fabriken, als Haushaltspersonal oder schlugen sich als Tagelöhner, Lastenträger oder Essensverkäuferinnen durch. Eine besondere Rolle bei der Versorgung der Städter mit Lebensmitteln spielen Märkte. Hier gibt es alles, vom Schweinekopf und der Rinderkeule bis zu tropischen Früchten, alle Arten von Gemüse, Blumen, Schnaps und Koka (heute werden auf den Märkten zudem Importwaren aller Art angeboten). Es ist das Reich der Marktfrauen. Bestens organisiert in Berufsgremien und selbstbewusst beherrschen sie ihr Geschäft und können durchaus – je nach Lage des Marktes und Handelsprodukts – ein recht ansehnliches Einkommen erzielen. Hausfrauen aller Schichten, oft begleitet von einem Lastenträger, tätigten hier ihre täglichen Einkäufe. Daran hat sich bis heute wenig geändert.

Eine strikte räumliche Segregation kennzeichnet die soziale Pyramide der bolivianischen Gesellschaft. Die *indios* und *cholos*, wie die indigen-mestizischen Städter genannt werden, leben in eigenen Wohnvierteln unter prekären Verhältnissen an den Rändern der Städte. Noch bis in die jüngste Zeit war Mangel allgegenwärtig. Es fehlte an einfachster Infrastruktur. In vielen Vierteln gab es in den kleinen schmucklosen Häusern, meist aus Lehmziegeln erbaut, bis Ende des 20. Jahrhunderts weder fließendes Wasser und Toiletten im Haus noch einen eigenen Anschluss an Elektrizität. Zugang zu Schulbildung war bis zur Revolution von 1952 offiziell den meisten versagt, eine öffentliche Gesundheitsversorgung inexistent. In den Stadtzentren mit ihren Flaniermeilen und Kinos waren *indios* nicht geduldet – es sei denn, als Schuhputzer, Süßwarenverkäufer oder als Dienstleistende für die Wohlhabenden. Wie aus den Gesprächen hervorgeht, war für die Emigranten in der Regel nur diese Seite des Lebens der Indigenen sichtbar und erfahrbar.

Gleichwohl verfügen auch die indigenen Städter über eine eigene vielfältige, reichhaltige Kultur: ein Amalgam aus indigenen Traditionen, Riten und Kosmovision mit westlich-christlichem Brauchtum. Diese spezifischen kulturellen Ausdrucksformen insbesondere der aymara- und quechuasprachigen Bevölkerung beeinflussen bis heute sogar das Alltagsleben der *criollos*, vor allem die Festkultur. Unter lernbegierigen und auf Selbstorganisation bedachten Aymara- und Quechua-Händlern und -Händlerinnen, -Handwerkern und -Handwerkerinnen entfalteten sich Anfang des 20. Jahrhunderts starke Organisationen. Dazu gehörte sogar eine auf die Gleichstellung der Geschlechter bedachte Anarchistenbewegung, die für demokratische Strukturen auf die Straße ging, Bildungseinrichtungen aufbaute und sich in Debattierclubs traf.[17] Bergleute und Fabrikarbeiter schlossen sich in Gewerkschaften zusammen, um ihren Forderungen nach höheren Löhnen und besseren Arbeitsbedingungen Nachdruck zu verleihen. Neu gegründete linksgerichtete Parteien machten Front gegen die bestehenden oligarchischen

17 Eine der ganz wenigen Studien zur Anarchistenbewegung in Bolivien ist: Zulema Lehm/Silvia Rivera Cusicanqui, Los artesanos libertarios y la ética del trabajo, La Paz 1988. In den ausführlichen Interviews mit Angehörigen der Bewegung, die Rivera in dem begleitenden Dokumentarfilm zu Wort kommen lässt, wird die starke Stellung der Frauen innerhalb der Bewegung deutlich.

Strukturen und gelangten zu immer größerem ideologischem Einfluss in der Arbeiterbewegung. Die politische Kultur, die sich aus einem Gemisch von traditionellen ländlichen Organisationsmustern, Strukturen der Gewerkschafts- und Anarchistenbewegung und linken Parteien entwickelte, sollte sowohl bei der Nationalen Revolution 1952 wie danach – bis in die Gegenwart – das Fundament für die im politischen Leben so starken sozialen Bewegungen sein.

Als sie aus Nazi-Deutschland flohen, hatten die meisten Emigranten nur sehr ungenaue oder gar keine Vorstellungen von Bolivien. Dort angekommen, sahen sie sich mit vollkommen fremdartigen Lebenswelten und Bedingungen konfrontiert. Das begann mit den ungewohnten klimatischen und räumlichen Gegebenheiten und fand seine Fortsetzung auf der kulturellen Ebene. Ankunftsort der meisten Geflüchteten war der Regierungssitz La Paz, 3600 Meter über dem Meeresspiegel in einem Talkessel des Andenhochlandes, des *Altiplano*, gelegen. Als erste Eindrücke beschreiben Emigrantinnen häufig die traditionell gekleideten indigenen Frauen, die am Straßenrand hockten. Sie staunten über die Tracht mit den vielen bunten Wollröcken, die die Frauen gleich in mehreren Schichten übereinander tragen, den Borsalino-Hut, die farbige Manta, das weite Tuch zum Schutz gegen die Kälte, und das Kind, das in einem Tuch auf dem Rücken getragen wird. Durchaus ein Kulturschock für die Europäerinnen, so berichteten es mehrere Interviewpartnerinnen, war ihre Beobachtung, dass die indigenen Frauen ihre Notdurft am Straßenrand verrichteten. Verglichen mit europäischen Hauptstädten war La Paz zu jener Zeit mit weniger als 250 000 Einwohner eine kleine Stadt.

Noch kleiner waren die Bergbaustädte Oruro und Potosí und die anderen Minenzentren, in denen zahlreiche jüdische Geflüchtete später eine Anstellung fanden. Hier sind die klimatischen und kulturellen Bedingungen noch schwieriger. Es ist eine karge Region. Die dünne Höhenluft in den über 3700 Metern Höhe gelegenen Bergbaustädten macht Fremden das Atmen und die Bewegung schwer. Straßen und Verkehrswege außerhalb der Stadtzentren waren rudimentär, in der

La Paz 1952, Zentrum mit Hauptgeschäftsstraße *El Prado* und Blick auf den Illimani. Postkarte
*Privatarchiv Juliana Ströbele-Gregor*

Regenzeit oft schwer oder gar nicht passierbar. Elektrizität gab es nur im Stadtzentrum und den Residenzvierteln der Mittel- und Oberschicht. In den Kleinstädten und Dörfern auf dem Land waren Petroleumleuchten die einzige Lichtquelle; mancherorts erzeugte ein örtlicher Dieselmotor für einige wenige Stunden Elektrizität. Diesen Luxus konnten sich indigene Bauernfamilien nicht leisten. In ihren Hütten spendete die Feuerstelle, auf der gekocht wird, das notwendige Licht und Wärme. Für den reisenden Europäer und für jene Emigranten, die außerhalb der größeren Städte einen Arbeitsplatz fanden, waren diese Verhältnisse sehr gewöhnungsbedürftig.

Die Temperaturen im Hochland – auch in La Paz – sind extrem. Im „Winter" (Mai bis August) herrscht Trockenzeit, die nächtlichen Temperaturen fallen unter den Gefrierpunkt. Tagsüber jedoch wärmt die starke Sonneneinstrahlung. Zentralheizungen in den Häusern waren unbekannt – bis heute. Tücher und Ponchos aus Alpakawolle und fingerfreie Handschuhe gehören auch in der Wohnung, bei der Büroarbeit oder im Ladengeschäft zur Grundausstattung. Verständlich, dass man in der Regel früh zu Bett geht. In der Regenzeit von November bis März steigen die Temperaturen. In La Paz gibt es dann keinen Nachtfrost mehr, sehr wohl aber auf dem *Altiplano*. Bei Regen ist es in La Paz dennoch ungemütlich, denn die Temperaturen bleiben im einstelligen Bereich. Sobald aber die Sonne hervorkommt, können sie mittags auf 25 Grad Celsius klettern. Gleichwohl ist auch dann der Temperatur-Unterschied zwischen Schatten und Sonne erheblich. Und so kleidet man sich nach dem Zwiebelprinzip: Blusen oder Sommerkleid, dazu Strickjacke, Poncho, Schal und Hut. Und ohne das unverzichtbare Alpaca-Tuch oder die wärmende Jacke geht man auch bei strahlendem Sonnenschein besser nicht aus dem Haus.

Nur wenige Kilometer von La Paz entfernt gelangt man in die fast 2000 Meter tiefer gelegenen subtropischen Andentäler der fruchtbaren *Yungas*-Regionen. In die *Yungas* führt eine enge Serpentinenstraße, die sich an den steilen Andenabhängen entlangschlängelt. Von den *Yungas* aus führt der Weg weiter in die Talzonen mit gemäßigterem Klima. Hier liegt auch die Stadt Cochabamba. In jener Zeit, als die Geflüchteten nach Bolivien kamen, war es eine relativ kleine Stadt, doch nicht wenige zogen von La Paz dorthin weiter, insbesondere wenn ihnen das Höhenklima zu sehr zusetzte. Daher bildeten sich auch in Cochabamba recht große Emigrantengruppen.

Weiter in Richtung Osten, wo sich das weite vor-amazonische Tiefland des Departements Santa Cruz mit seinen heißen Feucht- und Trockensavannen anschließt, betrieben deutsche Unternehmer und Geschäftsleute auf ausgedehnten Latifundien bereits in den 1930er-Jahren erfolgreich Rinderzucht und Zuckerrohranbau und waren sehr angesehen. Die heutige Wirtschaftsmetropole Santa Cruz de la Sierra war allerdings bis weit in die 1950er-Jahre nur ein kleines Städtchen mit traditionellen, einstöckigen, weiß verputzen Lehmhäusern und *patios* im hinteren Teil des Hauses. Die Straßen waren ungepflastert, in der Trockenzeit versank man im Staub, in der Regenzeit im Morast. Nur die *plaza*, der zentrale Platz mit der Kathedrale, war gepflastert. In den Bäumen des Parks auf der *plaza* saßen bis vor Kurzem noch friedlich die Faultiere und ließen sich bisweilen von Spaziergängern füttern und kraulen. Wo heute dichter Verkehr die Luft zum Atmen nimmt, waren noch bis Ende der 1950er-Jahre Ochsenkarren, Pferde und Jeeps die hauptsächlichen Transportmittel. Zunächst ließen sich nur wenige Emigranten hier nieder. Weiter südlich in den weiten Trockenzonen des *Chaco* sollten nach den Vorstellungen der bolivianischen Regierungen der ersten Hälfte des 20. Jahrhunderts europäische Siedler profitable Agrarbetriebe aufbauen und so zur wirtschaftlichen Entwicklung des Landes beitragen. Daher waren auch jüdische Geflüchtete willkommen – jedenfalls bis Ende 1939. Doch es kamen nur wenige – sehr zum Missfallen der jeweiligen bolivianischen Administrationen.

Soweit die Skizzierung der naturräumlichen Bedingungen sowie einige wesentliche soziokulturelle Aspekte, die das Land charakterisierten, als die Emigranten und Emigrantinnen begannen, sich hier ein neues Leben aufzubauen. In den 1930er- und 1940er-Jahren erforderte dies von ihnen aber auch, sich in den komplexen und oft unüberschaubaren gesellschaftlichen und politischen Verhältnissen Boliviens zurechtzufinden. Das bedeutete zu verstehen, wie die postkolonialen Strukturen die sozialen Beziehungen des Landes prägten und wie sie funktionierten. Die Emigranten erlebten zahlreiche Regierungswechsel und gewaltsame Regierungsumstürze bzw. Umsturzversuche[18] und dann im April 1952 die Nationale Revolution. Sie sahen mit an, dass sich die Machtverhältnisse zwar grundlegend veränderten, jedoch die aus der Kolonialzeit ererbten Hierarchien, die einer europäischstämmigen Oberschicht die politische, wirtschaftliche und kulturelle Macht sicherten und die indigene Mehrheitsbevölkerung weiterhin auf die untere Stufe der sozialen Pyramide verwiesen, fortlebten. In diesen sozialen Ordnungen bildeten die ehemaligen Geflüchteten eine neue soziale Schicht: Zwar waren sie

18 Im Zeitraum zwischen der Regierung Germán Busch 1937, der per Dekret die jüdische Einwanderung ermöglichte, bis zur Revolution 1952 regierten in Bolivien neun Präsidenten.

Europäer, aber mittellos bzw. mit nur geringem Einkommen, wodurch sie sich deutlich von den zur Oberschicht gehörenden Mitgliedern der deutschen Kolonie oder anderen Ausländern unterschieden. Da die neuen Emigranten und Emigrantinnen zuallererst ihr wirtschaftliches Überleben gestalten mussten, waren sie auf dem Arbeitsmarkt Konkurrenten der einheimischen (unteren) Mittelschicht. In den Augen der Bolivianer stellte das eine höchst schwierige soziale Situation dar und barg vielfaches Konfliktpotenzial. Aber dazu später. Zuvor ein knapper historischer Rückblick auf die gesellschaftliche Konstellation jener Jahre.

## Gesellschaftlicher und politischer Umbruch 1952 und die Vorgeschichte

Die 1825 gegründete Republik Bolivien blickt auf eine überaus bewegte politische Geschichte zurück. Mit seither über 300 Putschen – erfolgreichen ebenso wie missglückten – und 85 Präsidenten gilt sie als das instabilste Land des Kontinents. Den ersten tiefen Einschnitt nach Etablierung der Republik markierte die „Nationale Revolution" vom 9. April 1952.

Seit der Ausrufung der Republik kennzeichneten Verteilungskämpfe zwischen den diversen wirtschaftlichen Machtgruppen sowie Fraktionen des Militärs um die natürlichen Reichtümer des Landes die politische Landschaft. Hinzu kamen kriegerische Auseinandersetzungen mit mehreren Nachbarländern, bei denen es ebenfalls um den Zugriff auf Rohstoffe ging. Bolivien verlor in diesen Kriegen annähernd die Hälfte seines Territoriums. Mit Beginn des 20. Jahrhunderts[19] war

19 Die folgenden vier Abschnitte basieren auf: Juliana Ströbele-Gregor, Bolivien, in: Silke Hensel/Barbara Potthast (Hrsg.), Das Lateinamerika-Lexikon, Wuppertal 2013, S. 38–44, hier S. 41 f. Zugrunde liegende Literatur u. a.: Dunkerley, Rebelión en las venas; Malloy, Bolivia. The Uncompleted Revolution; Klein, Historia Genral de Bolivia, 2. Aufl.; José de Mesa/Teresa Gisbert/Carlos D. Mesa Gisbert, Historia de Bolivia, 6. Aufl., La Paz 2007.

zudem eine neue aufstrebende, eng mit ausländischen Investoren verbündete wirtschaftsliberale Klasse von Bergbaubesitzern, namentlich im Zinnbergbau, entstanden. Mit dem Zinnboom während des Ersten Weltkrieges erstarkte sie derart, dass sie die Wirtschaft des Landes bis 1952 weitgehend beherrschte. An der Spitze standen die drei „Zinnbarone" Hochschild, Aramayo und Patiño. Sie agierten, als sei das Land ihr privates Eigentum. Von dem ungeheuren Reichtum, den das Zinn dem Land hätte bringen können – Bolivien war lange Zeit der zweigrößte Zinnproduzent der Welt –, floss das meiste in den Privatbesitz der Mineneigentümer und in ausländische Geschäftsanteile. Die Entwicklung einer nationalen Wirtschaft hingegen stand nicht auf ihrer Agenda. In der politischen Arena kam es immer wieder zu Machtkämpfen zwischen diesen neuen und den alten konservativen Machtgruppen (die einst mit dem Silberbergbau und dem Kautschukhandel reich geworden waren) sowie den mit den jeweiligen Sektoren verbundenen politischen Parteien und Fraktionen des Militärs. Der politische Einfluss der Zinnmagnaten reichte bis 1952 – wenngleich durchaus mit unterschiedlichem Gewicht.

Gebietsstreitigkeiten zwischen Bolivien und Paraguay lösten 1932 den verlustreichsten Krieg auf dem amerikanischen Kontinent im 20. Jahrhundert aus, den *Chaco*-Krieg (1932–1936). Lange Zeit wurde der Krieg als Interessenkonflikt zwischen internationalen Erdölfirmen dargestellt. Forschungsergebnisse zeigen jedoch,[20] dass sich Bolivien damals in einer schweren wirtschaftlichen und sozialen Strukturkrise befand und die Regierung versuchte, territoriale Ansprüche, die u. a. auf die Errichtung eines schiffbaren Hafens am Paraguayfluss und damit auf einen Zugang zum Atlantik zielten, gegen Paraguay durchzusetzen. Bolivien verlor ein Großteil des riesigen *Chaco*-Gebiets. Der

20 Z. B. Bruce W. Farceau, The Chaco War: Bolivia and Paraguay, 1932–1935, Westport / London 1996; René D. Arce Aguirre, Notas para una Historia del Siglo XX en Bolivia, in: Fernando Campero Prudencio (Ed.), Bolivia en el Siglo XX. La formación de la Bolivia contemporánea, La Paz 1999, S. 47–66.

Krieg, in dem die indigenen Soldaten aus dem Hochland an die Front geschickt wurden, war eine nationale Katastrophe. Das für diese Soldaten ungewohnte heiße Klima, die schlechte Ausrüstung und eine verfehlte Planung trugen dazu bei, dass 60 000 Tote zu beklagen waren. Eine enorme Zahl in einem Land mit wenig mehr als drei Millionen Einwohnern in jener Zeit.[21] Die militärische und politische Niederlage leitete einen gesellschaftlichen Umbruch ein. Neue Akteure betraten die politische Bühne, vor allem junge sozialreformerische nationalistische Offiziere, die nach der Niederlage im *Chaco* nun für einen Umbau des Staates eintraten. Viele dieser jungen Offiziere waren stark beeinflusst vom deutschen Militarismus und Nationalismus. Deutsche Militärberater, insbesondere General Hans Kundt,[22] waren zu Beginn des 20. Jahrhunderts maßgeblich am Aufbau der bolivianischen Streitkräfte sowie in den 1920er- und 1930er-Jahren an der Ausbildung und Strukturierung des Militärapparats beteiligt. Kundt war aber auch für die Fehlplanungen im *Chaco*-Krieg mitverantwortlich. Unter jungen Offizieren fanden nationalistisch-soziale Ideen eine immer stärkere Anhängerschaft. Dabei spielte der Kontakt mit Deutschland und deutschen Militärs eine Rolle, nicht zuletzt die – wenn auch kurze – Präsenz von Hitlers zeitweisem Kampfgefährten und langjährigem Führer der SA (Sturmabteilung der NSDAP) Ernst Röhm als Ausbildungsoffizier (1928–1930).

Ein weiterer neuer sozialer und politischer Akteur war die städtische Mittelschicht, die sich im Zusammenhang mit dem Zinnbergbau in den Hochland-Städten entwickelt hatte und politische Reformen einforderte. Ein dritter Akteur war eine politisch sehr aktive Arbeiter-

21 3,170 Millionen laut Schätzung für 1935 des nationalen bolivianischen Statistikamtes vom Dezember 1937. Siehe U. S. Department of Commerce, Bureau of the Census (Eds.), Bolivia. Summary of biostatistics. Maps and Charts, Population, Natality and Mortality Statistics, Washington 1948, S. 33.

22 Siehe Robert Brockmann, El general y sus presidentes. Vida y tiempos de Hans Kundt, Ernst Röhm y siete presidentes en la historia de Bolivia 1911–1939, La Paz 2007.

bewegung – eine der stärksten und schlagkräftigsten in Lateinamerika – und die Bergleute waren der revolutionäre Kern in der sich entwickelnden Gewerkschaftsbewegung. Mit dieser verbunden waren neu gegründete linke Parteien – Trotzkisten, Marxisten, Leninisten. Diese Parteienvielfalt innerhalb der Linken führte allerdings zu heftigen ideologischen Auseinandersetzungen in der Bergarbeiter- und Arbeiterschaft. Zugleich ging aus der erstarkten nationalistischen Bewegung die 1941 gegründete Partei *Movimiento Nacionalista Revolucionario* (MNR) hervor.

Die MNR war eine Partei der Mittelklasse bzw. der Kleinbourgeoisie und vertrat nationalistische und antiimperialistische Positionen mit dem Ziel einer unabhängigen kapitalistischen Entwicklung, geführt von einem starken Staat. Erreicht werden sollte dies durch ein Bündnis von Mittelklassen und Proletariat, gestützt durch die Massen der Bevölkerung. Die MNR umfasste sozial-reformistische sowie faschistische Tendenzen und unterhielt gute Beziehungen zu Hitler-Deutschland und Italien.[23] 1943 bis 1946 beteiligte sich die MNR an der Militär-Regierung von Major Gualberto Villarroel, einem Militärsozialisten, wobei einige einflussreiche Parteimitglieder der MNR, die dem deutschen Nationalsozialismus nahestanden, dieser Regierung ihren totalitären Stempel aufdrückten.[24] Diese Sympathie für die NS-Ideologie innerhalb der MNR überlebte bis in die 1950er-Jahre.

23 Zu den ideologischen Tendenzen innerhalb der MNR in der Zeit vor der Revolution 1952 einschließlich der unterschiedlichen Beurteilungen von Historikern siehe auch Irma Lorini, El nacionalismo en Bolivia de la pre y posguerra del Chaco (1910–1945), La Paz 2006, S. 188–193. Malloy liefert eine differenzierte Darstellung der politischen revolutionären Visionen der unterschiedlichen Flügel der MNR, die von rechts-nationalistisch, über reformistisch-nationalistisch bis zu sozialistischen Staatsvorstellungen reichten. Siehe James M. Malloy, Revolutionary Politics, in: James M. Malloy/Richard S. Thorn (eds.), Beyond the Revolution. Bolivia Since 1952, Pittsburgh 1971, S. 111–156.

24 Lorini, Nazis en Bolivia, S. 21.

Wie positiv das nationalsozialistische Deutschland in den Augen vieler Parteifunktionäre der MNR noch in den 1950er-Jahren war, kommt in einem Bericht des Gesandten Dr. Gregor nach einer Dienstreise nach Sucre und Potosí zum Ausdruck. Er schreibt: „Die Beziehung zu diesen Parteiführern sind insofern allerdings teilweise nicht ganz einfacher Natur bei aller Herzlichkeit, die sie dem offiziellen deutschen Gaste gegenüber an den Tag legen, als sie noch stark von nationalsozialistischen Ideengängen beeinflusst sind und aus ihrer Bewunderung für das vergangene Hitlerregime häufig keinen Hehl machen."[25]

Angesichts der Tatsache, dass die MNR in den 1940er-Jahren sehr gute Beziehungen zum Dritten Reich unterhielt, verwundert dies nicht. Die langjährigen Führer der Partei, Staatspräsident Dr. Paz Estenssoro, Vizepräsident Siles Zuazo und vier weitere Abgeordneten hatten dem Bericht der Gesandtschaft an das AA von 1953 zufolge, „für ihren Wahlkampf 1942 Gelder vom Dritten Reich bezogen".[26] Ein Bericht der Botschaft an das AA von 1960 wird noch deutlicher. Darin heißt es, dass „das seinerzeit in der Opposition befindliche MNR-Regime einen großen Teil seines Ideengutes vom Nationalsozialismus bezog und übrigens von der damaligen deutschen Gesandtschaft mit amtlichen Geldern unterstützt wurde. Man berichtete mir, dass der heutige Parteiführer Viktor Paz Estensorro [sic!] ohne diese finanzielle Hilfe von deutscher Seite seinen Wahlkampf nicht hätte führen bzw. seine Untergrundarbeit nicht hätte leisten können."[27]

1952 setzte sich die MNR an die Spitze der revolutionären Bewegung und führte die Nationale Revolution vom 9. April 1952 an, die von den linken Bergarbeitern, der städtischen Arbeiterschaft und der indigenen Landbevölkerung einschließlich ihrer bewaffneten Milizen

25 Gesandtschaft La Paz (Gregor) an AA, 9. 8. 1954, Ber. Nr. 894/54 – 360-07, PA AA, B 11, Bd. 324.

26 Deutsche Gesandtschaft La Paz an AA (vertraulich), 25. 3. 1953, Anlage zu Bericht Nr. V 30/53, PA AA, B 11, Bd. 1292.

27 Deutsche Botschaft La Paz (Bindewald) an AA, 1. 2. 1960, Antisemitismus 165/60, Pol. 708-82, PA AA, B 33, Bd. 101, S. 3.

getragen wurde. Zu den zentralen Errungenschaften der Revolution gehören die vollständigen Bürgerrechte einschließlich des Wahlrechts der bis dahin weitgehend rechtlosen indigenen Landbevölkerung, Zugang zu Schulbildung und die Landreform von 1953. Die Agrarreform war jedoch vor allem Resultat der militanten Landnahmen seitens der *campesinos*, mit der diese ihrer Forderung unter der Losung „Land dem, der es bearbeitet", und nach Abschaffung der Zwangsarbeit Nachdruck verliehen. Die MNR-Regierung sah sich zur Auflösung der Latifundien im Hochland und in den Andentalregionen[28] und zur Verteilung von Grund und Boden an die indigenen Bauern gedrängt. Allerdings erfolgte die Umsetzung eher schleppend und erfüllte oftmals nicht die Erwartungen der *campesinos*. Es kam weiterhin zu Landbesetzungen und zu Konflikten zwischen den verschiedenen Akteuren, wie auch aus den Berichten der Deutschen Botschaft 1956 hervorging (siehe weiter unten).

Dem Agrargesetz zufolge waren sowohl der private Landbesitz der *campesinos* wie auch kommunale Landtitel vorgesehen. Damit die *campesino*-Familien Eigentümer der übereigneten Privatparzellen blieben und das Land weiterhin bestellen konnten, wurde der verteilte Boden als nicht veräußerbar erklärt. Darüber hinaus blieb in den freien traditionellen Dorfgemeinschaften die Praxis einer kommunalen Entscheidungsbefugnis bei Landverkauf weitgehend erhalten. Auf diese Weise war auch nach der Revolution die wirtschaftliche Grundlage für eine Aufrechterhaltung kommunaler Strukturen gegeben – eine wesentliche Voraussetzung für die, zumindest teilweise, Beibehaltung traditioneller Organisationsstrukturen im Hochland, von denen bereits berichtet wurde.[29] Bis in die Gegenwart sind trotz vielfältiger Transformationen

28 Nicht jedoch im Tiefland, das heißt, in den zum Teil noch wenig erschlossenen Urwald- und Savannenregionen Nord-, Ost- und Südostboliviens , wo es große Latifundien gab.

29 Siehe Carter, William/Albó, Xavier, La comunidad aymara: un mini-Estado en conflicto, in: Xavier Albó (Compilación), Raíces de América. El Mundo Aymara, Madrid 1988, S. 451–495.

im ländlichen und städtischen Bereich die engen ökonomischen und kulturellen Verbindung von indigenen Migranten in den Städten mit ihrer Herkunfts-Gemeinde charakteristisch für indigene Lebenswelten in Bolivien.

Die neue Wirtschafts- und Sozialpolitik der MNR-Regierung basierte auf einem staatsinterventionistischen Akkumulationsmodell, das die wirtschaftliche Entwicklung der kommenden Jahre bestimmte. Die großen Bergbauunternehmen wurden verstaatlicht, ebenso der Erdgas- und Erdölsektor. Doch in der Folgezeit kam es zum wirtschaftlichen Einbruch dieser Sektoren wie auch in den Industrieunternehmen. Dazu beigetragen hatten mehrere Faktoren, wie Krempin hervorhebt: „die Verschlechterung der *terms of trade* für das Hauptexportprodukt Zinn", „die Politik der Entkapitalisierung der staatlichen Bergbaugesellschaft COMIBOL zugunsten der Förderung des agroindustriellen Sektors im Departement Santa Cruz" und „das Fehlen einer rationellen Investitionspolitik".[30] Das Konzept der Regierung, die Arbeiterschaft und Bauern am politischen Entscheidungsprozess zu beteiligen (*Co-Gobierno* 1952–1956) und sie durch höhere Löhne materiell an der wirtschaftlichen Entwicklung teilhaben zu lassen, verschärfte die Situation zusätzlich. Denn diese Politik stand in Widerspruch zu den Interessen von Unternehmern und provozierte massive politische Spannungen und Konflikte.

Während die hoch politisierte Arbeiterschaft und die Bauern die Umsetzung der populistischen Diskurse der Regierung einforderten, setzte die neue Unternehmerschaft sie unter Druck. Zwischen 1952 und 1956 steigerte sich die krisenhafte Entwicklung. Linke und rechte Parteien befeuerten diese Entwicklung mit ihren spezifischen Forderungen und der Mobilisierung ihrer Anhängerschaften. Entscheidend

30 Michael Krempin, Bauernbewegung in Bolivien. Die Entwicklung der sozioökonomischen Lage sowie der politischen Haltung und Organisationsformen der ländlichen Bevölkerung in Bolivien unter besonderer Berücksichtigung der Bauernbewegung seit 1969, Frankfurt a. M. 1986, S. 89.

für die Verschärfung der Krise jedoch war der rapide Rückgang der Wirtschaft, denn die Nationalisierung der Minen schürte Konflikte mit dem Ausland und es wurden weniger Bergbaurohstoffe abgenommen. Verbunden mit dem Sinken der Preise hatte das einen Einbruch der Einnahmen des Staates zur Folge. Das wiederum schlug sich auf den Import notwendiger Nahrungsmittel und Konsumgüter nieder. Das Warenangebot auf den Märkten wurde knapp. Streiks und Importengpässe behinderten die Produktion.

Ab 1954 galoppierte die Inflation; Höhepunkt war das Jahr 1956.[31] Die Lebenshaltungskosten stiegen zwischen 1952 und 1956 um das Zwanzigfache bei einer jährlichen Inflationsrate von mehr als 900 Prozent.[32] Ein Gesandtschaftsbericht an das Auswärtige Amt fasst die düstere Wirtschaftssituation zusammen: „[Das] Absinken der Metallpreise, reduzierte Deviseneinnahmen des Staates reichen kaum zur Deckung der staatlichen Bedürfnisse und kaum für Einfuhr lebensnotwendiger Bedarfsgüter und Rohstoffe für die Industrie. Die Zuteilung an den Importhandel [von Devisen] ist dürftig und der Handel selbst durch staatliche Interventionen weitgehend gehemmt."[33]

Da Bolivien aber von Importen, insbesondere von Nahrungsmitteln aus den USA, abhängig war, sah sich die Regierung Paz Estenssoro zur Verbesserung der Beziehungen mit den USA gezwungen. In erster Linie musste die US-amerikanische Administration davon überzeugt werden, dass die bolivianische Regierung keineswegs kommunistisch sei. Paz Estenssoro versprach Entschädigungszahlungen an ausländische Bergbaugesellschaften und US-amerikanische Unternehmen sowie die Respektierung von Privateigentum. Die USA ihrerseits, aus Angst

31 Der Lebensmittelpreisindex stieg in La Paz von 100 im Jahr 1931 auf 7036 im Jahr 1952; von 52 627 im Jahr 1955 auf 86 010 im März 1956 und dann auf 390 492 in den folgenden neun Monaten. Siehe Dunkerley, Rebelión en las venas, S. 118.

32 Siehe Klein, Historia Genrale de Bolivia, 2. Aufl., S. 288.

33 Deutsche Gesandtschaft La Paz, Bericht des Wahlkonsuls Nowotny, Potosí, 24. 8. 1954, PA AA, B 11, Bd. 324.

vor einem Vordringen des Kommunismus in ihrer Einflusshemisphäre (nachdem bereits in Guatemala und Guayana linke Regierungen an die Macht gekommen waren, die dann allerdings mithilfe der CIA gestürzt wurden), boten Bolivien Hilfen an, um einen möglichen kommunistischen Einfluss in der bolivianischen Regierung zu verhindern.[34] Auch die deutsche Regierung stand der MNR-Regierung skeptisch bis abwartend gegenüber – sie befürchtete ebenfalls eine Hinwendung zum Kommunismus. Zahlreiche Anfragen des Auswärtigen Amtes an die Deutsche Botschaft verweisen darauf. Die wirtschaftliche Unterstützung der USA war also gleichermaßen im Interesse der US-amerikanischen wie der bolivianischen Regierung. Präsident Paz Estenssoro fiel diese Annäherung nicht schwer, er stand ideologisch ohnehin dem radikalen linken, antiamerikanischen Flügel in seiner Partei distanziert gegenüber.

Die MNR war – darauf wurde bereits hingewiesen – kein monolithischer Block.[35] Seit den Gründerjahren rivalisierten rechte und linke Parteiflügel um die Macht in der Partei. Mit der Regierungsübernahme nach der Revolution setzten sich diese internen Kämpfe fort, wenngleich mit dem Präsidenten Paz Estenssoro ein Pragmatiker, der sich selbst als „neutral" bezeichnete, die Macht ergreifen konnte.[36] Die Annahme der Hilfen und Investitionen der USA und des Internationalen Währungsfonds Mitte der 1950er-Jahre, die die

34 Siehe Klein, Historia Genral de Bolivia, 2. Aufl., S. 290 ff.

35 Siehe Malloy, Revolutionary Politics, S. 112.

36 Zur politischen und ideologischen Geschichte des MNR siehe Malloy, Revolutionary Politics. Die politischen Flügel der MNR in der Zeit der Revolution 1952 und den anschließenden Jahren charakterisiert er folgendermaßen: „Ein rechter Flügel vertrat eine elitistische und essentiell reformistische Vision einer neuen Ordnung; ein linker, der Arbeiterbewegung nahestehender Flügel, eine revolutionäre sozialistische Gesellschaftsvision; und eine dritte Gruppierung um Paz Estenssoro verfolgte einen pragmatisch-nationalistischen Kurs, in dessen Zentrum die nationale Entwicklung stand, und verhielt sich insgesamt politisch sehr flexibel." Ebenda, S. 117. Übersetzung J. S.-G. Für eine kritische Betrachtung des Nationalismus in Bolivien bis 1945 und darin auch der Positionen der MNR siehe Lorini, El nacionalismo en Bolivia.

Regierung im Inneren stabilisierten, waren Ausdruck dafür, dass sich der Mitte-Rechts-Flügel durchsetzen konnte. Dies bestätigte sich auch bei den Wahlen zur Nachfolge von Paz Estenssoro. Mit den Stimmen der indigenen Bauernschaft, die mit der Agrarreform und den Staatsbürgerrechten ihre Forderungen zumindest teilweise erfüllt sah und wenig mit den radikalen Forderungen der linken Arbeiter und Bergleute gemein hatte, wurde 1956 der Vizepräsident Siles Zuazo ins Präsidentenamt gewählt. Er setzte die von seinem Vorgänger eingeleitete Zusammenarbeit mit den USA fort.

Als Reaktion auf die sozialen, politischen und ökonomischen Konflikte baute die Regierung ihren staatlichen Kontrollapparat, den *Control Político*, aus. Politische Opposition war fortan gefährlich. Verfolgung, Verhaftung und Verschleppung in Straflager von realen oder vermeintlichen politischen Gegnern waren gefürchtete Instrumente der MNR-Regierung. Willkürliche Wohnungsdurchsuchungen, Überfälle auf Geschäfte und Beschlagnahmung von Waren verbreiteten Schrecken bei Geschäftsleuten und auch bei Migrantinnen und Migranten. Zur Geschichte dieser ersten nachrevolutionären Zeit gehörte ebenfalls die Einrichtung von „Konzentrationslagern".[37] Wichtiger Arm der Repression waren neben dem *Control Político* die Partei-Milizen der MNR.

37 Dunkerley, Rebelión en las venas, S. 113 f.; H. C. F. Mansilla, La revolución de 1952 en Bolivia: un intento reformista de modernización, in: Revista de estudios políticos (1980) 17, S. 117–128, hier S. 127. Davon berichtet u. a. auch mein Gesprächspartner Guillermo Wiener, siehe Interview mit Guillermo Wiener, La Paz, 8. 11. 2006. 2016 erschien in der bolivianischen Zeitung *El Día* ein Artikel über die offiziell kaum erwähnte Geschichte der Repression der MNR-Regierungen der 1950er-Jahre: Freddy Zárate, Claudio San Román: Los campos de concentración en Bolivia, in: El Día, 4. 10. 2016, https://www.eldia.com.bo/index.php?cat=162&pla=3&id_articulo=210015 [7. 7. 2017]. Die Einrichtung von Konzentrationslagern, die durch den *Decreto Supremo N° 01619* legalisiert worden war, wie von weiteren Strafzentren für politische Gefangene, etwa in Carahuara de Carangas, war ein Thema, von dem ich selbst bei Recherchen auf dem Land immer wieder gehört hatte.

Der Alltag in den Jahren von 1952 bis 1956 war gekennzeichnet von Protesten und Streiks in den verschiedenen Wirtschaftsbranchen, an Universitäten und Schulen. Auch die Deutsche Schule wurde zeitweise bestreikt. Radikale Studenten demonstrierten vor der Schule, Steine flogen, und die Schulleitung sah sich aus Sicherheitsgründen veranlasst, den Unterricht einzustellen. Zunächst erhielten wir deutschen Schülerinnen und Schüler noch Unterricht in einem der Straße abgewandten Gebäude, doch dann fiel auch dieser Unterricht für einige Wochen aus. Besorgt um meine Bildung, suchten meine Eltern nach einer Privatlehrerin und fanden eine Universitätsprofessorin, die offenbar nicht auf der Seite der Streikenden stand. Da es nach der Revolution von 1952 keine Schulbücher gab, erschien sie mit der *Enciclopedia de España* unter dem Arm. Daraus hatte ich nun Abschnitte auswendig zu lernen. Erweitert wurde das Programm um das spanische Heldenepos *Canto del mio Cid*, von dem ich nur sehr wenig verstand.

Diese Situation sowie die Mobilisierung der hoch politisierten und bewaffneten Arbeiterschaft zur Durchsetzung ihrer Lohn- und sozialen Forderungen verunsicherten die bürgerlichen Schichten zutiefst. Jene, die im MNR die Perspektive für ein „sich modernisierendes", aber keineswegs sozialistisches Bolivien gesehen hatten, wandten sich ab. Insgesamt verließen in jener Zeit so manche Angehörige dieser Schichten, vor allem aber der alten Land- und Bergbau-Oligarchie und ihnen nahestehende Unternehmer, Bolivien in Richtung Ausland.

Die deutsche Kolonie und die jüdischen Emigranten und Emigrantinnen fühlten sich gleichermaßen von der politischen Entwicklung zunehmend beunruhigt bzw. bedroht. Die jüdischen Emigranten schreckte zusätzlich das Aufkommen antisemitischer Hetze innerhalb der bolivianischen Bevölkerung auf. Bereits 1953 kursierten Flugblätter, in denen Juden die Schuld an der Wohnungsnot, an hohen Lebensmittelpreisen und Arbeitslosigkeit zugeschoben wurde. „Sei ein Patriot, kauf nicht bei Juden. Sie sind Boliviens Unglück. Während wir nach allem, was wir kaufen wollen, Schlange stehen, besitzen die Juden alles. Werft sie heraus aus Bolivien." Mit diesen Sätzen in bester

*Stürmer*-Manier stimmten die anonymen Autoren eines Flugblattes, das die Deutsche Gesandtschaft ihrem Bericht an das Auswärtige Amt beifügte, in die Hetztiraden ein.[38] Es kam zu massiven Übergriffen auf Geschäfte insbesondere von Juden. In seinem Bericht schreibt der Gesandte Dr. Gregor voller Sorgen über die Situation: „In den vergangenen Monaten ist es im Zusammenhang mit der fortschreitenden politischen und wirtschaftlichen Krise verschiedentlich zu Ausschreitungen gekommen, die sich vor allem gegen jüdische Geschäftsleute richteten, wobei es nicht ganz deutlich war, ob hierbei eine planmäßige Steuerung von oben im Sinne eines politischen Ablenkungsmanövers vorlag, oder ob es sich hierbei um Willkürakte untergeordneter Parteistellen handelt. Die Gesandtschaft hat nach besten Kräften versucht, in allen Einzelfällen, die an sie herangetragen wurden, zu Gunsten der Betroffenen zu intervenieren und hat damit erheblich zur Beruhigung der Lage beigetragen.“[39]

Zahlreiche Juden packten nun wieder ihre Koffer und verließen das Land. Die Abwanderung von Juden als Reaktion auf antisemitische Ausschreitungen sowie aufgrund der allgemeinen wirtschaftlichen Lage setzte sich in den Folgezeit fort. Aber auch für die Geschäftsleute, Unternehmer und Großgrundbesitzer aus der deutschen Kolonie waren unsichere Zeiten angebrochen. Aus der dem Gesandtschafts-Bericht vom 28. Juni 1954 beigefügten Analyse von Dr. Cohn über die soziale und politische Situation und ihre Hintergründe sowie die Stellung der Juden in Bolivien geht hervor, dass es vereinzelt Übergriffe auf Geschäfte von Mitgliedern der deutschen Kolonie gab.[40] Der gesellschaftliche Umsturz und die revolutionäre Neuordnung trafen ja keineswegs auf die politische und soziale Sympathie der alt-

38 Deutsche Gesandtschaft La Paz, an AA, 15. 6. 1953, Ber. Nr. 905/53, PA AA, Bol 212-06, B 11, Bd. 1293. Der Text ist weiter unten vollständig zitiert.

39 Deutsche Gesandtschaft La Paz an AA, 15. 6. 1953, Flugblatt, Anlage, Ber. Nr. 905/53, PA AA, Bol. 212-06, B 11, Bd. 1293, S. 2.

40 Deutsche Gesandtschaft La Paz an AA, Abschrift Studie Cohn, Alfred, 28. 6. 1954, Ber. Nr. 735/54 – 443-05, PA AA, Bol. 212-06, B 11, Bd. 1293.

eingesessen Deutschen – zu eng waren sie mit den alten Herrschaftscliquen verbunden gewesen; den Rassismus gegenüber der indigenen Bevölkerung, deren Rechtlosigkeit und Ausbeutung hatten sie nie zu ihrem Problem gemacht. Zu der sich steigernden wirtschaftlichen und politischen Unsicherheit kam die Angst vor Übergriffen des *Control Político* und vor Überfällen der *indios*, der indigenen Bevölkerung auf dem Land. Dass diese Befürchtungen nicht ganz ungerechtfertigt waren, geht aus einem Bericht der Botschaft La Paz vom 1. Juni 1956 an das Auswärtige Amt hervor:

> „Im Zuge von Indianerunruhen [...] wurden neben anderen Landgütern nicht deutscher Eigentümer auch das Landgut des Konsuls der Bundesrepublik in Sucre, Herrn Nicolás Alberto Schütt, in Jotala [Yotala] bei Sucre von Indianern unter dem Vorwande, es seien dort Waffen verborgen, besetzt und beraubt. Der bei der Besetzung anwesende Konsul Schütt[41] wurde von den Indianern festgehalten. Mehrere Rädelsführer schlugen vor, ihn an einen Baum zu binden, was der Anführer der gesamten Gruppe jedoch verhindern konnte. Ähnliche Übergriffe wurden auch von anderen Deutschen bzw. Deutsch-Bolivianern gemeldet. [...] Die Botschaft

41 Nicolás Alberto Schütt war Erbe und Eigentümer des von seinem Vater, Nicolás Jürgen Schütt, gegründeten Handelshauses „Nicolás Jürgen Schütt y Suc." mit Niederlassungen in Potosí, Cochabamba, Santa Cruz und einem Hauptsitz in Sucre. Die Familie war gut in die bolivianische höhere Gesellschaft integriert. Der Firmengründer war von 1920 bis 1941 Deutscher Honorarkonsul. 1941 trat er von diesem Amt zurück, weil er sich auch für die jüdischen Flüchtlinge verantwortlich fühlte und daher mit der Deutschen Gesandtschaft in Konflikt geriet (siehe Interview mit Dipl. Ing. Jürgen Schütt, Sohn von Nicolás Alberto Schütt, in: Claudia Maennling, „Auf nach Amerika!" Deutsche Einwanderung nach Bolivien, La Paz 2014 [elektr. Ressource], http://www.la-paz.diplo.de/Vertretung/la__paz/de/04-kultur-und-bildung/Elek-Buch.html [3. 7. 2017], Kap. Cochabamba, S. 41). 1954 berief Botschafter Dr. Gregor Nicolás Alberto Schütt zum Wahlkonsul (siehe Gesandtschaft La Paz (Gregor) an AA, 9. 8. 1954, Ber. Nr. 894/54 – 360-07, PA AA, B 11, Bd. 324).

> hat in einer dem ernsten Tatbestand entsprechenden Note diese Übergriffe dem bolivianischen Außenministerium zur Kenntnis gebracht und um dringende Abhilfe und Schutz durch geeignete Regierungsmaßnahmen gebeten."[42]

Die Unterstützung wird zugesichert. Doch nach Einschätzung der Botschaft ist davon angesichts der politischen Konstellation wenig zu erhoffen.

> „Die Regierung" – so der Berichterstatter weiter – „steht diesen Ausschreitungen, vor allem zur Zeit, verhältnismäßig machtlos gegenüber, da die derzeitige Regierungspartei der MNR die Wahlen in erster Linie mit Unterstützung der Landbevölkerung zu gewinnen hofft und sie deshalb in ihrem Interesse alles unternehmen muss, um Unzufriedenheit und Opposition gegen die MNR in der Landbevölkerung zu vermeiden. Andererseits ist es nicht ausgeschlossen, dass die erwähnten Unruhen eine gewisse zentrale Steuerung erfahren haben, um die Landbevölkerung von der zunehmenden Unzufriedenheit über die Lebensmittelverknappung und anderen wirtschaftlichen Missstände abzulenken. Von den oben erwähnten hohen Beamten des bolivianischen Außenministeriums wurde die Gebundenheit der Regierung in aller Offenheit zugegeben und dabei erklärt, dass allzu scharfe Maßnahmen gegen die Rädelsführer bei diesen Indianerunruhen von Seiten der Regierung zur Zeit nicht ergriffen werden können."[43]

Ein weiterer Konfliktherd war die Stadt Santa Cruz in Ostbolivien. Hier kam es immer wieder zu schweren Auseinandersetzungen mit der Regierungspartei. Separatismus-Forderungen, die in dieser Region

42 Deutsche Botschaft La Paz an AA, 1. 6. 1956, Betr.: Bedrohung des Konsuls der Bundesrepublik in Sucre bei Indianerunruhen, Ber. Nr. 510-05 – 677/56, PA AA, B 33, Bd. 020.

43 Ebenda.

bereits seit der Kolonialzeit erhoben wurden – damals lehnten die spanischstämmigen *cruzeños* die Zugehörigkeit zum Vizekönigtum Peru ab – fanden bei der eingesessenen „weißen" Mittel- und Oberschicht von Santa Cruz immer mehr Anhänger.

Ein Bericht der Deutschen Botschaft an das Auswärtige Amt vom 27. Juli 1959 schildert die gewaltsame Eskalation des Konfliktes zwischen der organisierten „weißen" Bürgerschaft von Santa Cruz und Vertretern der MNR-Regierung 1959. Auch wenn in der Analyse der Vorgeschichte des Konflikts rassistische Töne mitschwingen, so kennzeichnet der Bericht die Situation durchaus zutreffend.

> „Das im südlichen Tiefland von Bolivien gelegene Departement Santa Cruz mit der gleichnamigen Hauptstadt nimmt insofern eine Sonderstellung ein, als seine Bewohner zum größten Teil Nachkommen spanischer Eroberer und Einwanderer sind und blutsmässig – im Gegensatz zu den übrigen Teilen des Landes – so gut wie keine indianische Abstammung aufweisen.
> Seit der Machtübernahme durch die MNR-Partei im April 1952 festigte sich bei der Bevölkerung von Santa Cruz immer mehr die Überzeugung, dass die Regierung in La Paz, die sich teilweise aus Indios und Mischlingen zusammensetzt, offenbar nicht willens schien, für die berechtigten Lebensinteressen dieser Landesbewohner das notwendige Verständnis aufzubringen. Vom allem führten die Ausschreitungen und Gewalttätigkeiten der Funktionäre des 1952 geschaffenen ‚Control Político' [Geheime Staatspolizei] – meist reinblütige Indios – zu einer steigenden Unzufriedenheit unter der Bevölkerung von Santa Cruz. Als ein Gegengewicht gegen diese beständig zunehmenden Übergriffe durch Angehörige des ‚Control Político' lebte daher bald nach 1952 das bereits seit längerer Zeit bestehende ‚Comité pro Santa Cruz', eine Art Bürgervereinigung, die ursprünglich vor allem zur Förderung gemeinnütziger Vorhaben geschaffen worden war, wieder auf und setzte sich weitgehend für die Sorgen und Nöte der Bevölkerung von

> Santa Cruz ein. Ähnliche Komitees gibt es auch in allen anderen größeren Städten Boliviens.
> Das ‚Comité pro Santa Cruz' erlebte im Laufe der Jahre einen starken Aufschwung. Zuletzt waren insgesamt 142 Vereinigungen, Körperschaften (s. z. die Handelskammer, die Industriekammer, der Rotary-Club, der Löwen-Club, Arbeitersyndikate, die Kriegervereinigung (Chaco-Krieg) in diesem ‚Komitee' vertreten. Jede dieser angeschlossenen Institutionen leistete regelmäßig einen bestimmten Monatsbeitrag an das Komitee. [...]
> Im Oktober 1957 kam es im Departement Santa Cruz zu den ersten schweren politischen Unruhen, als bekannt wurde, dass Funktionäre des ‚Control Político' im Polizeigebäude von Santa Cruz einen völlig unbeteiligten Studenten erschlagen hatten. Wegen dieses Ereignisses bemächtigte sich die Bevölkerung von Santa Cruz eine ungeheurere Erregung. Am nächsten Tage griff sie die Räume des ‚Control Político' im Rathaus an und wurde von den Funktionären des ‚Control Político' mit Gewehr- und Maschinengewehrfeuer empfangen. Hierbei verloren 2 Einwohner von Santa Cruz sowie einer der Hauptbeteiligten am Tode des oben erwähnten Studenten das Leben. Daraufhin wurde der ‚Control Político' auf Druck der Bevölkerung in Santa Cruz abgeschafft.
> Beim Versuch der Erstürmung der Räume des ‚Control Político' gab damals der sich zufällig dort aufhaltende Edli Sandóval Morón, Chef der MNR-Parteileitung im Departement Santa Cruz, Schiessbefehl auf die Bevölkerung. Kurze Zeit später wurde er zum Landwirtschaftsminister ernannt. [...] Im Mai 1958 unternahm die Falange-Partei in Santa Cruz einen Aufstand."[44]

Die Falange-Partei – eine Kopie der spanischen faschistischen Falange – war allerdings nur für zwei Tage erfolgreich, dann hatte die

44 Deutsche Botschaft La Paz an AA, 27.7.1959, Betr. Innenpolitik Bolivien, Pol. 306-81, 688/59 II, PA AA, B 33, Bd. 101.

Regierung wieder die Oberhand. Der Repräsentant des *Comité pro Santa Cruz* erklärte, nicht an dem Aufstand beteiligt gewesen zu sein, und erreichte in Verhandlungen mit der Regierung, dass ein neuer Bürgermeister eingesetzt wurde. Die Regierung stimmte zu und setzte ein Mitglied ihrer Partei MNR ein, das in Santa Cruz Vertrauen bei der Bevölkerung genoss.

Weiter heißt es in dem Bericht:

> „Das ‚Komitee' hatte aufgrund der zurückliegenden Ereignisse einen immer größeren Zuspruch zu verzeichnen und wurde der MNR-Regierung in La Paz von Tag zu Tag unbequemer. [...] Über ein Jahr lang arbeitete die Bevölkerung von Santa Cruz mit den neuen Präfekten und dem neuen Bürgermeister harmonisch zusammen. Während dieser Zeit machte die Regierung von La Paz wiederholt den Versuch, den ‚Control Político' wieder einzusetzen. Der Versuch scheiterte jedoch am Widerstand der Bevölkerung und des Komitees."[45]

Angesichts der Vorbereitungen auf die Wahl 1960 unternahmen die Regierung und die MNR verschiedene Versuche, im Departement neue, ihr genehmere Präfekten und Bürgermeister einzusetzen. Die Bevölkerung widersetzte sich und der Konflikt gewann neue Brisanz. Das Komitee ersuchte beim Vatikan-Botschafter um Vermittlung. Am 25. Juni 1959 fand anlässlich des Besuches des US-Botschafters ein Empfang statt, zu dem auch das Komitee und das Konsularkorps sowie der deutsche Wahlkonsul Gasser eingeladen waren. Der Empfang wurde jedoch aus Sicherheitsgründen kurzfristig abgesagt. Dem Präsidenten des Komitees zufolge näherten sich „Einheiten des Heeres sowie bewaffnete Gruppen der Miliz (Berg- und Landarbeiter) im Ansturm auf Santa Cruz".[46]

45 Ebenda.
46 Ebenda.

Die Nachricht löste Unruhe in der Bevölkerung aus; es kam zu nächtlichen Schießereien mit der Polizei. Die Situation eskalierte über mehrere Tage. Der Bischof sowie das Konsularkorps versuchten zu vermitteln. Milizen und das Heer verfolgten in der Umgebung von Santa Cruz einen Aktivisten des Komitees, der bewaffnete Gruppen anführte. Der *Control Político* führt Hausdurchsuchungen durch, dabei kam es zu Diebstählen. „Auch Deutsche und Deutsch-Bolivianer wurden hierbei nicht verschont."

> „Die bolivianische Regierung glaubte – von ihrem Standpunkt aus wohl mit Recht –, dem Tun und Treiben des ‚Komitees' und dessen Sturmtruppe nicht länger zusehen zu können. Gegen Geldsammlungen des Komitees für gemeinnützige Zwecke, die auch z. B. in Cochabamba, Oruro und anderen Städten vorgenommen werden, hatte die Regierung nichts einzuwenden gehabt. Das Komitee von Santa Cruz geriet jedoch in erheblichem Maße in politisches Fahrwasser. Und setzte sich bald in starken Gegensatz zu La Paz. Die Bewaffnung von über 300 Angehörigen des Sturmtrupps, die an sich nur als Schutz gegen Übergriffe des ‚Control *Político*' gedacht war, wurde von der Regierung als Keimzelle einer Revolutionsarmee angesehen, die separatistische Ziele verfolgte. Bei einiger Überlegung hätte sich das Komitee sagen müssen, dass u. a. die Aufstellung einer Privatarmee von der Regierung auf die Dauer nicht stillschweigend hingenommen werden würde.
>
> Über die politischen Ziele scheinen die Cruzeñer nur verschwommene, jedenfalls aber keine einheitlichen Vorstellungen zu haben. Eine gemäßigte Gruppe wünscht sicher nichts weiter als eine stärkere Betonung des föderativen Gedankens gegenüber der zentralistischen Regierung in La Paz und eine gewisse Selbstständigkeit der Verwaltung. Andere wieder scheinen auf einen Anschluss an einen ausländischen Staat hinzuarbeiten, wobei sie unschlüssig sind, ob an Brasilien oder Paraguay. Eine letzte Gruppe schließlich scheint eine Unabhängigkeit anstreben zu wollen, wobei sie allerdings

> nicht weiss, wovon der ‚neue Staat' leben soll. Jedenfalls scheint das Misstrauen der spanischsprachigen Bevölkerung von Santa Cruz gegen die Regierung in La Paz mit ihrem grösstenteils analphabetischen, indianischen Anhängern unüberbrückbar und wird auch in Zukunft wieder zu Auseinandersetzungen führen."[47]

Soweit die Situation in Santa Cruz 1959. Auch die Angehörigen der deutschen Kolonie – von denen viele der MNR-Führung höchst kritisch gegenüberstanden – sowie ansässige jüdische Emigranten konnten sich den Auseinandersetzungen schwer entziehen.

Ein halbes Jahrhundert später, ab 2006, während der Konfrontation der tonangebenden Gesellschaftsschichten von Santa Cruz mit der Regierung von Evo Morales, standen die gleichen Forderungen und Separatismus-Ideen auf der Tagesordnung der *cruzeños*. Mit der Wahl des indigenen Präsidenten Evo Morales 2005 und seiner Partei *Movimiento al Socialismo* (MAS – Bewegung zum Sozialismus) hat der Konflikt an Aktualität gewonnen, und die sozialen Akteure wie auch die grundsätzlichen politischen Forderungen sind die gleichen wie 1959 und zuvor. Er ist Ausdruck einer weiterhin tief gespaltenen, polarisierten Gesellschaft. Die Konfliktlinien verlaufen – wie ehedem – entlang der Klassenzugehörigkeit, der ethnischen und regionalen Zugehörigkeit, zwischen Arm und Reich, zwischen indigener und sich „weiß" dünkender Bevölkerung, was sich wiederum auch in der Konfliktlinie zwischen Stadt- und Landbevölkerung widerspiegelt. Diese Polarisierung hat – wie der Botschaftsbericht richtig schreibt – ihre Wurzeln in der Kolonialzeit. Sie verstärkte sich weiter in der postkolonialen Gesellschaft. Von 2006 an bis nach der Wiederwahl von Morales 2010 hatte sie zeitweise eine Dimension erreicht, die manchen Analysten von einem Bürgerkrieg „niedriger Intensität" sprechen ließ.

47 Ebenda.

# Abgegrenzte Lebenswelten – Deutsche Kolonie und Juden – Erste Eindrücke 1952/53

Wie gestalteten sich die sozialen Räume von „alteingesessenen" Deutschen, Nazis und jüdischen und nicht-jüdischen Geflüchteten in Bolivien in diesen 1950er-Jahren?

In einem frühen Bericht vom 8. Januar 1953 an das Auswärtige Amt teilt der Gesandte Dr. Gregor das „Deutschtum in La Paz" in drei Gruppen auf, die er zusammen mit den sozialen Räumen, wie er sie kurz nach seiner Ankunft in Bolivien wahrnahm, charakterisiert. Und er spricht auch die politischen, sozialen und ideologischen Abgrenzungen und den Antisemitismus der „Altdeutschen" an:

> „Zwischen dem alteingesessenen Deutschtum dargestellt durch Mitglieder des ‚Deutschen Klubs' (*Club Alemán*) und des Deutschen Kulturzentrums (*Centro Cultural Alemán*, dem die Betreuung der Deutschen Schule, eines Krankenhauses, eines Hilfsvereins und eines Friedhofs obliegt) und der während der Hitlerperiode erfolgten Emigration (die sich hauptsächlich im Deutschen Demokratischen Klub ‚Das Andere Deutschland') zusammengefunden hatte, besteht ein Spannungsverhältnis, das auf einem nur allmählich zu überwindenden politischen Ressentiment und auf klassen- bzw. standesmässigen (also mehr gesellschaftlichen) Vorurteilen beruht. Zwischen beiden Gruppen steht der sog. ‚Deutsche Kreis' (*Círculo Aleman*), eine kleine Gruppe von Emigranten, die sich vorwiegend aus Akademikerkreisen zusammensetzt, sowie von

jüngeren Deutschen, die den Zusammenbruch in Deutschland miterlebt haben und eine andere politische Einstellung mitbrachten. Zu dieser Gruppe gesellten sich ausserdem einige Österreicher. Diese Gruppe betont, völlig unpolitisch zu sein und nur kulturellen Aufgaben zu dienen, was aber von beiden anderen Gruppen, die ebenfalls jede politische Bindung von sich weisen, nicht anerkannt wird. Tatsächlich stehen die Mitglieder dieser Gruppe (soweit es sich um die deutschen Staatsangehörigen handelt) in ihrer politischen Haltung etwa in der Mitte zwischen den vorgenannten beiden Deutschtumsgruppen.
Es unterliegt kein Zweifel, dass das alteingesessene Deutschtum in einem Teil seiner Führungsschicht eine geistige Haltung aufweist, die neben einem Konservatismus, der mehr gesellschaftliche als politische Charakterzüge aufweist, noch gewisse Elemente enthält, die wenig erfreuliche Überbleibsel der vergangen Hitlerperiode darstellen. Diese Haltungen äussern sich vor allem in einem für heutiges deutsches Empfinden unerfreulichen Antisemitismus. [...] Hervorgerufen wurde dieser Antisemitismus erst durch die nazistische Ideologie und die übergrosse Zahl jüdischer Emigranten (8000–10 000), die in der Hitlerzeit nicht nur aus Deutschland, sondern auch aus Osteuropa nach Bolivien einströmten. Statt, wie vorgesehen, sich der Landwirtschaft zuzuwenden, setzten sich diese Juden ausschliesslich in den wenigen Städten und Industriezentren – vorwiegend in La Paz – fest. Sie betätigten sich hier nicht nur als solide Geschäftsleute (wo sie teilweise im Einzelhandel recht segensreich wirkten), sondern auch als skrupellose Geschäftemacher, was ihrem Ansehen im ganzen Lande grossen Abbruch tat. Wie weit der Antisemitismus der bolivianischen Bevölkerung, der nicht nur die Oberschicht, sondern auch das einfache Volk erfasst hat, eine feste Grundlage besitzt oder nur die Folge antisemitischer Propaganda ist, ist schwer zu beurteilen. Das Wort Jude auf spanisch ‚judio' gilt hier jedenfalls als eines der schlimmsten Schimpfwörter.

> Der besondere Gegensatz zwischen dem alteingesessenen Deutschtum und der jüdischen Emigration hat folgende Gründe:
> 1. Aus begreiflichem Hass gegen das Hitlerreich empfand die jüdische Emigration eine innere Abneigung gegen alle diejenigen Auslandsdeutschen, die sich zum ‚Dritten Reich' bekannten. Mit Ausbruch des Krieges verschärfte sich der Gegensatz, als ein Teil der Emigration offen zu Gunsten der Kriegsgegner Deutschlands Partei ergriff. Nach Angaben der alteingesessenen Deutschen war diese Parteinahme häufig verbunden mit üblen Denunziationen und unlauteren Machenschaften. Das hatte zur Folge, dass viele Deutsche auf schwarze Listen gesetzt wurden, ihre Geschäfte verloren oder deportiert wurden. [...]
> 2. Das alteingesessene Deutschtum begründet seinen Antisemitismus weiterhin mit der Behauptung, dass eine Vermischung von Deutschen und Juden dazu führe, das bisher hohe Ansehen des Deutschtums in Bolivien zu schädigen. Wenn zwischen Deutschen und Juden keine scharfen Grenzen gezogen würden, laufe das Deutschtum Gefahr, für all das mitverantwortlich gemacht zu werden, was dem Judentum in die Schuhe geschoben werde."[48]

Im Weiteren geht der Bericht ausführlich auf die Abgrenzungen – auch zu den osteuropäischen Emigranten – und entsprechende Behauptungen und Unterstellungen der Alteingesessenen ein. Zwar sind einige Formulierungen des Gesandten offenbar von der Sichtweise der deutschen Kolonie beeinflusst; gleichwohl schildert er in deutlichen Worten, wie ausgeprägt der Antisemitismus der „Alteingesessenen" und ihre Ablehnung gegenüber den Emigranten waren.

Von den Nazis, die nach dem Krieg so problemlos in Bolivien Unterschlupf und auch Aufnahme in der deutschen Kolonie fanden, ist in diesem Bericht bemerkenswerterweise keine Rede. Sind sie dem

48 Deutsche Gesandtschaft an AA, 8. 1. 1953, PA AA, B 11, Bd. 988. Unterstreichungen im Original.

Gesandten nicht aufgefallen? Wie viele Nazis nach Bolivien kamen, bleibt nur zu vermuten. In den Städten La Paz, Santa Cruz, Cochabamba, Oruro, Tarija oder Potosí, wo sich deutsche Einwanderer oftmals bereits Anfang des 20. Jahrhunderts niedergelassen hatten, hatten nicht nur prominente Nazis wie Klaus Barbie alias Klaus Altmann und Hans Ertl nach dem Krieg eine neue Heimat gefunden. Darüber hinaus boten weniger erschlossene ländliche Regionen, etwa in den Departements Santa Cruz oder Beni, insbesondere in den ersten Nachkriegsjahren die Möglichkeit, unauffällig eine neue Heimstatt zu schaffen. Nach einiger Zeit „im Versteck" bauten dann solche Personen Kontakte zu den deutschen Kolonien in den Städten auf bzw. aus. Dabei spielte der Wunsch, den Kindern den Besuch einer deutschen Schule zu ermöglichen, eine wichtige Rolle, aber auch die Suche nach einer Anstellung in einem der deutschen Unternehmen war ein Grund.

Die meisten Familien der deutschen Kolonie hatten es zu wirtschaftlichem Erfolg gebracht; die *Alemanes* verfügten seinerzeit in Bolivien über eine wirtschaftlich und gesellschaftlich starke Stellung. Die zahlenmäßig größte deutsche Kolonie befand sich in La Paz. Die Räume, in denen sich ihr soziales Leben abspielte, waren die Deutsche Schule (*Colegio Alemán „Mariscal Braun"*), der Deutsche Klub und die deutsche evangelische Kirchengemeinde, bei Erkrankungen wurde die *Clínica Alemana* in La Paz aufgesucht. (Mit der Geschichte der Deutschen Kolonie werde ich mich später ausführlich befassen.)

Dies war auch mein Umfeld – jedenfalls zu einem Teil. Bis ich mich auf Spanisch einigermaßen verständigen konnte, bestand der Kreis meiner Freundinnen und Freunde hauptsächlich aus Kindern aus der deutschen Kolonie. Zu den Schulkameradinnen der Deutschen Schule gehörte insbesondere meine Klassenkameradin und Freundin Ute Altmann. Damals wusste ich selbstverständlich nicht, wer Ute und ihre Familie tatsächlich waren: Barbie. Da sie nicht weit entfernt von uns wohnten, verbrachten Ute und ich oft gemeinsam unsere Nachmittage, nicht zuletzt, um Schulaufgaben zu erledigen, wobei sie mir beim Verständnis der spanischen Texte half. Denn anders als heutzutage verlief der gesamte Schulunterricht, außer im Deutschkurs für die deutschsprachigen Kinder, auf Spanisch.

Das Alltagsleben im La Paz der 1950er-Jahre brachte mich aber auch mit anderen Akteuren zusammen: mit vor den Nazis geflüchteten europäischen Juden und Jüdinnen.

### Erinnerungssplitter II
### Eine Begegnung besonderer Art

*November 1952: Für bevorstehende Festlichkeiten der Vorweihnachtszeit sollte ich mit einem „schönen" Kleid ausgestattet werden. Bekannte hatten meiner Mutter erklärt, wo die geeigneten Läden zu finden seien. Wir machten uns auf ins Geschäftsviertel zwischen Calle Comercio, Calle Potosí und Plaza Murillo. Hier fanden sich die kleinen Ladengeschäfte für Bekleidung, Stoffe, Schuhe, Schmuck, Uhren, Brillen und weiteres Allerlei. Die Läden waren zum Teil winzig, vollgestopft mit Kartons und aufgestapelter Ware. Die Auswahl an Bekleidung war jedoch sehr gering, Kinderkleidung kaum zu finden. Auf der Suche nach einem passenden Kleid betraten wir mehrere Läden.*

*Zum Erstaunen meiner Mutter, die fließend Spanisch sprach, verständigte man sich dort in einem Sprachengemisch, in dem das Spanische nur relativ selten vorkam. Manchmal waren es deutsche Worte, manche klangen für mich so ähnlich, waren aber unverständlich. Es sei Jiddisch, erklärte mir meine Mutter. Manche Leute in den Läden sprachen untereinander auch Polnisch (wie mir meine Mutter erklärte) oder Deutsch. Wie sich herausstellte, gehörten viele der kleinen Läden jüdischen Einwanderern. In dem Geschäft, in dem wir fündig wurden und ich ein helles meerfarbenes Seidenkleid mit Volants anprobierte und in dem ich mich wie eine Prinzessin fühlte, hatte sich während der Anprobe ein längeres Gespräch zwischen meiner Mutter und den Leuten im Laden*

*entwickelt, zu dem mit der Zeit noch weitere Leute von Nachbargeschäften hinzukamen. Ich erinnere mich nur noch an zwei Bruchteile von Gesprächen:*
*Meine Mutter wurde gefragt, wer sie sei und woher sie komme, und als sie erklärte, dass sie die Ehefrau des vor Kurzem eingereisten deutschen Gesandten sei, entstand plötzlich eine eigentümliche Atmosphäre. In einem zweiten Teil des Gesprächs erzählten einige in knappen Worten, dass sie vor „den Nazis" geflüchtet seien, sie nannten Ortsnamen, Überfahrten auf einem Dampfer. Sie sagten, dass sie sich hierher haben retten können und dass es schwer sei hier. Auch dabei war die Atmosphäre bedrückend. Ich spüre sie heute noch – auch, das Gefühl, nichts richtig zu verstehen. Und die Freude über das schöne Kleid.*

In der Folgezeit gehörte der Einkauf in der Calle Potosí und Umgebung zum Alltag, und bald wurden einige Ladenbesitzer zu guten Bekannten. Hier hörte ich von den Erinnerungen an Entwürdigung, Verfolgung, Flucht, Verhaftung und Tod von Familienmitgliedern.

Sowohl im Deutschen Klub wie auch in der Deutschen Schule waren noch Anfang der 1950er-Jahre Juden „nicht erwünscht" – ganz abgesehen davon, dass sich die ehemals von den Nazis Verfolgten von den Einrichtungen der deutschen Kolonie scharf abgrenzten. – Im Laufe des ersten Jahres unseres Aufenthaltes in Bolivien erweiterte sich der nähere Bekannten- und Freundeskreis meiner Eltern um eine Reihe von jüdischen Familien. Unser Hausarzt wurde Dr. Lublin, den ich sehr mochte, denn er konnte mit Kindern gut umgehen. Und nicht zuletzt kam es beim Einkauf in der Stadt und bei Reisen in Bolivien immer wieder zu neuen Begegnungen, und es entstanden Bekanntschaften. Zudem gab es zahlreiche Einladungen zu Feiern bei verschiedenen jüdischen Vereinen, zu denen mich meine Eltern bisweilen mitnahmen.

Meine beste Freundin war Kitty Rector, die Tochter unserer jüdischen Nachbarsfamilie. Wir trafen uns fast täglich. Auch unsere Eltern

Kitty Rector und Juliana Gregor
als Hänsel und Gretel, Fasching 1954, La Paz
*Privatarchiv Juliana Ströbele-Gregor*

waren eng befreundet. Kitty ging, wie alle jüdischen Kinder, nicht in die Deutsche Schule.

Den Rahmen für eine schrittweise und vorsichtige Annäherung der verschiedenen Gruppen bot die Neugründung Deutschlands als Bundesrepublik. Der deutsche Gesandte (im folgenden Jahr zum Botschafter ernannt) hatte bei dieser Annäherung eine wichtige, wenn auch besonders schwierige Rolle. Vor allem die deutsche Kolonie reagierte in den ersten Jahren auf seine Bemühungen negativ. Der Bericht von Botschafter Dr. Gregor aus dem Jahr 1954 über seinen Geburtstagsempfang in der Residenz ist diplomatisch abgefasst, benennt aber gleichwohl das Problem: „Als eine besonders erfreuliche Tatsache darf ich vermerken, dass die Beziehungen der Botschaft zur alten Kolonie, die wegen unserer Bemühungen um die Emigration anfänglich etwas gespannt war, sich im Laufe der Zeit ständig gebessert haben, ohne dass das Vertrauensverhältnis zu den jüdischen Kreisen hierdurch irgendeinen Abbruch erlitt."[49]

49 Deutsche Botschaft La Paz (Gregor) an AA, 6. 12. 1954, Ber. Nr. 1502/54 – 118-0, PA AA, B 11, Bd. 324.

# Flucht aus Nazi-Deutschland und Einrichten im Exil[50]

## Nazi-Deutschland – kein Ort für Juden

Viele Tausende Juden, aber auch politische Oppositionelle suchten auf der Flucht vor der Verfolgung durch die nationalsozialistischen Machthaber in Deutschland und ihrer Verbündeten in Mitteleuropa zwischen 1933 und den ersten Kriegsjahren Zuflucht in Lateinamerika. Mit der Ernennung Hitlers zum Reichskanzler am 30. Januar 1933 und der Errichtung des NS-Regimes in Deutschland nahm die antisemitische und rassistische Hetze eine neue Qualität an, und es begannen die systematische Ausgrenzung von Juden aus dem gesamten gesellschaftlichen Leben und Plünderung ihres Eigentums und ihrer Geschäfte, um wenige Jahre

50 Ich beschränke mich hier darauf, den Rahmen von Flucht und Ankunft in Bolivien knapp zu umreißen, sowie auf exemplarische Auszüge aus den Interviews. Zur Vertiefung verweise ich auf vorliegende ausführliche Studien, allen voran León Bieber, Presencia judía en Bolivia. La ola inmigratoria de 1938–1940, Santa Cruz de la Sierra 2010; Leo Spitzer, Hotel Bolivia. Auf den Spuren der Erinnerung an eine Zuflucht vor dem Nationalsozialismus, Wien 2003 [engl. Originalausgabe 1998]; Haim Avni, Perú y Bolivia – dos naciones andinas – y los Refugiados Judíos durante la era nazi, in: Beatriz Gurevich/Carlos Escudé (Eds.), El Genocidio ante la Historia y la Naturaleza Humana, Buenos Aires 1994, S. 335–355; von zur Mühlen, Fluchtziel Lateinamerika; Stiftung Jüdisches Museum Berlin/Stiftung Haus der Geschichte der Bundesrepublik Deutschland (Hrsg.), Heimat und Exil – Emigration der Deutschen Juden nach 1933, Berlin 2006. Siehe auch die Autobiografien in der Bibliografie.

später in Verfolgung, Vertreibung, Verschleppung in Konzentrationslager, Ermordung und schließlich in den Holocaust zu münden.

Bereits wenige Wochen nach der „Machtergreifung" organisierte die NSDAP einen von der Regierung sanktionierten „Judenboykott". „Uniformierte SA Männer und Hitlerjugend bewachten die Läden jüdischer Eigentümer und Praxen jüdischer Ärzte und Rechtsanwälte, um Kunden, Patienten oder Klienten den Eintritt zu verwehren."[51] Nur wenige Tage später, am 7. April 1933, folgte das „Gesetz zur Wiederherstellung des Berufsbeamtentums", mit dem Juden aus dem öffentlichen Dienst entfernt wurden – und in dem erstmals auch der sogenannte Arierparagraf ausformuliert wurde. In kurzer Zeit folgten weitere Berufsverbote und Beschränkungen bei der Berufsausübung, immer größere Einschränkungen im Alltagsleben, der nahezu vollständige Ausschluss aus dem gesellschaftlichen Leben sowie gewaltsame Übergriffe.[52] Die erste Auswanderungswelle setzte bereits in den ersten Wochen des neuen Regimes ein. Mit der Verkündung der „Nürnberger Gesetze" am 15. September 1935 wuchs die Zahl der Emigrantinnen und Emigranten weiter an, und seit der Pogromnacht am 9. November 1938 beschleunigte sich die Massenflucht drastisch – viele, die bis dahin gezögert hatten, gingen nun in die Emigration.

Zwischen März und September 1938 hatten die Nazis in Deutschland weitere zahlreiche Gesetze und Ausführungsvorschriften erlassen, die das Leben der Juden im Reich immer umfangreicher einschränkten. Der in der Bevölkerung weitverbreitete Antisemitismus wurde auf allen Ebenen des öffentlichen Lebens und mit allen Mitteln systematisch

51 Avraham Barkai, Die Heimat vertreibt ihre Kinder. Die nationalsozialistische Verfolgungspolitik 1933 bis 1941, in: Stiftung Jüdisches Museum Berlin/Stiftung Haus der Geschichte der Bundesrepublik Deutschland (Hrsg.), Heimat und Exil, S. 15–21, hier S. 15.

52 Ausführlich dazu Wolf Gruner, Judenverfolgung in Berlin 1933–1945. Eine Chronologie der Behördenmaßnahmen in der Reichshauptstadt, 2. vollständig überarb. und stark erw. Aufl. 2009; Götz Aly, Hitlers Volksstaat. Raub, Rassenkrieg und nationaler Sozialismus, Frankfurt a. M. 2005.

und massiv angeheizt. Brennende Synagogen, die Zerstörung und Plünderung jüdischer Geschäfte sowie Gewalttätigkeiten gegen Juden nicht allein während der Pogromnacht am 9. November 1938 verdeutlichten das Ausmaß des gewaltbereitem Antisemitismus unter der deutschen Bevölkerung. Zeitgleich nahmen Inhaftierungen von Juden, aber auch von politisch Andersdenkenden beständig zu.

Die Flucht aus Nazi-Deutschland verlief zumeist nach folgendem Muster: Jene, die sich zwischen 1933 und 1935 zur legalen Auswanderung entschlossen, suchten meist Zufluchtsorte innerhalb Europas, vorzugsweise in den Nachbarländern. Diese waren zunächst noch offen für die Geflüchteten. Ein weiteres Ziel und neue Heimat für Juden war das unter britischem Mandat stehende Palästina. Oft war der Ausreise die Festnahme eines Familienmitglieds vorausgegangen. Mehrere meiner Gesprächspartnerinnen, darunter Idl Simon, Kitty Rector, Marion Weinheber und Alfons Seligmann, berichten, wie ihre Väter kurzzeitig festgenommen, ins Gefängnis verbracht oder gleich in ein Konzentrationslager verschleppt wurden. So unerwartet, wie die Festnahme erfolgte, wurden die Verhafteten dann nach einigen Tagen, Wochen oder Monaten wieder freigelassen, verbunden mit der Aufforderung zu einer schnellen Ausreise aus Deutschland. Ab 1936 wurden die Einreisebestimmungen in den europäischen Ländern wie auch in Palästina schrittweise restriktiver bzw. unterbunden. Damit kamen die Fluchtrouten nach Übersee in den Blick. An erster Stelle standen die USA, an zweiter Stelle Lateinamerika, gefolgt von Ländern auf anderen Kontinenten.

Die Beschaffung eines Visums war ein schwieriges und zermürbendes Unterfangen und bedurfte häufig der Hilfe und Unterstützung Dritter. Die legale Ausreise war mit zahlreichen Barrieren verbunden. So wurde die Mitnahme von Eigentum begrenzt und das Geldvermögen zum größten Teil eingezogen. Ab 1937 war die Mitnahme von Bargeld auf 10 Reichsmark beschränkt.[53] Damit war den legal oder

53 Siehe von zur Mühlen, Fluchtziel Lateinamerika, S. 16; Guillermo Wiener, Recuerdos de un judío boliviano, La Paz 2004, S. 23.

illegal Ausreisenden nahezu jede Grundlage genommen, um sich im Aufnahmeland selbstständig eine neue Existenz aufzubauen. Häufig fehlten entsprechend auch die eigenen Mittel zum Erwerb einer Schiffspassage. Daher übernahmen vielfach jüdische Hilfsorganisationen oder Verwandte im Aufnahmeland die Kosten. Die Situation verschärfte sich mit Kriegsausbruch 1939 weiter: Nun mussten die Schiffspassagen in Devisen bezahlt werden. Damit wurde die Unterstützung von Hilfsorganisationen, wohlhabenden Freunden oder Verwandten außerhalb Deutschlands unerlässlich. Erschwerend kam hinzu, dass die Dritte Klasse der Schiffe aufgrund der großen Nachfrage oftmals bereits über Monate hin ausgebucht war. So verging kostbare Zeit mit Warten oder der Flucht in ein anderes Land und zu einem anderen Hafen, was die Gefahr einer erneuten Festnahme erhöhte.

Je mehr Länder ihre Grenzen schlossen und je restriktiver die Einreisepolitik auch in den USA wurde, desto mehr wurden Länder in Lateinamerika zum Ziel der Emigranten. Doch die Länder Lateinamerikas betrachteten, wie von zur Mühlen richtig betont,[54] die Emigranten in der Regel nicht als Geflüchtete, sondern als Einwanderer und orientierten ihre Einwanderungspolitik an ihren eigenen nationalen Interessen. Vorbedingung für die Einreisegenehmigung war in vielen Ländern ein nachweisbares Eigenkapital in einer bestimmten Höhe oder Verwandtschaft im Land. Weitere Hürden waren zu erfüllende Kriterien wie die Zugehörigkeit zu einer bestimmten Berufsgruppe und die Verpflichtung zur Ausübung einer besonders beschriebenen Tätigkeit – meist in der Landwirtschaft.[55] Nur sehr wenige Länder öffneten ihre Grenzen aus humanitären oder politischen Gründen (Mexiko z. B. nahm nur eine sehr geringe Anzahl von Juden auf, sofern es sich nicht um prominente Personen handelte). Je stärker der Andrang von Flüchtenden zunahm, desto restriktiver wurden die Einreisegenehmigungen. Die Mehrzahl der lateinamerikanischen Staaten schloss ab 1937 die

54 Siehe von zur Mühlen, Fluchtziel Lateinamerika, S. 43.

55 Siehe ebenda.

Grenzen.[56] Daher boten die sehr liberalen bolivianischen Einwanderungsregelungen von 1937 bis 1940 vielen Juden und Oppositionellen eine der wenigen noch verbliebenen Chancen, der Verfolgung der Nazis zu entkommen.

Bolivien war – neben der Dominikanischen Republik – eines der wenigen Länder, das Juden 1938 explizit die Türen öffnete. Allerdings galt diese Öffnung offiziell nur bis 1940. Aus den nachträglich in den 1950er-Jahren eingeführten rückwirkenden Anmelderegistern in La Paz geht hervor, dass die Fluchtbewegung nach Bolivien nach dem Novemberpogrom 1938 massiv anstieg.[57] Wie viele jüdische Einwanderer zwischen 1938 und 1940 nach Bolivien kamen, ist dennoch nicht mit Gewissheit zu sagen. Schätzungen schwanken zwischen 7000[58] und etwa 10 000 Menschen,[59] Leo Spitzer zufolge sind nach der Pogromnacht sogar etwa 20 000 hauptsächlich aus Deutschland, Österreich und der Tschechoslowakei nach Bolivien geflohen, „mehr als nach Kanada, Australien, Neuseeland, Südafrika und Indien zusammen".[60] Allerdings blieb ein Großteil nur für kurze Zeit. Ab 1945 verließen die meisten das bolivianische Exil wieder. Gleichwohl kam es unmittelbar nach Kriegsende nochmals zu einer Einwanderungswelle. Dieses Mal waren es Überlebende des Holocaust. Das Auswärtige Amt schätzte 1952 die „Emigrantengruppe auf ca. 17 000 Personen, die etwa zu 80 % aus rassisch Verfolgten und zu 20 % aus politisch Verfolgten bestand".[61]

56 Siehe ebenda, S. 41 f.

57 Ein erst vor wenigen Jahren aufgefundenes Melderegister wurde Anfang der 1950er-Jahre nach der Revolution erstellt. Das Ministerium für Migration hatte damals sämtliche Einwanderer im Land aufgefordert, sich einschreiben zu lassen. Siehe Censo de Extranjeros – Alemania; Archivo de La Paz, Universidad Mayor San Andrés (UMSA).

58 Ebenda, S. 211.

59 Avni, Perú y Bolivia, S. 353.

60 Spitzer, Hotel Bolivia, S. 9.

61 Auswärtiges Amt, Instruktionen für die Gesandtschaft der Bundesrepublik in La Paz, gez. Gregor, 8. 10. 1952, 210-02/8 – III–14866/52, PA AA, B 11, Bd. 324.

## Etappen der Flucht

Die Geschichten meiner Gesprächspartnerinnen und Gesprächspartner in La Paz lassen erahnen, mit welchen Hindernissen und Gefahren die Flüchtenden kämpfen mussten. Ein Beispiel ist die Geschichte der Eltern des Arztes Dr. Marcelo Koziner in La Paz.[62] Sein Vater war Berliner. Er floh 1939 in die Tschechoslowakei, wurde dort von den Tschechen festgenommen, weil er keinen Ausweis hatte, wurde aber wieder freigelassen und floh in die Schweiz. Dort wurde er von der Polizei in den nächsten Zug nach Frankreich abgeschoben. In Frankreich – an den Ort erinnert sich Dr. Koziner nicht mehr – traf der Vater zufällig einen Freund, der auf dem Weg zur bolivianischen Botschaft war. Es hatte sich herumgesprochen, dass dort Visa ausgestellt würden. Vater Koziner ging mit ihm, beide erhielten ihr Visum und konnten nach Bolivien ausreisen.

Ein anderes Beispiel ist die Geschichte der Eltern von Alfons Seligmann, der für viele Jahre örtlicher Mitarbeiter der Deutschen Botschaft in La Paz war. Die Großeltern väterlicherseits stammten aus Luckenwalde bei Berlin, wo sie eine Hutfabrik besaßen und der Vater als Hutmacher tätig war. Er wurde ins Konzentrationslager Buchenwald verschleppt. Die Heirat der Eltern bewirkte seine Freilassung – mit der Auflage, sofort auszuwandern. „So konnte er sein Leben retten." Mit dem letzten Schiff, das nach Chile ablegte, flohen die Eltern 1939 nach Südamerika. Angekommen im chilenischen Hafen Arica wollten sie eigentlich dort bleiben, erhielten jedoch keine Aufenthaltsgenehmigung mit der Begründung, es gebe bereits zu viele jüdische Einwanderer. Zusammen mit mehreren jüdischen Familien reisten sie weiter nach La Paz. Weil sie die Höhenlage gesundheitlich nicht vertrugen, zogen sie sehr schnell weiter nach Cochabamba. Dort kam Alfons Seligmann am 4. Januar 1941 auf die Welt.[63] Er starb im Januar 2012 in La Paz.

62 Interview mit Dr. Marcelo Koziner, La Paz, 19. 10. 2006.

63 Interviews mit Alfons Seligmann, La Paz, 1. 10. 2007 und 4. 10. 2007.

Als wahre Odyssee schilderte auch Roberto Udler, ein Verwandter des Vorsitzenden der jüdischen Gemeinde von La Paz, Dr. Ricardo Udler, die Fluchtgeschichte seiner Eltern. Er ist heute ein sehr erfolgreicher Geschäftsmann, Inhaber von Uhren-Geschäften in La Paz, jahrelang Präsident des Nationalen Automobilsportvereins Boliviens und aktives und sehr angesehenes Mitglied der traditionellen jüdischen Gemeinde *Círculo Israelita.* Seine Familie stammte aus Polen. Ihre gefährliche Flucht führte über Belgien, Frankreich und England nach La Paz. Ein Teil seiner Familie, der nicht hatte fliehen können, kam in der Gaskammer um.[64] Ein Schicksal, das viele Angehörige meiner Gesprächspartner und Gesprächspartnerinnen erlitten.

Eine weitere – in Teilen sehr ungewöhnliche – Geschichte ist die von Guillermo Wiener. Die Frage, wie er nach Bolivien kam, beantwortet der aus Wien stammende Herr Wiener folgendermaßen:

> „Zuerst kam mein Bruder nach Bolivien und zwar aus folgendem Grund: Er wurde 1938 zum Militär einberufen, in Österreich. Als er sich beim Militär stellte, war schon der Anschluss vollzogen. Und der Offizier sagte ihm: ‚Verschwinde, sonst kommst du ins KZ.' Daraufhin ist er mit der Hilfe eines SS-Mannes illegal über die Schweizer Grenze gegangen. Und lebte dort in einem Refugee Camp – ich weiß nicht, wie sie es genau damals in der Schweiz genannt haben. Und man zwang ihn, wie alle anderen, wenn sie nicht zurück in die Heimat geschickt werden wollten, ein Visum nach dem Ausland zu bekommen. Das Visum, das er bekam, war nach Bolivien."[65]

Dort gründete Guillermo Wieners Bruder, der gelernter Schneider war, zusammen mit anderen jüdischen Einwanderern und einem bolivianischen Unternehmer eine kleine Werkstatt zur Herstellung von

64 Interview mit Roberto C. Udler, La Paz, 19. 10. 2006.

65 Interview mit Guillermo Wiener, La Paz, 8. 11. 2006.

Krawatten. 1940 erhielt der Bruder ein Telegramm seiner Mutter, in dem sie mitteilte, dass die Verhaftung des Vaters bevorstehe, sofern die Familie nicht sofort auswandere. Der Bruder zeigte das Telegramm seinem bolivianischen Sozius. Dieser schaltete seinen Vater ein, der kurz zuvor zum Minister ernannt worden war. Er war sofort bereit zu helfen. Er wies das bolivianische Konsulat in Wien an, umgehend für die gesamte Familie Visa auszustellen. „So wurden wir vor dem Holocaust gerettet."

Andere verfügten bereits über Verbindungen nach Bolivien, die die Einreise erleichterten, so auch Lieselotte Weiss:

> „Österreich wurde im März 38 annektiert von Deutschland, und ich bin im August nach England ausgewandert, mit einem Visum als Hausgehilfin. Da ich keine gute Hausgehilfin war, hatte ich sehr viele Posten, weil man mich dann wieder rausgeschmissen hat, und zum Schluss habe ich dann gearbeitet, ungefähr für ein halbes Jahr, im Restaurant vom Österreichischen Klub als Kellnerin. Das war der ideale Posten für mich, obwohl wir elf Stunden gearbeitet haben. [...] Aber ich war viel mit den Kolleginnen zusammen, viel Kameradschaftlichkeit und so weiter. Ich bin dann im Dezember 1939 – da war schon Krieg – hierher gefahren, mit dem Schiff. Wir sind im Konvoi gefahren, viele Schiffe zusammen und ein Militärschiff, glaube ich, das aufgepasst hat. Die erste Nacht angeblich war ein Attentat vom Unterseeboot, aber es ist nichts weiter geschehen.
> Frage: Wie sind Sie nach Bolivien ... wie haben Sie das Visum bekommen?
> Weiss: [...] meine Brüder waren hier und die haben mir das Visum verschafft. Meine Eltern, von denen ich lange nichts wusste, [...] kamen dann in der Mitte Februar auch her. Sodass wir alle hier waren."[66]

66 Interview mit Lieselotte Weiss, La La Paz, 24. 10. 2006.

Über die Verfolgung in Hitlerdeutschland und die eigene Fluchtgeschichte wurde in vielen Familien kaum oder gar nicht gesprochen, sodass die Kinder, die in Bolivien aufwuchsen oder dort geboren wurden, zunächst eine nur sehr unvollständige Vorstellung vom Schicksal ihrer Eltern hatten. Oftmals begannen sie erst in der Adoleszenz oder als Erwachsene mit den Nachforschungen zur Geschichte ihrer Familie. Doch es gab auch Familien, wie beispielsweise die von Idl Simon, in der die Geschichte des Holocaust sehr wachgehalten wurde. Auf meine Frage, ob in ihrer Familie, vonseiten ihrer Eltern, vom Holocaust gesprochen wurde, antwortete sie: „Ja, natürlich! Natürlich! Mein Vater hatte 15 Geschwister. Und der größte Teil ist umgekommen. Einige konnten sich retten. Meine Schwiegermutter ist auch umgekommen." Und auf die Frage, ob sie darüber später mit ihren Kindern gesprochen habe, sagt sie: „Ja natürlich. Selbstverständlich. Als sie sehr klein waren, hat man nicht darüber gesprochen, aber dann später." Sie habe ihre Kinder ganz in dieser Erinnerung erzogen.[67]

Wie den Angaben im bolivianischen Ausländer-Register *Censo de Extranjeros* der 1950er-Jahre zu entnehmen ist, reisten auch nach April 1940 noch Geflüchtete ein – wenn auch in sehr viel geringerem Umfang. Nach Kriegsende erfolgte die Einwanderung von Holocaust-Überlebenden, hauptsächlich osteuropäische Juden, aber auch solche, die versteckt in Europa überlebt hatten.

Margitta Salzmann etwa konnte der Verschleppung in ein Konzentrationslager mit der Hilfe aufrechter Menschen in Deutschland entgehen. Sie und ihre Mutter überlebten in Berlin. Dort war sie 1932 zur Welt gekommen. Nach der Pogromnacht versuchte die Familie nach Belgien zu fliehen, wurde jedoch an der Grenze verhaftet. Nach gewaltsamen Verhören der Eltern wurden sie nach Berlin zurückgeschickt und zu Zwangsarbeit verpflichtet. 1943 wurde der Vater an seiner Arbeitsstelle festgenommen und – wie sie später erfuhren – nach Auschwitz verschleppt. Mutter und Tochter flohen aus dem Haus,

67 Interview mit Idl Simon, La Paz, 25. 10. 2006.

als sie einen Wagen hörten, von dem sie annahmen, er würde auch sie abholen. Die nächsten Jahre verbrachten sie im Untergrund, versteckt in Kellern oder bei Menschen, die ihnen kurzzeitig Unterschlupf gewährten und etwas zu essen gaben. Glück hatten sie, als die Inhaberin eines Hotels sie aufnahm und die Mutter als Putzkraft einstellte. Die Mutter pflegte sich immer als Witwe aus Ungarn auszugeben, und auch die Hotelbesitzerin fragte nicht nach Papieren. Immer, wenn die SS Razzien durchführte, versteckte sie Mutter und Tochter. Irgendwann schöpfte ein Nachbar, ein Gauleiter, Verdacht und befragte einen Hausbewohner, wer das Kind sei, das er häufig allein sah. Er fragte dann auch das Kind, Margitta, nach Meldedokumenten. Das Kind reagierte nur verschreckt. Er sagte, so Frau Salzmann, er käme wieder. – Mutter und Tochter hatten Glück, er kam nicht wieder. Die Russen hatten sich Berlin genähert, und der Gauleiter machte sich selbst auf die Flucht.

Der Krieg war vorbei, aber dem Kind prägten sich die Schrecken der ersten Nachkriegswochen in Berlin tief ein: „Die ersten Tage waren schlimm, kein Wasser, kein Licht, tote Russen und tote Volksstürmer lagen überall herum. An den Laternen hingen Menschen mit den Schildern ‚Ich bin ein Verräter', keine Lebensmittel, es herrschte die Ruhr. Es war ein Ende mit Schrecken …"[68] Später erfuhr sie, dass der Vater, seine gesamte Familie sowie ein großer Teil der Familie der Mutter in Konzentrationslagern ermordet worden waren. 1948 wanderten Margitta und ihre Mutter nach Bolivien aus, wohin sich Verwandte ihrer Mutter hatten retten können. So kam es zur Wiedervereinigung der Überlebenden. In La Paz heiratete sie, gründete eine Familie und blieb.[69]

Zu den jüdischen Einwanderern, die Ende der 1940er-Jahre nach Bolivien gekommen waren und die ein Konzentrationslager überlebt hatten, gehörte Marek Ajke. 1926 im polnischen Łódź geboren,

68 Margitta Salzmann, Bericht meiner Berliner Jahre im Untergrund. Manuskript, La Paz o J.

69 Interview mit Margitta Salzmann, 2. 11. 2006.

siedelten die Eltern 1932 nach Warschau um.[70] 1940 wurde die Familie mit Hunderttausenden Juden ins Warschauer Ghetto getrieben. Während des Ghetto-Aufstandes wurde er mit seinen Eltern und seiner Schwester am 29. April 1943 in das Konzentrationslager Majdanek deportiert. Marek und sein Vater wurden zur Sklavenarbeit für das Flugzeugwerk Heinkel ins KZ Budzyn verbracht. Monate später, im August 1944, erfolgte der Transport ins KZ Mielec und von dort ins KZ Wieliczka, wo beide in der in einem Salzstollen untergebrachten Flugzeugfabrik Zwangsarbeit leisten mussten. Mit dem Näherrücken der sowjetischen Armee wurde das Lager geräumt, und Marek und sein Vater wurden in das KZ Flossenbürg verschleppt und von dort nach einer Woche weiter in das KZ Hersbruck, wo Marek im Stollenbau in dem Doggerwerk arbeiten musste. Das Doggerwerk befand sich weit außerhalb des Lagers, sodass die Zwangsarbeiter täglich per Bahn dorthin transportiert wurden. Sie mussten oft, es war der Winter 1944, stundenlang bei eisiger Kälte ohne wärmende Kleidung auf die Bahn warten. Kälte, Hunger, Krankheiten wie Fleckenfieber, Misshandlungen durch das Wachpersonal und das massenhafte Sterben von Mithäftlingen gehörten zum Alltag. Als sich die US-Armee näherte, wurde am 10. April 1945 das KZ Hersbruck „evakuiert". „Diese ‚Evakuierung' bedeutete einen Todesmarsch nach Süden." Marek war schwer erkrankt. Im Dorf Schmidmühle machte die Gruppe Halt, die Kranken und Schwachen, unter ihnen Marek, wurden von der SS aussortiert und in eine Scheune verbracht, wo sie erwarteten, getötet zu werden. Der Vater musste mit seiner Kolonne weitermarschieren – ein Winken zum Abschied, im Bewusstsein, sich nicht mehr wiederzusehen.

70 Für die Shoah-Foundation schilderte Ajke seine Verfolgungsgeschichte. USC Shoah Foundation Institute testimony of Marek Ajke, Haifa/Israel, 23.2.1997, http://collections.ushmm.org/search/catalog/vha28123 [6.2.2018]. Bei meinem Interview übergab er mir 2007 das deutsche Manuskript, wofür ich ihm sehr dankbar bin. Meine Darstellung fußt auf diesem Text, der den Titel „Meine Verfolgungsschilderung" trägt.

Die anrückenden US-Amerikaner bewahrten Marek Ajke vor dem Tod. Aus Furcht vor dem Feind war der SS-Kommandeur geflohen. Da die verbleibenden SS-Männer keinen Befehl erhalten hatten, die Gefangenen zu töten, verharrten sie in der Scheune. Am 23. April 1945 wurden die Häftlinge von amerikanische Soldaten befreit. Die Soldaten versorgten die völlig entkräfteten Menschen mit Essen, mit Zigaretten, verteilten Schokolade und Kaugummi. Der schwerkranke Marek Ajke wurde in ein Notlazarett gebracht. Von dort kam er am 7. Mai in ein DP-Lager nahe Hohenfels in Bayern. Dort traf er einen Freund, der ihm berichtete, dass sein Vater überlebt habe und mit anderen Überlebenden des KZ Dachau in einer ehemaligen Kaserne in Freimann, nahe München, untergebracht sei. Nach seiner Genesung machte Ajke sich zu Fuß auf nach München. Er fand seinen Vater. Doch blieb er nur kurz in Freimann, denn sein Ziel war Polen, wo er nach Überlebenden der Familie suchen wollte. Er fand das Haus in Trümmern, aber auch einige Cousins, die überlebt hatten. Von ihnen erfuhr er vom Tod seiner Mutter und seiner Schwester in der Gaskammer von Majdanek.

Er kehrte zurück zu seinem Vater nach München, und beide beschlossen auszuwandern. Ihr Ziel war Palästina. Aufgrund der britischen Blockade des Mandatsgebiets mussten sie diesen Wunsch jedoch aufgeben, und Bolivien wurde zur Alternative. Der Vater erinnerte sich eines Freundes, der dort lebte, und so entschieden sie sich, mit diesem Kontakt aufzunehmen. Voller Freude über die Nachricht vom Überleben der Ajkes schickte dieser umgehend die notwendigen Einwanderungspapiere. Mit organisatorischer und finanzieller Unterstützung der jüdischen Hilfsorganisation *American Jewish Joint Distribution Committee* (JOINT) gelangten Vater und Sohn 1947 nach La Paz. Es war gerade Karnevalszeit, als sie ankamen. Die Menschen tanzten auf den Straßen. Ein neues Leben begann.

In La Paz lernte Marek Ajke Susana Goldbaum kennen, eine französische Jüdin und Widerstandskämpferin, die versteckt bei Bauern in Frankreich überlebt hatte. Sie heirateten 1951. Ajkes Vater hielt es nicht in La Paz. Er emigrierte 1972 nach Israel. Marek und seine Frau Susana hingegen blieben in La Paz. Sie betrieben einen Laden, bekamen drei Kinder, engagierten sich in der jüdischen Gemeinde *Círculo Israelita,* wo Ajke jahrelang sehr aktiv war und in verschiedene Leitungsämter gewählt wurde. Bei den regelmäßigen Besuchsreisen zum Vater nach Israel entwickelte er ein enges Verhältnis zu diesem Land.

## Die kurze Zeit der offenen Grenze: Wechselvolle bolivianische Emigrationspolitik

Die offene Haltung der bolivianischen Regierung 1938 gegenüber jüdischen Geflüchteten kommt in einer Erklärung des Agrarministers zum Ausdruck, in der es heißt: „Die Türen des Landes stehen offen für alle Menschen, die hierher kommen, um unsere üppigen Böden zu bearbeiten. Wir werden ihnen entsprechendes Land gratis übertragen. Dieses Recht gilt auch für Juden; denn wir Bolivianer dürfen uns nicht zu Komplizen des Hasses und der Verfolgung von Semiten in den europäischen Ländern machen.“[71]

Historiker wie unter anderem León Bieber[72] und auch einige Verfasser von Autobiografien verweisen stets auf das Dekret vom 9. Juni

71 „Las puertas del país están abiertas a todo el mundo que quiere venir a trabajar las exuberantes tierras que les entregamos gratuitamente [...] de este derecho también podían hacer uso judíos, porque en Bolivia no debemos hacernos copartícipes de los odios ni de las persecuciones [...de] los elementos semitas en países europeos.“ Herbert S. Klein, Orígenes de la Revolución Nacional Boliviana: La crisis de la generación del Chaco, La Paz 1968, S. 357 f., zitiert nach: El Diario, 10. 6. 1938. Übersetzung J. S.-G.

72 U. a. León Bieber, Presencia judía en Bolivia. Evidencias y enigmas, in: Friedrich Ebert Stiftung/ILDIS/Goethe Institut, Extrema derecha: pasado y presente, La Paz 2003, S. 111–132, hier S. 114; Beltrán in: Marcella Filippa, Hubiera sacudido las montañas. Georgina Levi en Bolivia, 1939–1946. Traducción del italiano y edición: Clara López Beltrán, La Paz 2005, S. XI; Klein, Orígenes de la Revolución Nacional Boliviana, S. 357 f.

1938,[73] das eine freie Einwanderung von geflüchteten Juden erlaubte. Die vielfältigen Gründe für diese Öffnung für Geflüchtete aus Nazideutschland seien, so Bieber,[74] noch nicht endgültig geklärt. Aber so viel ist klar: Die Regierungen der aus dem verlorenen *Chaco*-Krieg gegen Paraguay (1932–1935) hervorgegangenen „sozialistischen Militärs" Toro (1936–1937) und Busch (1937–1939) warben um Einwanderer, bevorzugt um Landwirte aus Europa. Ziel war zum einen die Ansiedlung in der *Chaco*-Region, die als Folge des hohen Bevölkerungsverlustes im *Chaco*-Krieg (1932–1935) fast menschenleer war. In der Denkschrift des Ministeriums für Landwirtschaft und Einwanderung von 1940 wird rückblickend hervorgehoben, dass der Grund für die liberale Einwanderungspolitik ab 1937 der Mangel an Arbeitskräften gewesen sei, die nach Ende des *Chaco*-Krieges für einen wirtschaftlichen Aufschwung in der Landwirtschaft und im Bergbau benötigt wurden.[75]

Zugleich sollten mit den Einwanderern auch das verbliebene Territorium und die Grenze gesichert werden.[76] Ein drittes Ziel war die gegen die indigene Bevölkerung gerichtete „Aufbesserung der Rasse" (siehe *Decreto Supremo del 28 de Enero 1937*). Viertens ging es um die

73 Dieses Dekret wird allerdings stets ohne Quellenangabe zitiert. Trotz intensiver Recherchen in den Archiven war es nicht auffindbar. Bieber, Presencia judía en Bolivia, S. 48, gibt als Nachweis den Wortlaut des von Klein zitierten Zeitungsartikels wieder: Klein, Orígenes de la Revolución Nacional Boliviana, S. 357 f.

74 Bieber, Presencia judía en Bolivia.

75 „La escasez de braceros para el incremento de las industrias agricola y minera, inspiró la adoptación de una política liberal en materia de Inmigración." República de Bolivia – Ministerio de Agricultura, Regadío, Colonización e Inmigración, Memoria – Presentada al Honorable Congreso Ordinario de 1940, La Paz 1940, S. 87.

76 Klein, Orígenes de la Revolución Nacional Boliviana, S. 358; Winfried Seelisch, Jüdische Emigration nach Bolivien Ende der 30er Jahre, in: Achim Schrader/Karl Heinrich Rengstorf (Hrsg.), Europäische Juden in Lateinamerika, St Ingbert 1989, S. 77–101, hier S. 85.

landwirtschaftliche Erschließung anderer entlegener Gebiete, insbesondere der immensen Urwald- und Savannenregionen. Mit der Modernisierung der Infrastruktur und der Ausweitung der Produktion von Nahrungsmitteln für den Binnenmarkt erhoffte sich die Regierung, unabhängiger von Importen zu werden.

Mit dieser Strategie knüpfte sie an eine bereits seit Beginn des 20. Jahrhunderts verfolgte Einwanderungsgesetzgebung an. Schon 1907 war ein „Kolonisierungsgesetz“ erlassen worden, auf dessen Grundlage auch spätere Regierungen die Einwanderung zwecks landwirtschaftlicher Erschließung tropischer Regionen förderten. Mit Dekret vom 28. Januar 1937 wurde nun eine weitreichende Einwanderungspolitik eingeleitet. „Legale Kontraktarbeiter, Kolonisatoren und Landwirte“ konnten von dem ansonsten für die Einreise erforderlichen Mindestkapital von 5000 Bolivianos befreit werden (Art. 9 f.). Ausdrücklich verboten wird die Einwanderung von „Zigeunern und Nomaden“ (Art. 12c). Ein Jahr später wurde mit der *Resolución Suprema R. S.* vom 14. März 1938 die Einwanderung von Juden spezifiziert: „Der Minister behält sich das Recht zur Genehmigung oder Verweigerung der Einreise von Semiten auf der Grundlage ihrer Spezialisierung, Fähigkeit und konkreten Motiven vor.“[77]

Mit Dekret vom 28. Juni 1939 (*Decreto Supremo del 28 de Junio de 1939*) wurde sodann als Vorbedingung für eine Visa-Erteilung die Erfahrung in der Landwirtschaft verfügt.[78] Die Regierung versprach den Einwanderern je 20 bis 50 ha Land sowie weitere Unterstützungen. Ende Juli 1938 informierte der bolivianische Konsul in Prag in seinem Schreiben an die dortige Sozialdemokratische Flüchtlingshilfe bereits über eine Expertise eines vom Konsulat beauftragen Experten über die Einwanderungsmodalitäten. Darin hieß es:

77 „El Ministerio se reserva el derecho de autorizar o rechazar el ingreso de semitas de acuerdo a su especificación, capacidad y motivos concretos.“

78 Eine eingehende Analyse der Einwanderungspolitik und des rechtlichen Rahmens bieten Avni, Perú y Bolivia und Bieber, Presencia judía en Bolivia.

> „Das Ministerium für Ackerbau, Kolonisation und Einwanderung [...] hat auf meine Anregung folgende Maßnahmen beschlossen: 1. Gewährung von Unterkunft für eine vorläufig noch unbefristete Zeit für mittellose Einwanderer. 2. Verpflegung auf Staatskosten oder Überlassung von Verpflegungsgeld für eine vorläufig noch unbefristete Zeit. 3. Rückvergütung der Fahrtspesen von Arica nach La Paz, Eisenbahn, 2. Klasse. 4. Provisorische Einrichtung einer für die Arbeitsuchenden kostenlosen Arbeitsvermittlungsstelle [...]. Besonders erwünscht sind Familien, die unter Patronat oder mit Hilfe von privaten Bodenbesitzern oder mit Hilfe des Staates in kleinen oder größeren Gruppen siedeln wollen [...]. Abgeraten wird Personen, die im Handel und Gewerbe Stellung suchen."[79]

Doch bereits zwei Monate später wurde, dem Bericht der Flüchtlingshilfe in Prag zufolge, die Einreise wieder erheblich erschwert, vermutlich aufgrund des großen Andrangs von Einreisewilligen.[80] 1939 erfolgte die Ausführungsvorschrift für einwanderungswillige Landwirte. Das Problem war jedoch, dass es, auch wenn auf den Visa als Beruf „Landwirt" vermerkt war, unter den jüdischen Emigranten kaum Landwirte gab. Es seien „vielmehr zahlreiche Ärzte, Industrielle, Fabrikanten und Industrietechniker, deren Kenntnisse dem Land sicher von Nutzen sein werden", so die optimistische Meinung der *Rundschau vom Illimani* Nr. 4 vom 25. Juli 1939. Aus Sicht der bolivianischen Regierung aber waren diese Zuwanderer unerwünscht. Im August 1939 führte diese Situation zur Verstärkung der Einwanderungsrestriktionen.

79 Brief der Sozialdemokratischen Flüchtlingshilfe an Bolivien-Fahrer von Ende Juli 1938, AsD/FES, Bestand Emigration SOPADE, Mappe 108, zitiert bei: Armin Lehmann, Deutschjüdisches Leben in der Emigration und im Exil in Bolivien 1937–1945. Magisterarbeit, Freie Universität Berlin, 1996 [masch.], S. 40.

80 Siehe Lehmann, Deutschjüdisches Leben, S. 42.

Entscheidenden Einfluss auf die Öffnung der bolivianischen Politik für eine Einwanderung von Juden in den 1930er-Jahren hatte der Bergbau-Magnat Mauricio (Moritz) Hochschild. Selbst Jude und nach dem Ersten Weltkrieg aus Deutschland nach Bolivien eingewandert, um dort seine bisherigen Geschäfte im Bergbau auszubauen, setzt er seine ökonomische Macht und die engen persönlichen Beziehungen zu Präsident Germán Busch (1937–1939) gezielt ein, um so viele Juden wie möglich vor der Vernichtung zu retten. Er leistete umfangreiche finanzielle Unterstützung im Rahmen von Projekten, half bei der Vermittlung einer ersten Arbeitsstelle sowie bei der Suche nach einer Unterkunft und bot erste finanzielle Hilfe für mittellose jüdische Geflüchtete.[81]

Hochschilds Argument, mithilfe europäischer Landwirte die bolivianische Landwirtschaft jenseits von Latifundienwirtschaft oder indigener Subsistenzwirtschaft auszubauen, überzeugte den Präsidenten offenbar. Entsprechend kam es zur Gründung eines Beratungs-Komitees des Präsidenten im Januar 1939, dem Hochschild angehörte,[82]

81 Siehe u. a. das Interview mit Guillermo Wiener, La Paz, 8. 11. 2006, siehe auch Spitzer, Hotel Bolivia, S. 175.

82 Die guten Verbindungen von Hochschild zu Präsident Busch endeten Mitte 1939 aufgrund einer einschneidenden wirtschaftspolitischen Maßnahme des Präsidenten. Mit Dekret vom 7. Juni 1939 verfügte Busch, der eine Nationalisierung der Basisindustrien, insbesondere des Zinn-Bergbaus, anstrebte, dass Unternehmen mit ausländischem Kapital dieses innerhalb von 120 Tagen auf der Nationalbank zu deponieren hätten und die Durchführung des Mineraliengeschäfts allein der Bergbaubank (Banco Minero) obliege. Bei Zuwiderhandeln galt die Todesstrafe. Hochschild verweigerte die Befolgung des Dekrets, wurde verhaftet und zum Tode verurteilt. Auf Druck des Kabinetts, das diesem Urteil nicht zustimmte, musste Busch Hochschild freilassen. Zwei Monate später beging Busch Selbstmord. Sein Nachfolger im Präsidentenamt, Carlos Quintanilla, wendete das Dekret nicht weiter an, was Hochschild als „Sieg" interpretierte (siehe Jorge Espinoza Morales, Minería boliviana – su realidad, La Paz 2010, S. 103). Seine Unterstützung jüdischer Einwanderer, die sich bereits im Land befanden, setzte Hochschild weiter fort. 1944 wurde er vom Geheimdienst entführt und war 14 Tage in Gefangenschaft. Danach verließ er Bolivien für immer. Ein Großteil seines Vermögens übertrug er

verbunden mit den Einwanderungserlassen und Ausführungsvorschriften an die bolivianischen Konsulate in Deutschland, Österreich, Schweiz und Polen. Ein weiteres Aktionsfeld von Hochschild war der Aufbau der Hilfsorganisation *Sociedad de Protección a los Inmigrantes Israelitas* (SOPRO) im Januar 1939 in Zusammenarbeit mit dem *American Jewish Joint Distribution Committee* (JOINT). Zu deren vielfältigen Tätigkeitsfeldern in den Bereichen soziale und ökonomische Unterstützung von angekommenen Geflüchteten gehörte auch, auf Initiative von Hochschild, die Förderung von Agrarkolonien. 2016 veröffentlichte die staatliche bolivianische Bergbaubehörde COMIBOL umfangreiche Dokumente zu Hochschild. Sie belegen den enormen Umfang seiner Unterstützung jüdischer Geflüchtete.[83]

Zusammen mit dem weltweit agierenden JOINT gründete Hochschild 1939 auch die Hilfsorganisation SOCOBO (*Sociedad Colonizadora de Bolivia*) und förderte drei Kolonisationsprojekte in den subtropischen *Yungas* im Departement La Paz: 1940 entstanden so die eingangs erwähnte Agrarkolonie Charobamba sowie Santa Rosa und Polo Polo.[84] Mit Hochschilds finanzieller Unterstützung wurden drei *haciendas* erworben, ein Ingenieur und ein Agronom als Berater eingestellt und die materielle Grundausstattung bereitgestellt. Bald stellte sich heraus, dass es notwendig war, lokale indigene Arbeitskräfte zu beschäftigen, zum einen, weil nicht alle Siedler der schweren Arbeit gewachsen waren, zum anderen, um von ihren Kenntnissen und Erfahrungen zu lernen, denn niemand hatte Erfahrungen mit tropischer Landwirtschaft.

1951 der *Hochschild Trust and Foundation*, die auch in Peru und Chile und weiteren Ländern tätig war. Mit der Revolution 1952 wurde der bolivianische Anteil des Unternehmens enteignet. Hochschild starb 1965 in Paris.

83 Siehe u. a. „Schindler Boliviens". Bergbauunternehmer aus Biblis rettete Tausende Juden, in: FAZ, 16. 3. 2017.

84 Siehe SOCOBO – Sociedad Colonizadora de Bolivia, Agricultores judíos. Manuskript. Besitz: Marek Ajke, La Paz o. J. [vermutlich 1991] [Kopie im Besitz von J. S.-G.]; Bieber, Presencia judía en Bolivia, S. 139–147.

In Charobamba ließen sich zunächst etwa 20 Einwanderer nieder, so erzählt Hans Homburger, auf dessen Schilderungen der Bericht „SOCOBO“ basiert. Er war einer der wenigen jüdischen Landwirte, die in dem Projekt mitarbeiteten. Zwischen 1942 und 1943 wuchs die Kolonie bis auf ca. 180 Personen an. Die Lebensbedingungen dort waren extrem hart: Das subtropische Klima, die ungewohnte Arbeit, die fehlende Infrastruktur machten den Kolonisten schwer zu schaffen. Wohnungen, Installationen, Wasseranschluss, Werkstätten, Stallungen, etc. waren zu errichten, Felder waren anzulegen, Straßenanbindungen mit der Hilfe von indigenen Bauern der Umgebung zu errichten. Der Aufbau der Kolonien in dieser für die Europäer landschaftlich beeindruckend schönen, aber unwirtlichen, kaum erschlossenen und in jener Zeit in Teilen landwirtschaftlich ungeeigneten Gegend stellte für die *colonos* (Siedler) eine immense Herausforderung dar. Die Kolonien waren auch noch in den folgenden Jahren auf finanzielle, materielle und logistische Unterstützung durch die SOCOBO angewiesen. Die mangelhafte Straßenverbindung behinderte eine Vermarktung der Produkte, das Klima setzte den Einwanderern zu. Und so entschieden sich die Kolonisten nach und nach, in die Stadt zurückzukehren. Das Projekt scheiterte – die letzten jüdischen *colonos* verließen 1946 den Ort. Nur Hans Homburger blieb bis 1960. Den meisten anderen Landwirtschaftsprojekten erging es ähnlich. Aber es gab offenbar auch einzelne erfolgreiche Landwirte. Lehmann stieß bei seinen Recherchen in sozialdemokratischen Quellen auf den Brief des Sozialdemokraten Ernst Bering an die Genossen der SOPADE (*Sozialdemokratische Partei Deutschlands im Exil*) in Prag, in dem dieser fast schwärmerisch von seiner Ansiedlung in den *Yungas* berichtete. Das Klima sei herrlich, das Grundstück werde sein erbliches Eigentum sein und sei vom Notar und der Regierung genehmigt. Er baue sich ein Haus und einen Stall. Der Boden sei gut, es „wachse alles so, wie bei uns, außerdem noch Apfelsinen, Mandarinen, Bananen, Kaffee und vieles mehr. [...]. Schon jetzt erregt in La Paz unser Qualitätsgemüse Aufsehen. Hier wird wenig Agrarwirtschaft getrieben und der Gemüseanbau gar wenig [...]. Der Verkauf der Erzeugnisse erfolgt genossenschaftlich. Die Transportkosten sind sehr billig, da der Betriebsstoff für Autos sehr billig ist." Aus seiner Sicht könnten dort zusätzliche 60 Familien siedeln.[85]

Ein weiteres Kriterium für die Einreisegenehmigung nach Bolivien, das auch noch in den folgenden Jahren galt, war die Familienzusammenführung. Mehrere meiner jüdischen Interview-Partner und -Partnerinnen berichteten, dass bereits Brüder, andere nahe Verwandte oder Verlobte hier gelebt hatten und dieser Umstand den Erhalt eines Visums erleichtert hatte.

Die Flucht von Juden und Oppositionellen aus Deutschland und ihre Suche nach Aufnahme in einem sicheren Land weckten bei so manchem Visa-Bevollmächtigten in der bolivianischen Administration nicht nur Hilfsbereitschaft, sondern auch Geschäftssinn. Illegale Geschäfte mit der Flucht der Verzweifelten waren in Konsulaten oder bei Beamten in den Durchreiseländern durchaus verbreitet. Zu solchen illegalen Praktiken kam es in mehreren diplomatischen Vertretungen Boliviens in Europa.[86] Bereits als Kind hörte ich davon, als unser Nachbar Herr Rector davon erzählte. Der Verkauf falscher Visa veranlasste Präsident Busch am 3. Mai 1939, die Einwanderung von Juden für sechs Monate zu untersagen. Nur jene, die bereits Visa besaßen, durften in den folgenden 90 Tagen noch einreisen. Mit Dekret vom 16. August 1939 wurden dann alle bestehenden Einreisegenehmigungen annulliert. Allerdings galten auch jetzt noch Ausnahmen: Landwirte, die sich als solche ausweisen konnten und bereits über eine Anstellung verfügten, sowie Personen mit Visa, die eine Einreisegebühr zwischen 1250 und 2500 US$ zahlten,[87] blieb die Einreise erlaubt. Diese

85 Siehe Lehmann, Deutschjüdisches Leben, S. 99. Zitate aus dem Brief von Ernst Bering an die Genossen Taub und Paul vom 26. 7. 1938.

86 Avni, Perú y Bolivia, S. 350 f.; Eva Marianne Kassewitz de Vilar, Wenn du es doch erlebt hättest, Vater. Lebenserinnerungen einer jüdischen Emigrantin zwischen Europa und Bolivien, Kronstadt 2004, S. 44; Spitzer, Hotel Bolivia, S. 69; Bieber, Presencia judía en Bolivia, S. 58–67.

87 Siehe Rundschau vom Illimani, Nr. 7, 15. 8. 1939; Avni, Perú y Bolivia, S. 351.

Bedingungen erfüllten jedoch nur die wenigsten. Kaum jemand besaß einen Arbeitsvertrag in einem landwirtschaftlichen Unternehmen, und nur wer wohlhabende Verwandte oder großzügige und hilfsbereite Freunde in Bolivien vorzuweisen in der Lage war, konnte solch hohe Einreisegebühren aufbringen – hatte doch das NS-Regime den Ausreisewilligen ihr Vermögen abgenommen.

Am 23. August 1939 beging Präsident Busch Selbstmord. Die Trauer unter den Emigranten war groß. Wenige Tage später würdigte die *Rundschau vom Illimani* seinen Einsatz für die Geflüchteten ausführlich:

> „Unter der Regierung Busch sind auch eine große Anzahl Einwanderer in das Land gekommen, die aus politischen oder ‚rassischen' Gründen ihre Heimat verlassen mussten. Ihnen allen haben Präsident Busch und seine Regierung großes Verständnis entgegengebracht und ihnen Arbeitsmöglichkeiten gewährt. Germán Busch hat oft Gelegenheit genommen, sich persönlich für das Ergehen und die Arbeit einzelner Immigranten zu interessieren, und ist vielen behilflich gewesen, deren Tätigkeit er für als Bolivien nützlich ansah."[88]

Zweifellos hatte Buschs Einwanderungspolitik trotz der Beschränkungen Tausenden Juden das Leben gerettet. Insofern war die Dankbarkeit, wie sie in diesem Artikel zum Ausdruck gebracht wird, nur zu verständlich. Dankbarkeit war wohl auch der Grund, weshalb die antifaschistischen Organisationen der Exildeutschen und der jüdischen Geflüchteten keine Kritik an der Sympathie des Präsidenten für die nationalsozialistische Ideologie sowie an der engen Verbindung zwischen der Regierung Busch und dem Deutschen Reich übten[89] – zumindest nicht öffentlich.

88 Rundschau vom Illimani, Nr. 9, 29. 8. 1939.

89 Siehe Lorini, Nazis en Bolivia, S. 34–37.

Nach Buschs Selbstmord übernahm General Quintanilla übergangsweise das Präsidentenamt. Sein Landwirtschaftsminister verfügte am 28. Dezember 1939 unter Bezugnahme auf das Dekret von Präsident Busch vom 3. Mai 1939 die Fortsetzung der vorläufigen Einwanderungsbeschränkung. Am 10. März 1940 wurde General Enrique Peñaranda zum neuen Präsidenten gewählt. Seine Regierung vollzog die endgültige Wende in der Einreisepolitik. Bereits am 20. März 1940 verfügte der Minister für Landwirtschaft und Einwanderung (*Ministro de Agricultura, Regadío, Colonización e Inmigración*) mit Rundschreiben an die Konsulate in Europa ein Verbot der Einreise „semitischer Elemente“ (*elementos semitas*) bis zu einer entsprechenden Entscheidung des Parlaments. Es gewährte lediglich eine Übergangsfrist von 30 Tagen für Personen mit gültigem Visum.

Am 30. April 1940 verschloss der neue Präsident Peñaranda den Juden und Jüdinnen endgültig die Tür zur Einwanderung nach Bolivien.[90] Als Begründung nennt das Dekret die Tatsache, dass die meisten jüdischen Einwanderer nicht, wie gefordert, als Landwirte tätig seien. Da sich fast alle in den Städten niedergelassen hätten, sei es zu erheblichen sozialen, ökonomischen sowie zu Unterbringungsproblemen gekommen. Am 21. Mai 1940 unterzeichnete General Peñaranda dann ein Gesetz zur Registrierung von Ausländern und zur Einrichtung eines nationalen Einwanderungs-Kommissariats (*Comisariato Nacional de Inmigración*). Aufgabe des Kommissariats war es, die Tätigkeiten aller Einwanderer sowie ihren Beitrag zur nationalen Wirtschaft zu kontrollieren. Zur Begründung heißt es, dass „das Ansteigen der Einwanderung in verschiedener Hinsicht Probleme geschaffen hat“.

Deutlicher hatte sich bereits der *Oficial Mayor* (Leitende Beamte) des Immigrationsministeriums in seinem Pressekommuniqué zur Erklärung der Neuorientierung in der Einwanderungspolitik ausgedrückt:

90 República de Bolivia – Ministerio de Agricultura, Regadío, Colonización e Inmigración, Memoria, S. 91.

„die unkontrollierte jüdische Einwanderung [war] nicht nur nutzlos, sondern auch schädlich.“[91]

Die Emigranten erhielten bei ihrer Einreise zunächst nur eine auf ein Jahr befristete Aufenthaltsgenehmigung. Das Gesetz vom 3. Januar 1940 (verabschiedet während der kurzen Präsidentschaft von General Carlos Quintanilla) regelte die Aufenthaltsdauer von Ausländern. Für die Verlängerung oder die Genehmigung einer Daueraufenthaltsgenehmigung war bis zum folgenden Monat (Mitte Februar d. J.) ein entsprechender Antrag bei der Einwanderungsbehörde zu stellen, mit dem zusammen u. a. ein Gesundheitszeugnis eines bolivianischen Arztes sowie eine Gewerbegenehmigung oder ein Arbeitsvertrag eingereicht werden mussten. In dem ministeriellen Kommuniqué heißt es u. a. „Einwanderer, die an der Beschaffung der Aufenthaltsgenehmigung interessiert sind, [wird] zur Kenntnis gebracht, dass sie verpflichtet sind, vorher zu beweisen, dass sie in den Berufen beschäftigt sind, mit denen sie ihren Einreiseantrag begründet haben, welcher Beruf auch immer in ihrem ursprünglichen Dokument angeben ist.“[92]

Diese Anordnung muss bei vielen jüdischen Einwanderern, die sich fälschlicherweise als Landwirte ausgewiesen hatten, Ängste hervorgerufen haben. Gleichwohl kam es offenbar nicht zu nennenswerten Ausweisungen.

## Sorge um das täglich Brot

Bolivien war für die meisten Geflüchteten nicht das Land, das sie sich als neue Heimat gewünscht hatten, vielmehr bot es oft die einzige Chance, der Verfolgung zu entkommen. Zwar konnten sie sich hier endlich in

91 Rundschau vom Illimani, Nr. 42, 3. 5. 1940, Übersetzung ins Deutsche von der Redaktion.

92 Rundschau vom Illimani, Nr. 32, 16. 2. 1940, Übersetzung ins Deutsche von der Redaktion.

Sicherheit fühlen, doch da sie meist keinerlei Vorstellungen von Bolivien gehabt hatten, waren für viele die ersten Monate ein klimatischer wie auch ein kultureller Schock. Die Mehrheit von ihnen kam aus großen Städten, aus Wien, Berlin, Breslau, Prag oder Budapest, und hatte in bürgerlichen oder kleinbürgerlichen Verhältnissen gelebt. Ohne Hab und Gut mussten sie im neuen Land nun sehen, wie sie sich durchschlagen konnten. Wie aus ihren Erzählungen und Interviews 2006/07 hervorgeht, taten sie dies mit großer Energie, Kreativität und Anpassungsvermögen – und überwiegend mit Erfolg. Eine der wiederkehrenden Geschichten ist das Narrativ über die ersten Jahre, in denen man in engster Behausung wohnte und jede sich bietende Arbeit annahm.

Die Geflüchteten gehörten den unterschiedlichsten Berufen an. Sie waren Kaufleute, Akademiker, Lehrer, Rechtsanwälte, Künstler, Angehörige medizinischer Berufe, Angestellte, Unternehmer und Handwerker. Sie kamen mit oder ohne Familie, sprachen kein Spanisch, und kaum jemand fand Arbeit im erlernten Beruf. Allerdings bestand in jener Zeit in Bolivien ein erheblicher Bedarf an Handwerkern, Ingenieuren und Technikern, und so boten einzelne jüdische Hilfsvereine in Vorbereitung auf die Emigration entsprechende Umschulungen an. Wer auf den nachgefragten Gebieten über eine Ausbildung verfügte oder auch nur entsprechende Fähigkeiten und Fertigkeiten besaß, konnte mit der Zeit eine Anstellung finden (wenn auch zu niedrigsten Löhnen) und sich recht bald selbstständig machen. Nicht zuletzt, um nicht in Konkurrenz zur einheimischen Bevölkerung zu treten, erschlossen sich so manche der Emigranten und Emigrantinnen ökonomische Nischen.[93]

Der Anzeigenteil der wöchentlich erscheinenden *Rundschau vom Illimani* spiegelt die Erwerbsstrategien der Geflüchteten wider. Hier warben kleine Kaffeehäuser, Restaurants, Wäschereien, Färbereien, Bäckereien etc. um Kunden; Elektriker oder Installateure boten ihre Arbeit an. Der Bruder von Guillermo Wiener, ein gelernter Schneider,

93 Spitzer, Hotel Bolivia, S. 178.

spezialisierte sich auf das Schneidern von Krawatten.[94] Der Vater von Irene Rector, ein Kürschner, eröffnete zusammen mit seinem Bruder, einem Glasschneider, eine Glaserei.[95] Der Jurist Helmut Rector, ein Verwandter von Irene Rector und unser Nachbar, sicherte den Unterhalt seiner Familie zunächst mit Elektroarbeiten.[96] Der Vater von Marion Weinheber, von Beruf Innenarchitekt, versuchte die Familie mit einer kleinen Lebkuchen-Bäckerei durchzubringen, doch die Käufer, so erzählt Frau Weinheber, blieben aus. „Lebkuchen damals im Jahre 39 hier – Sie können sich vorstellen – kein Mensch hat gewusst, was Lebkuchen sind." Aber zum Glück hatte Herr Weinheber bei seiner Überfahrt nach Bolivien im Hafen von Arica den jüdischen Eigentümer einer großen Importfirma in La Paz kennengelernt, in der er nach dem Misserfolg mit der Lebkuchenbäckerei Arbeit fand.[97]

Während sich deutsche Firmenbesitzer, die ganz überwiegend dem Dritten Reich nahestanden, weigerten, Juden einzustellen,[98] boten jüdische Unternehmer, allen voran Mauricio Hochschild, Emigranten eine Anstellung. Der Eigentümer der Elektrofirma Kavlin verschaffte beispielsweise Paul Süsz auf Empfehlung eines Geschäftsfreundes nicht nur das Visum und finanzierte die Reise nach Bolivien, sondern stellte den jungen Elektromechaniker auch gleich ein: „Ich muss immer wiederholen – Kavlin hat uns das Leben gerettet", bekräftigte Pablo (Paul) Süsz im Interview.[99]

Hilfe und Unterstützung kamen auch – wenngleich seltener – von sympathisierenden Bolivianern. Ein Beispiel ist die Geschichte von Idl Simon:[100] Sie stammt aus Pforzheim und war als 18-Jährige mit

94 Interview mit Guillermo Wiener, La Paz, 8. 11. 2006 und Wiener, Recuerdos de un judío boliviano, S. 23.

95 Interview mit Irene Rector, La Paz, 23. 10. 2007.

96 Interview mit Kitty Mocikat, geb. Rector, Landshut, 6. 9. 2013.

97 Interview mit Marion Weinheber, La Paz, 2. 10. 2007.

98 Spitzer, Hotel Bolivia, S. 178.

99 Interview mit Pablo (Paul) Süsz, La Paz, 2. 10. 2007.

100 Interview mit Idl Simon, La Paz, 25. 10. 2006.

den Eltern und Geschwistern 1939 nach La Paz gekommen. Noch in Deutschland hatte sie einen Schneiderkurs absolviert, der ihr half, eine Anstellung in einer Schneiderei zu finden. Weil der Lohn jedoch sehr niedrig war, suchte sie nach einer anderen Anstellung und wurde Kindermädchen bei der bolivianischen Familie eines Vizeministers. Der stellte sich als dezidierter Nazigegner heraus. „Bei wenigen ist es so gut gegangen. Die waren sehr anständig, waren sehr nett und – waren absolut anti-nazi. Und ich habe dann sehr gut Spanisch gelernt.“ Danach erhielt sie eine Stelle als Verkäuferin bei der US-Firma Grace Imports. Idl Simon lobte die gute Behandlung in der Firma. Weil jedoch auch hier das Gehalt kaum zum Lebensunterhalt reichte, wechselte sie nach etwa zwei Jahren die Firma und wurde Sekretärin. In der neuen Fima blieb sie, inzwischen verheiratet, bis ihr erstes Kind geboren wurde.

Obgleich in Bolivien grundsätzlich ein großer Bedarf an medizinischem Personal herrschte, unterlagen die eingewanderten Ärzte strengen Arbeitsbeschränkungen. Leo Spitzer schreibt, dass diese Ärzte nur dann praktizieren durften, wenn sie eingebürgert waren und eine auf Spanisch abgehaltene Prüfung vor einer Zulassungskommission abgelegt hatten. Einige wenige fanden in Ausnahmefällen Anstellungen an Universitäten oder beim Militär. Die zugelassenen eingewanderten Ärzte durften in der Regel nur außerhalb von Städten in entlegenen ländlichen Regionen, wo es an medizinischer Versorgung fehlte, praktizieren.[101] Giorgina Levi beschreibt in ihren Lebenserinnerungen,[102] wie ihr Mann, der deutsch-jüdische Arzt Enzo Adrian, nach monatelangen vergeblichen Bemühungen um eine Genehmigung endlich eine Anstellung erhielt und vom Gesundheitsministerium in eine Provinzhauptstadt mit 2500 Einwohnern im *Chaco* geschickt wurde. Das Ehepaar

101 Spitzer, Hotel Bolivia, S. 169 f.; siehe auch León Bieber, La sociedad de protección a los inmigrantes israelitas: su aporte a la integración económica de judíos en Bolivia, 1939–1945, in: Latin American Research Review 34 (1999) 2, S. 152–178, hier S. 163 f.

102 Aufgeschrieben von Marcella Filippa, siehe Filippa, Hubiera sacudido las montañas, S. 43–51.

war im Januar 1939 nach Bolivien gekommen. Giorgina Levi, eine italienisch-jüdische Literaturwissenschaftlerin, Lehrerin, Sozialistin und sensible und sozial engagierte junge Frau, schildert eindrucksvoll ihre Wahrnehmungen von sozialer Ungleichheit und für sie kaum fassbarer Rückständigkeit in Bolivien. Sie beschreibt die desolaten Lebensverhältnisse, unter denen die Menschen in der Provinzhauptstadt lebten, in der ihr Mann nun praktizieren sollte: ein Dorf ohne Strom und Trinkwasser, Lehmhütten ohne ein Mindestmaß an hygienischen Einrichtungen, ein ebensolches „Ambulatorium" ohne medizinische Geräte oder Medikamente. Zum ersten Mal in der Geschichte der Provinzhauptstadt gab es mit Enzo Adrian dort nun einen Arzt.

## Soziales Leben im fremden Land gestalten

Wo eine Unterkunft bekommen, wie und wo den Einkauf für die täglichen Mahlzeiten erledigen oder einen Mittagstisch finden, wie eine Arbeit finden, wohin bei Krankheit? Bei all diesen Fragen der Neuankömmlinge halfen Hilfsvereine, Verwandte, Bekannte sowie Bekannte von Bekannten. Soziale und finanzielle Unterstützung für jüdische Geflüchtete leisteten der JOINT und SOPRO, die mit Spenden von Hochschild und ansässigen Juden im Januar 1939 gegründete jüdische Hilfsorganisation. Zu deren Initiativen gehörte u. a. das jüdische Alten- und Kinderheim. Verwandte, Freunde und Hilfsorganisationen eröffneten zudem die Möglichkeit, erste Kontakte mit anderen Exilanten zu knüpfen. Man traf sich, tauschte Informationen und Erfahrungen aus, etwa im Umgang mit den bolivianischen Behörden, und freute sich, wenn man Menschen begegnete, die aus der gleichen Heimatregion oder -stadt stammten. Auf diese Weise bildeten sich nach und nach eine Vielzahl von sozialen Orten der Zusammenkunft heraus, vorzugsweise in Pensionen oder kleinen Cafés von Emigrantinnen und Emigranten. Eine wichtige Rolle für fromme jüdische Emigranten spielten die Religionsgemeinden. Bereits 1935 war der *Círculo Israelita* gegründet worden.

Exilierte, die in ihrer Heimat politisch organisiert gewesen waren – Sozialdemokraten, Kommunisten, Trotzkisten –, gründeten in Bolivien eigene politische Vereinigungen. Auch hier erhielten jüdische und nicht-jüdische Verfolgte Hilfsangebote. Sehr bald entstanden zahlreiche soziale Einrichtungen, in denen sich ein neues gesellschaftliches Leben entfaltete. Dazu gehörten wie auch in anderen Exilländern Kultur- und Sportvereine ebenso wie landsmannschaftliche Vereine, etwa der Tschechen, der Österreicher oder der Polen. Hier stand die Pflege der jeweiligen nationalen kulturellen Identität im Mittelpunkt.

1941 gründete sich beispielsweise in La Paz, später auch in Cochabamba, die *Federación de Austriacos Libres* (FAL – Vereinigung Freies Österreich), eine überparteiliche Organisation, deren Hauptziele der Kampf gegen den Faschismus in Österreich sowie der Erhalt der österreichischen Kultur im Exilland waren. Zu ihren Mitgliedern zählten u. a. Sozialdemokraten, Kommunisten und sogar Monarchisten. Das Zusammensein von nichtjüdischen und jüdischen Mitgliedern verlief allerdings nicht immer konfliktfrei. Der Präsident Fritz Kalmar kritisiert in einem Brief einzelne antisemitische Ausfälle, insbesondere gegen Zionisten.[103] Aus Sicht einiger österreichischer jüdischer Geflüchteter galt der Verein als sehr konservativ, und mein Gesprächspartner Pablo (Paul) Süsz betonte, er und seine Freunde hätten keinen Kontakt zu dem Verein gehabt, weil die Erinnerung an die Ressentiments in der Heimat, an ihre Familien und an das, was dort geschehen war, noch zu frisch war. „Dadurch hatten wir, sowohl die deutschen wie auch die österreichischen Juden und die Halbjuden, [...] gewisse zurückhaltende Gefühle gegenüber dieser Organisation, weil wir fanden, dass Leute zu rasch vergessen hatten."[104]

103 Fritz Kalmar, Brief an die Organización Sionistas Unidos de Bolivia, La Paz, 6. 1. 1948, Exilbibliothek im Literaturhaus Wien, Kalmar, Fritz: Nachlass, Inv. N1.EB-29, II, 2.

104 Interview mit Pablo (Paul) Süsz, La Paz, 2. 10. 2007.

Die FAL bot den Mitgliedern soziale und – in begrenztem Rahmen – auch finanzielle Hilfe. Der Verein war ein sozialer Raum, der ganz auf die österreichische Heimat hin ausgerichtet war. Man spendete für Notleidende in der Heimat, man diskutierte intensiv und kontrovers über die Zukunft Österreichs nach Beendigung des Krieges. Bolivianische Themen, die Auseinandersetzung mit der sozialen und politischen Realität vor Ort oder Fragen nach der Gestaltung des eigenen Lebens in Bolivien und der Integration – liest man die ausführlichen Tätigkeitsberichte des Präsidenten Fritz Kalmar[105] – waren kaum relevant.

Von Bedeutung waren vielmehr die kulturellen Aktivitäten des Vereins. Unter Leitung des Juristen, Autors, Schauspielers und Journalisten Fritz Kalmar und des seinerzeit in Österreich bekannten Schriftstellers und Theatermanns Georg Terramare fanden Theater- und Kabarett-Aufführungen, literarische Abende, Lieder- und Tanzabende sowie Vorträge statt. Star des Schauspielensembles war Erna Terrel, ehemals erfolgreiche Schauspielerin des Deutschen Theaters in Prag und Ehefrau Terramares.[106] Auf dem Spielplan standen deutsche und österreichische Autoren, viele der Theater-Produktionen stammten zudem aus der Feder von Terramare. Große Beachtung bei einem breiteren Publikum fand sein Stück „Hofopernballett", das sogar im ehrwürdigen *Teatro Municipal* in La Paz aufgeführt wurde. Wie aus dem Theaterzettel hervorgeht, war der „Reinertrag der Aufführung [...] für notleidende und verfolgte Menschen jüdischen Glaubens bestimmt". Auch wenn die meisten Emigranten über nur geringe Einkommen verfügten, so gehörten, laut den Tätigkeitsberichten Kalmars, der den Verein jahrelang leitete, regelmäßige Aktivitäten zur

105 Die Tätigkeitsberichte der *Federación de Austriacos Libres en Bolivia* finden sich im Nachlass von Fritz Kalmar, Exilbibliothek im Literaturhaus Wien, Inv. N1.EB-29.

106 Werner Hörtner, Die Lerche von La Paz, in: Südwind-Magazin, Wien, Nr. 3, 1995, S. 32 f., hier S. 32.

Unterstützung hilfsbedürftiger Verfolgter in Österreich zu dessen Wirkungsfeldern.[107]

Das kulturelle Leben und das Organisieren von Hilfen für Geflüchtete waren jedoch nur die eine Seite der Aktivitäten, die die Exilierten entfalteten. Darüber hinaus gründeten sich vielfältige politische Organisationen, die miteinander konkurrierten und ihre ideologischen Kämpfe auf das Heftigste austrugen. Ihre Zentralen waren Clubs, Vereine und Emigrantenzeitschriften.[108] „Die politischen Aktivitäten deutscher exilierter Antifaschisten waren in keinem Lande so wechselhaft, so verworren und so unübersichtlich wie in Bolivien", urteilt der auf dem Gebiet des politischen deutschen Exils in Lateinamerika profilierte Politikwissenschaftler und Historiker Patrik von zur Mühlen. Seiner Auffassung nach hing dies mit den „unruhigen politischen Verhältnissen des Gastlandes zusammen", mit der sich in „mehreren Phasen und Schüben vollziehenden Einwanderung deutscher Flüchtlinge" und mit den schwierigen Verkehrsverbindungen, die den Kontakt zwischen den im Land verteilten Gruppen behinderten.[109] Ursache für die konfliktiven Auseinandersetzungen und die Gründungen immer neuer Organisationen waren jedoch vor allem die sehr unterschiedlichen politischen Positionen der Akteure: nicht-parteigebundene Hitler-Gegner, Kommunisten sowie rechte und linke Sozialdemokraten. Im Folgenden beschränke ich mich darauf, die wichtigsten politischen Organisationen knapp zu charakterisieren, ohne auf die Richtungskämpfe und Entwicklungen der einzelnen Organisationen im Verlauf der Jahre näher einzugehen.[110]

107 Siehe Tätigkeitsberichte von Präsident Fritz Kalmar, Exilbibliothek im Literaturhaus Wien, Kalmar, Fritz: Nachlass, Inv. N1.EB-29.

108 Siehe Lehmann, Deutschjüdisches Leben. Er hat schwerpunktmäßig die Quellen des Archivs der sozialen Demokratie in der Friedrich-Ebert-Stiftung ausgewertet, darüber hinaus aber auch über Interviews andere Quellen erschlossen.

109 Siehe von zur Mühlen, Fluchtziel Lateinamerika, S. 211.

110 Dazu verweise ich auf von zur Mühlen, Fluchtziel Lateinamerika, S. 211–242.

Einer der Protagonisten war der Sozialdemokrat Ernst Schumacher, eine durchaus umstrittene Persönlichkeit.[111] Im Juli 1939 gründete er die Wochenzeitschrift *Rundschau vom Illimani*[112] und war deren federführender Meinungsmacher. Gleich nach seiner Einreise 1939 engagierte er sich im parteiübergreifenden, jedoch sozialdemokratisch orientierten *Club Freundschaft* (*Club Amistad*), 1942 war er einer der Initiatoren der *Vereinigung Freier Deutscher in Bolivien.*

Mit der *Rundschau vom Illimani* entstand ein wichtiges Informations- und Kommunikationsmedium, das sich an eine breite Leserschaft richtete, insbesondere auch an „weniger interessierte Angehörige der jüdischen Mehrheit unter den Hitler-Flüchtlingen".[113] Zu den regelmäßigen Themen gehörten ausführliche Informationen über die aktuellen Maßnahmen der bolivianischen Emigrationspolitik, Nachrichten über den Kriegsverlauf in Europa nebst Einschätzungen; hinzu kamen Erörterungen spezifischer Alltagsprobleme der Einwanderer. Die Kulturnachrichten und Anzeigen bilden die vielfältigen Aktivitäten vor allem in La Paz, aber auch in anderen Städten mit nennenswerten Exilgruppen wie Cochabamba, Sucre oder Oruro ab und zeugen von einem lebhaften sozialen und kulturellen Leben in den zahlreichen Vereinen.

Der älteste parteiübergreifende Verein war der 1938 von deutschsprachigen politischen Geflüchteten in La Paz gegründet *Club Freundschaft* (*Club Amistad*); etwas später entstand auch eine Filiale in Cochabamba.[114] Der Club war ein Abbild der spannungsreichen Beziehungen unter den deutschen politischen Exilierten. Zwischen den Sozialdemokraten, die die Mehrheit der Mitglieder ausmachten, gab es vor allem Auseinandersetzungen über den Umgang mit Kommunisten und Trotzkisten und anderen marxistischen Strömungen. Empörung

111 Siehe ebenda, S. 221–226; Lehmann, Deutschjüdisches Leben, S. 118–124.

112 Benannt nach dem 6460 m hohen Berg-Solitär, das Wahrzeichen von La Paz. Von der lokalen indigenen Bevölkerung, den Aymara, wird der Illimani traditionell als mächtiger Schutzgeist – als *achachila* – verehrt.

113 Von zur Mühlen, Fluchtziel Lateinamerika, S. 218.

114 Siehe ebenda.

gegenüber den Kommunisten löste der am 23. August 1939 unterzeichnete Hitler-Stalin-Pakt aus. Zahlreiche Konflikte führten wiederholt zu persönlichen Anfeindungen, zu Austritten und zur Gründung neuer politischer Organisationen.

Eine weitere nicht parteigebundene Vereinigung war *Das Andere Deutschland* (DAD). Das am 7. Juni 1937 im argentinischen Buenos Aires von Exil-Deutschen, darunter SPD-Mitglieder, gegründete überparteiliche Hilfskomitee[115] mit seiner gleichnamigen Zeitschrift fand auch in Bolivien Anhänger, gerade auch unter sozialdemokratisch und marxistisch orientierten Exilierten. Bei der Gründung von *Das Andere Deutschland* ging es zunächst um Wohltätigkeitsinitiativen im Rahmen eines Hilfskomitee für mittellose Emigranten in Argentinien.[116] Sehr bald jedoch erschien es den Initiatoren unerlässlich, darüber hinaus Einfluss auf die politischen und menschenrechtlichen Debatten sowie die Aufklärung der argentinischen und südamerikanischen Öffentlichkeit über den wahren Charakter des Faschismus und die tatsächlichen Zustände in Deutschland zu nehmen. Die gleichnamige Zeitschrift *Das Andere Deutschland* wurde in verschiedenen Ländern Südamerikas zu einem Kristallisationspunkt für diese Öffentlichkeitsarbeit und die Gründung „lockerer Organisationen ohne feste Mitgliedschaft“, so der in Bolivien aktive, der Sozialdemokratie nahestehende Wolfgang Hirsch-Weber.[117] Erst 1944 wurde daraus eine

115 Winfried Seelisch, Das Andere Deutschland. Eine politische Vereinigung deutscher Emigranten in Südamerika. Diplomarbeit, Otto-Suhr-Institut, Freie Universität Berlin 1970; von zur Mühlen, Fluchtziel Lateinamerika, S. 219 f.

116 Von zur Mühlen, Fluchtziel Lateinamerika, S. 146 f.

117 Wolfgang Hirsch-Weber, zitiert bei: Seelisch, Das Andere Deutschland, S. 24. Hirsch-Weber gehörte zu den Initiatoren von DAD in Bolivien. Er war als 18-jähriger „Halbjude“ 1938 nach Bolivien emigriert und ließ sich in Tarija, wo ein Vetter lebte, nieder. Dort schlug er sich zunächst mit diversen Jobs durch, bis er eine Anstellung bei einer kleinen US-amerikanischen Bergbaugesellschaft fand, in der er bis zum kaufmännischen Direktor aufstieg. 1949 kehrte er nach Deutschland zurück, studierte Sozialwissenschaften

reguläre Mitgliederorganisation. In Bolivien fand das DAD seit 1941/42 eine Leserschaft. Die im Süden des Landes gelegene Kleinstadt Tarija wurde zum Ausgangspunkt eines Mitgliederkreises, in dem sich Hirsch-Weber sehr engagierte. Es folgte die Gründung weiterer Gruppen in La Paz (Februar/März 1943), Oruro und Cochabamba.[118]

Die *Vereinigung Freier Deutscher in Bolivien* wurde 1942 in La Paz gegründet. Die „verbreitete Empörung" von Sozialdemokraten und weiteren Hitler-Gegnern über die Kommunisten nach dem Hitler-Stalin-Pakt war „nach dem Überfall Hitlers auf die Sowjetunion einer allgemeinen Sympathie-Welle" gewichen.[119] „Damit verloren aber auch die nach 1939 so heftigen Gegensätze zwischen den einzelnen Flügeln der Emigration vorübergehend an Bedeutung",[120] und es kam zu Annäherungen zwischen den verschiedenen Gruppen, dem *Club Freundschaft* und nicht-organisierten Hitler-Gegnern. Der Sozialdemokrat Ernst Schumacher, Herausgeber der *Rundschau vom Illimani*, hatte zur Gründung der Organisation aufgerufen. „Die Anwesenheit von Vertretern bolivianischer Regierungsstellen, Mitgliedern von Flüchtlingsvereinigungen aus anderen europäischen Nationen und Abgesandten jüdischer Organisationen" bei der Gründungsversammlung am 7. Juni 1942 „läßt auf eine breite Resonanz schließen", so die

und trat in die SPD ein. Er war Mitbegründer des Lateinamerika-Instituts der Freien Universität Berlin. 1972 erfolgte der Ruf an die Universität Mannheim; von 1966 bis 1968 war er Repräsentant der Friedrich-Ebert-Stiftung in Chile (siehe Exil in den Anden. Wolfgang Hirsch-Weber fand in Bolivien Zuflucht vor dem Nazi-Terror. Interview von Gert Eisenbürger mit Wolfgang Hirsch-Weber, in: ila – Das Lateinamerika-Magazin, Nr. 161, Dezember 1992, S. 50–53, https://www.ila-web.de/ausgaben/161/exil-in-den-anden [6. 2. 2018]). Lateinamerika bildete bis zu seiner Pensionierung einen Schwerpunkt seiner wissenschaftlichen Tätigkeit. Wolfgang Hirsch-Weber starb 2004.

118 Siehe Seelisch, Das Andere Deutschland, S. 30 f.; von zur Mühlen, Fluchtziel Lateinamerika, S. 219 f.

119 Von zur Mühlen, Fluchtziel Lateinamerika, S. 227.

120 Ebenda.

Einschätzung von zur Mühlens.[121] Ernst Schumacher wurde in den siebenköpfigen Vorstand gewählt. Der Vereinigung gehörten sowohl individuelle als auch korporative Mitglieder an, darunter auch prominente Kommunisten,[122] wiewohl sie in der Vereinigung nur eine Minderheit darstellten. In den folgenden Jahren gab es Bestrebungen für einen Zusammenschluss von *DAD* und der *Vereinigung Freier Deutscher in Bolivien*, die jedoch aus ideologischen Gründen scheiterten. Auch innerhalb der *Vereinigung Freier Deutscher in Bolivien* kam es zu Richtungskämpfen. Die Flügelkämpfe spiegelten die Rivalitäten zwischen KPD-Mitgliedern und antifaschistischen, jedoch parteiunabhängigen Emigranten wider, die zwar die Einheitsfront befürworteten, jedoch für ein demokratisches Deutschland eintraten. Diese internen Auseinandersetzungen waren eingebunden in die Richtungskämpfe auf gesamt-lateinamerikanischer Ebene, deren Zentren Mexiko (mit einer starken Exil-KPD) und Buenos Aires (*Das Andere Deutschland*) waren. In Bolivien bewirkten die Richtungskämpfe einen erheblichen Mitgliederverlust in der *Vereinigung Freier Deutscher*, was den Kommunisten die Vormachtstellung sicherte. Die fortan ideologisch homogene Vereinigung galt Mitte 1944 als stärkste politische Emigrantenorganisation in Bolivien.[123] In der Folgezeit scheiterten wiederholt Initiativen zum Zusammenschluss von DAD und der *Vereinigung Freier Deutscher*. Stattdessen entstanden neue Initiativen. 1944 gab sich *DAD* in La Paz eine feste organisatorische Form.

Daneben hatte sich bereits 1943 die *Sozialdemokratische Arbeitsgemeinschaft demokratischer Deutscher* gegründet, eine kleine Gruppe, aus der 1945 der SPD-Landesverband Bolivien hervorging. Darüber hinaus gab es weitere eigenständige sozialdemokratische

121 Ebenda.

122 Ein führendes Mitglied war der Kommunist Paul Baender, der nach dem Krieg eine hohe Funktion in der DDR einnahm. Siehe Seelisch, Das Andere Deutschland, S. 32.

123 Siehe von zur Mühlen, Fluchtziel Lateinamerika, S. 231.

Gruppierungen. „Nirgends sonst war die Emigration so gespalten und so zersplittert in Organisationen, die sich untereinander in erbittertsten Grabenkämpfen und Schlammschlachten befehdeten."[124] Das war also die Situation des politischen Exils in Bolivien: abgegrenzte Räume auch unter den Geflüchteten.

Nach dem Krieg setzte sich diese Entwicklung fort. Zwischen den drei großen Organisationen: dem SPD-Landesverband, DAD und den KP-dominierten *Freien Deutschen* gab es immer wieder Debatten über einen Zusammenschluss – die aber nie zum Erfolg führten. Ende der 1940er-Jahre kehrten die meisten Mitglieder politischer Exilgruppen Bolivien den Rücken und gingen zurück nach Deutschland (West oder Ost). Von den wenigen im Lande Verbliebenen gründeten einige den *Club Republicano Alemán* (Deutscher Republikanischer Club), der bis ca. 1970 existierte. Er stand in der linken Tradition und war ein sozialer Raum, der sich scharf gegen den Deutschen Klub der rechtslastigen alteingesessenen deutschen Kolonie abgrenzte.

Große Vielfalt kennzeichnete naturgemäß auch die jüdischen Einrichtungen. Jüdisches Leben entfaltete sich nicht nur in La Paz, sondern auch in anderen Städten, etwa in Sucre, Oruro, Cochabamba und Potosí. Auch die jüdischen Geflüchteten bildeten keineswegs eine homogene Gruppe. Es gab nicht nur nationale und regionale, sondern auch Klassen- und kulturelle Unterschiede sowie Differenzen in der politischen Einstellung. Trennend wirkte sich vor allem auch die unterschiedliche religiöse und weltanschauliche Identität aus: Orthodoxe, Zionisten, religiös nicht praktizierende Juden und Atheisten bildeten jeweils eigene Gruppierungen. Insgesamt herrschte keineswegs nur Harmonie zwischen den jüdischen Exilierten, auch wenn sie das gleiche Schicksal von Verfolgung und Flucht teilten. Ausgesprochene Animosität kennzeichnete die Beziehung zwischen deutschsprachigen Juden (Deutsche, Österreicher) und jiddischsprachigen osteuropäischen Juden.[125] Giorgina

124 Ebenda, S. 238.

125 Siehe auch Bieber, Presencia judía en Bolivia, S. 160–168.

Levi, die jüdisch-italienische Sozialistin, die mit scharfem Blick sowohl die bolivianischen Verhältnisse jener Zeit als auch die Beziehungen unter den Geflüchteten beobachtet hat, schildert neben der Solidarität auch Diskriminierungen und Intrigen: Deutsche jüdische Akademiker fühlten sich polnischen, Jiddisch sprechenden Juden, die aus kleinen Verhältnissen kamen, überlegen; orthodoxe Juden verachteten getaufte Juden, Klassenunterschiede markierten soziale Abgrenzungen.[126] Ausdruck dieser Heterogenität war auch hier die Vielzahl der Vereine.

Der Bestandsaufnahme der *Asociación Filantrópica Israelita* in Bolivien von 1943 lassen sich die wichtigsten Vereine und Einrichtungen entnehmen:[127]

Die älteste jüdische Organisation war der *Círculo Israelita*, den die jüdische Gemeinde bereits 1935 gegründet hatte. Ihre Mitglieder, vorwiegend Kaufleute, Handwerker und nur wenige Akademiker, waren religiös traditionell eingestellte Juden, die zumeist aus Osteuropa stammen; daher wurde in der Gemeinde Jiddisch gesprochen. Der Kultus in der gemeindeeigenen Synagoge basiert auf aschkenasischen osteuropäischen Riten. In verschiedenen Suborganisationen wurden religiöses Brauchtum und Wissen gepflegt. Die Frauen trafen sich im Damen-Komitee.[128]

Deutschsprachigen Juden, darunter auch nicht-orthodoxe Juden, gründeten 1939 in La Paz und in Cochabamba die *Jüdische Kulturgemeinschaft (JKG – Comunidad Israelita)*. Auch sie unterhielt eine Synagoge. Dort wird nach deutsch-jüdischen Riten gebetet. Unter den Mitgliedern befanden sich zahlreiche Akademiker und Künstler. Kulturelle Aktivitäten und Angebote für Jugendliche, die vor allem von liberalen Juden getragen wurde, spielten eine wichtige Rolle. Die

126 Giorgina Levi in: Filippa, Hubiera sacudido las montañas, S. 59 f.

127 Asociación Filantrópica Israelita (Hrsg.), Juden in Bolivien, in: Zehn Jahre Aufbauarbeit in Südamerika. Diez años de obra constructiva en América del Sud, Buenos Aires 1943, S. 172–204, hier S. 174.

128 Ausführlich zur Geschichte und Lebens in der Gemeinde: Círculo Israelita (Ed.), Medio siglo de vida judía en Bolivia, 2da. ed. corr., La Paz 1987.

Anzeigen und Besprechungen in der *Rundschau vom Illimani* von Konzerten sowie von wissenschaftlichen und literarischen Vorträgen im Rahmen des Kulturprogramms der JKG deuten auf das professionelle Profil der Mitglieder. Trotz der Vertreibung aus Deutschland – die Liebe zur deutschen Musik, Dichtung und Sprache hatten die Nazis diesen Menschen nicht austreiben können. Für sie waren Beethoven und Mozart, Eichendorff und Goethe Erbe ihrer Kultur, und diese Kultur war unauslöschlicher Teil ihrer Identität.

Vergleichbare kulturelle Programme waren in der deutschen Kolonie kaum auszumachen. Gleichwohl war die soziale und politischen Abgrenzung so stark, dass „Altdeutsche" offenbar weder die Kultur-Veranstaltungen der *Jüdischen Kulturgemeinschaft* noch des *Vereins Freier Österreicher* besuchten. Jedenfalls wird davon nicht berichtet. Gesprächspartner aus der deutschen Kolonie bestätigten, dass sie diese Veranstaltungen gar nicht wahrgenommen hatten.[129]

1940 gründeten einige engagierte deutsche Juden, darunter der gelernte Innenarchitekt Weinheber, Vater meiner Gesprächspartnerin Marion Weinheber, die jüdische Schule *Colegio Boliviano Israelita.* Der Lehrbetrieb begann mit nur einer Handvoll Schülern. In den 1940er-Jahren bot die Schule nur die Primarstufe (1. bis 6. Klasse) an,[130] zunächst erfolgte der Unterricht auf Deutsch, aber aufgrund der geringen Anzahl jüdischer Kinder wurden bald auch bolivianische Schüler und Schülerinnen aufgenommen. Alfons Seligmann, der 1947 dort eingeschult wurde, berichtet, seine Klasse habe nur etwa zwölf Schüler gezählt, einschließlich der bolivianischen Kinder. Der Unterricht habe, bis auf den jüdischen Religionsunterricht, weitgehend auf Spanisch stattgefunden. Die Schule erhielt die offizielle Zulassung und stellte auch bolivianische Lehrkräfte ein. In den folgenden

129 Siehe die Interviews mit Klaus Bauer, La Paz, 20.–21. 10. 2006 und 22. 10. 2007.

130 Siehe die Interviews mit Alfons Seligmann, La Paz, 1. 10. 2007 und 4. 10. 2007; und das Interview mit Marion Weinheber, La Paz, 2. 10. 2007.

Jahren erfolgte der Ausbau, und die Schule entwickelte sich zu einem renommierten Institut, das Kindergarten, Primar- und Sekundarstufe umfasste. Heute existiert die Schule ohne jüdisches Profil, nur der Namen hat sich erhalten.

1940 gründeten sich der *Jüdische Jugendbund* und die *Brigada Baden-Powell,* beides Pfadfindervereine für Jungen, denn unter den jungen Leuten waren Sport und Wandern beliebte Freizeitbeschäftigungen. Der Umstand, dass mehrere Vereine entstanden, war ebenfalls der unterschiedlichen sozialen und politischen Orientierung innerhalb der jüdischen Diaspora geschuldet. Die Mitglieder beider Vereine waren mehrheitlich Deutsche und Österreicher, hinzu kamen einige wenige Ungarn, Tschechen und politische Emigranten. 1943 schlossen sich die beiden Vereine zur *Asociación de Boy Scouts El Cóndor* zusammen, zugleich verließen die meisten Juden den Verein. Für einige waren zwar die Disziplin und Ordnung nach deutschem Vorbild und die Pflege deutschen Liedguts, was beide Pfadfindergruppen auszeichnete, attraktiv gewesen, als jedoch mit der Fusion zur *Asociación El Cóndor* die Identifikation mit dem Judaismus aufgegeben wurde, war die Organisation nicht mehr vereinbar mit ihrem jüdischen Selbstverständnis.[131]

Ganz anders der Sportklub *Macabi.* Hier spielten die jüdische Identität und zionistische Ideale eine wichtige Rolle. Auch hier war der Anteil der osteuropäischen Juden klein, die große Mehrheit – fast 90 Prozent – waren deutschsprachige Juden und Jüdinnen. Das Angebot im *Macabi* umfasste ein breites Spektrum – es reichte von Leichtathletik über Fußball, Schwimmen, Tischtennis bis hin zum Schachspiel. Der Verein und einzelne Sportler konnten erhebliche Erfolge auch auf nationaler Ebene erzielen. Darüber hinaus wurden Ausflüge und Fahrten ins Umland organisiert, die vor allem bei den Jugendlichen überaus beliebt waren. Allerdings waren die Beziehungen zwischen deutschsprachigen Juden und Osteuropäern zeitweise sehr

131 Bieber, Presencia judía en Bolivia, S. 164.

spannungsreich, wie Lieselotte Weiss, aktive Sportlerin in mehreren Disziplinen und Mitglied des Nationalen Bolivianischen Schwimmverbandes, berichtete.[132] Und Pablo (Paul) Süsz schildert 2000 in einem Interview mit Leon Bieber, dass es zudem politisch-ideologische Konfrontationen und Konflikte zwischen Zionisten und Sozialisten gab, die bis zum Ausschluss der Gruppe aktiver Sozialisten aus dem *Macabi* führten.[133]

Eine weitere zionistische Organisation war die *Women's International Zionist Organisation* (WIZO), ein Verein, der dem weltweiten Verband gleichen Namens angeschlossen war.[134] In Bolivien lag der Schwerpunkt von WIZO auf dem Aufbau und der Unterstützung einer jüdischen Frauenorganisation. Ein besonderes Gewicht wurde auf den Austausch zwischen deutsch- und jiddischsprachigen Frauen gelegt. Anders als in anderen Organisationen hat dies bei den Frauen offensichtlich funktioniert. Lieselotte Weiss, die damals auch hier aktiv dabei war, betont, dass sich „alle ganz gut verstanden".[135]

Zusammenfassend lässt sich feststellen, dass die jüdischen Gemeinden und Vereine eigene soziale Räume bildeten, Schutzräume, in denen die unterschiedlichen Gruppen sich ihrer Identitäten versichern konnten. Im Laufe der Jahre jedoch, nach Kriegsende, lösten sich einige dieser Vereine auf, nachdem viele Emigranten das Land wieder verlassen hatten. Bis zu diesem Zeitpunkt hatte die Mehrheit der europäischen Emigranten kaum Interesse an sozialen und persönlichen Kontakten mit der einheimischen Bevölkerung gezeigt, die über das Notwendigste in Fragen des Alltags und des Geschäftslebens hinaus-

132 Interview mit Lieselotte Weiss, La La Paz, 24. 10. 2006.

133 Bieber, Presencia judía en Bolivia, S. 165.

134 Die Anfänge gehen auf Initiativen jüdischer zionistischer Frauengruppen in den frühen 1900er-Jahren in Europa zurück. 1929 kam es zum Zusammenschluss der einzelnen Gruppen. Schwerpunkte waren die Gemeindearbeit und speziell die Unterstützung von Frauen und Familien in Palästina.

135 Interview mit Lieselotte Weiss, La La Paz, 24. 10. 2006.

gingen. Egon Schwarz[136] beschreibt und analysiert das „Aneinander-Vorbeileben"[137] von Einwanderern und Einheimischen und macht ein Konglomerat sehr unterschiedlicher Gründe dafür aus: Die kulturellen Prägungen einer postkolonialen Gesellschaft, die in jenen Jahren noch sehr weitgehend die sozialen Strukturen, Wertvorstellungen, Lebensformen und Denkmuster in der bolivianischen Gesellschaft bestimmten, hätten auf beiden Seiten ein gegenseitiges Verständnis behindert. Die – kleinen – gehobenen Gesellschaftsschichten hätten in den neuen europäischen Einwanderern „Fremde" gesehen, die nicht der eigenen Schicht angehörten, und seien ihnen vielfach mit Misstrauen oder gar Ablehnung begegnet.

Die Einwanderer wiederum hätten aufgrund der Rückständigkeit im Land in Bereichen wie Technik, Hygiene oder Infrastruktur und des allgemeinen Bildungswesens mit Überheblichkeit auf die „Hinterwäldler" geblickt.[138] Extrem verunsichernd wirkten auf sie zudem, so Schwarz, die politische Instabilität und die verbreitete Korruption.[139]

136 Der international renommierte Literaturwissenschaftler Egon Schwarz wurde 1922 in Wien geboren. Er floh 1938 über die Zwischenstationen Prag und Frankreich als 16-Jähriger mit seinen Eltern nach La Paz. In seiner Autobiografie (Egon Schwarz, Unfreiwillige Wanderjahre. Auf der Flucht vor Hitler durch drei Kontinente, München 2005) schildert er nicht nur beeindruckend sein wechselvolles Leben, das ihn von Bolivien nach Ecuador und dann in die USA führte, wo er Germanistik und Romanistik studierte und zu einem der bedeutendsten Germanisten der USA wurde. Sein Buch zeichnet sich auch dadurch aus, dass er die jeweiligen Verhältnisse im Exilland wie auch die Beziehungen zwischen Exilierten und einheimischer bolivianischer Bevölkerung differenziert und kritisch analysiert. Schwarz starb am 11. Februar 2017 in San Louis, USA.

137 Lehmann, Deutschjüdisches Leben, S. 103; siehe Schwarz, Unfreiwillige Wanderjahre, S. 94.

138 Schwarz, Unfreiwillige Wanderjahre, S. 94.

139 Insgesamt fällt das Urteil von Schwarz über die bolivianische Gesellschaft in jenen Jahren höchst negativ und einseitig aus; er verweist auf „die weitverbreitete Xenophobie, unter der wir zu leiden hatten, die hemmungslose Ausbeutung der Indianer und Mestizen durch die herrschenden Schichten,

Man zog es daher vor, unter sich zu bleiben. Das politische Denken der Exilierten sowie damit verbundene Aktivitäten konzentrierten sich auf die Heimat. Nur wenige befassten sich politisch mit der Situation in Bolivien oder engagierten sich gar sozial. So verwundert es nicht, dass nach Kriegsende die meisten so bald wie möglich Bolivien wieder verließen.

Jene anderen hingegen, die sich für das Bleiben entschlossen, waren bereit, sich bis zu einem gewissen Grad an die Lebensformen der bolivianischen Gesellschaft anzupassen und zu assimilieren, auch wenn insbesondere orthodoxe Juden eine Akkulturation ablehnten. Für sie alle war Bolivien zur neuen Heimat geworden. Ihre sozialen Räume hatten sich in die bolivianische Gesellschaft hinein ausgeweitet. Die Kinder, die ich ab 1953 kennenlernte, sprachen bisweilen besser Spanisch als die Muttersprache ihrer Eltern, gingen in die jüdische, amerikanische, englische oder auch in eine bolivianische Schule. Über die Geschichte der antisemitischen Verfolgung, über den Holocaust, dem Teile der eigenen Familie zum Opfer gefallen waren, wurde, wie ich aus den Interviews erfuhr, in ihrer Kindheit zumeist nicht gesprochen. Verwoben mit der bolivianischen Gesellschaft konstruierten diese Kinder ihre eigenen, durchaus sehr unterschiedlichen Identitäten. Während die einen fest in ihrer jüdischen Identität verankert blieben, hatte diese für andere eine nachgeordnete oder sogar keine Bedeutung mehr. Manche entdecken ihr Jüdischsein gar erst im Alter.

die extreme Radikalisierung der Studenten und Akademiker, die Ahnungslosigkeit und Indifferenz gegenüber den europäischen Entwicklungen, die uns so sehr beschäftigten, weil unser Schicksal und Selbstverständnis ein Teil von ihnen waren, die Primitivität und Rückständigkeit der Leute, die einen zur Verzweiflung trieben, kurz alle jene Dinge, die uns von Anfang von der Bevölkerung trennten und es uns unmöglich machten, je in ihr heimisch zu werden". Schwarz, Unfreiwillige Wanderjahre, S. 91. Mit dieser Auffassung stand er nicht allein. Auch unter meinen Gesprächspartner/innen gab es Einzelne – wenige –, die sich im Rückblick auf jene Jahre in Teilen ähnlich äußerten.

## Antisemitismus in Bolivien 1930–1960

Der massive Zustrom europäischer Geflüchteter, der in so kurzer Zeit insbesondere La Paz erreichte, führte in den 1930er-/1940er-Jahren zu sozialen Spannungen mit der bolivianischen Gesellschaft und gab Ablehnung und antisemitischen Einstellungen Auftrieb. Eine der Ursachen war die Konkurrenz im Geschäftsleben und auf dem Arbeitsmarkt. Der Umstand, dass mittellose jüdische Emigranten sich nicht davor scheuten, einfache Erwerbstätigkeiten auszuüben, die aus Sicht der Bolivianer unpassend für „weiße Ausländer" waren, etwa als hausierende Händler, die ihre Waren an den Haustüren[140] oder auf den Straßen anboten,[141] als Schuldeneintreiber,[142] Lastenträger,[143] Hausangestellte[144] oder als Wächter bzw. Portiers wie der junge Seligmann,[145] verstärkte die Ablehnung. Ein wichtiger Faktor dabei war auch die Erhöhung der Mieten aufgrund der gestiegenen Nachfrage. Und nicht zuletzt wirkten die ungewohnten „modernen" Lebensgewohnheiten der Fremden provozierend auf so manchen Einheimischen. Insbesondere das Verhalten der aus europäischen Großstädten stammenden vergleichsweise emanzipierten Frauen empfanden sie als unpassend.[146]

Kritik an manchen Umgangsformen der Einwanderer kam jedoch auch aus den eigenen Reihen, etwa von Mauricio Hochschild. Von ihm wird die Aussage überliefert, unter den Einwanderern befänden sich auch „falsche Leute", „Diebe und Gauner" sowie „weniger vornehme polnische Juden, die man hier überhaupt nicht brauchen konnte". Leo Spitzer kommentiert diese Aussage seinerseits kritisch und bemerkt,

140 Schwarz, Unfreiwillige Wanderjahre, S. 141.
141 Interviews mit Alfons Seligmann, La Paz, 1. 10. 2007 und 4. 10. 2007.
142 Schwarz, Unfreiwillige Wanderjahre, S. 139.
143 Bieber, Presencia judía en Bolivia, S. 97.
144 Interview mit Idl Simon, La Paz, 25. 10. 2006.
145 Interviews mit Alfons Seligmann, La Paz, 1. 10. 2007 und 4. 10. 2007.
146 Schwarz, Unfreiwillige Wanderjahre, S. 100 f.; Spitzer, Hotel Bolivia, S. 251 ff., 255 ff.; Filippa, Hubiera sacudido las montañas, S. 131, 191 ff.

Hochschild mache mit dieser Aussage, wie so viele Juden aus Deutschland und Österreich, keinen Hehl aus seinen Vorurteilen gegenüber osteuropäischen Juden, die er als den assimilierten deutschsprachigen Juden kulturell unterlegen betrachtete.[147] Das Thema Umgangsformen und Verhaltensweisen vor dem Hintergrund eines anwachsenden Antisemitismus veranlasste selbst die *Rundschau vom Illimani* zu einem Aufruf für ein kulturell angepassteres Auftreten. In einem Artikel mit der Überschrift „Disziplinierte Einordung in Bolivien" heißt es: „Ohne jeden Zweifel besteht zwischen den Einwanderern und dem rein bolivianischen Leben eine gewisse Spannung. Dafür gibt es zahlreiche Gründe. Die Möglichkeiten zur Beseitigung dieser Gründe liegen nur sehr gering bei den Einwanderern. Gerades deshalb müssen sie durch ihr ganzes äußeres Verhalten jeden Anlass zur Fortdauer der Störungen im Zusammenleben vermeiden."[148]

Antisemitische Einstellungen gab es aber nicht nur bei jenen, die mit den Emigranten um Arbeitsplätze oder Wohnungen konkurrierten, sondern zweifellos ebenso in den europäisch-stämmigen bolivianischen Mittel- und Oberschichten. In konservativen Kreisen war der katholische Diskurs von den Juden als Christusmörder durchaus verbreitet. Die Wurzeln ihres Antisemitismus reichen zurück bis in die Kolonialzeit – und weiter bis in das mittelalterliche Spanien.[149] Bewusst

147 Siehe Spitzer, Hotel Bolivia, S. 179.

148 Rundschau vom Illimani, Nr. 34, 1. 3. 1940.

149 Im Spanien des 14. Jahrhunderts jenseits des arabischen Territoriums von Al-Andalus entwickelte sich – nach einer langen Zeit des friedlichen Miteinanders von Christen und Juden – eine zunehmende Ablehnung gegenüber Juden seitens der Bevölkerung. Ursache war die einflussreiche Rolle von Juden im Dienste von Adel und Krone, insbesondere als Steuereintreiber in Zeiten der ökonomischen Krise. Juden wurden zum Symbol für ökonomische Macht. Erste religiös motivierte antijüdische Pogrome ereigneten sich anlässlich von „Kreuzzügen" fanatischer Mönche in Navarra und Aragón. Dieser Kontext des 14. Jahrhunderts war der Nährboden für den heute noch existierenden spanischen Antisemitismus (siehe Nelson Manrique, Vinieron los Sarracenos: el Universo mental de la Conquista de América. Lima 1993, S. 282).

oder unbewusst ist dieses antisemitische Erbe weiter in Bolivien virulent und lässt sich offenbar zu jeder Zeit aktivieren, wie etwa bis in die 1960er-Jahre gegen die jüdischen Emigranten und Emigrantinnen.

In Leo Spitzers Buch finden sich Wiedergaben von antisemitischen Karikaturen und Zitaten aus Zeitungen und Zeitschriften, die in verschiedenen bolivianischen Städten ab 1939 erschienen.[150] Dazu gehört das Bild des reichen Juden, der einen armen Bolivianer hinter sich herschleppt, um ihn zu kreuzigen – ein Stereotyp aus dem Fundus des katholischen Antisemitismus und aus dem ideologischen Erbe der Kolonialzeit. Ein weiteres Stereotyp war die Diffamierung der Juden als dreckig, als Tiere oder als Träger von Krankheiten. Spitzer zitiert die Ausführungen eines Arztes, demzufolge die Körperausdünstungen der Juden diese als erblich bedingte Überträger von Lepra entlarvten, weshalb der Umgang mit diesen „Infektionsherden" „potentiell tödlich

Nachdem die katholischen Könige 1492 die Reconquista – die Zerstörung des arabischen Reiches – beendet hatten, setzten Verfolgung und Vertreibung von Arabern und Juden ein. Mit dem Gesetz der „Reinheit des Blutes" (*limpieza de sangre*) wurde ein rassistisches Konzept geschaffen, das den christlichen Glauben mit der Frage des „Blutes", der ethnischen Abstammung, der „Rasse" verband. Die Verfolgung durch die Inquisition und die Ausweisung von Juden, *Conversos* und Arabern aus Spanien ab diesem Zeitpunkt und etwas später auch aus Portugal wurden damit ideologisch legitimiert. Antisemitismus und Anti-Islamismus hatten gewaltsame Formen angenommen: Auch jene, die zunächst im Land blieben und sich taufen ließen, wurden Opfer der Inquisition. Für Juden, *Conversos und Moriscos* (Muslime) begann die Odyssee der Flucht – auch nach Lateinamerika. Dort kam es im 17. Jahrhundert ebenfalls zur Verfolgung durch die Inquisition. In der kolonialspanischen und -portugiesischen Gesellschaft lebte das antisemitische Gedankengut weiter und wurde zum Machtinstrument gegenüber wirtschaftlichen und politischen Konkurrenten oder diente der Schuldzuweisung in Krisenzeiten. Anschaulich beschreibt der jüdisch-deutsch-argentinische Autor Roberto Schopflocher in seinem historischen Roman „Das Komplott zu Lima" (Frankfurt a. M. 2015) diese Situation.

150 Spitzer, Hotel Bolivia, S. 250–253.

für ahnungslose Christen“ werden könne.[151] Im gleichen rassistischen Tenor verbreitete die Tageszeitung *La Nación* in La Paz, Juden seien Träger von Tuberkulose und anderer Infektionskrankheiten und würden damit die bolivianische Bevölkerung in Gefahr bringen.[152] Ganz offensichtlich handelte es sich hier um eine breit angelegte Öffentlichkeitskampagne. Dementsprechend reagierte der Direktor der *Comunidad Israelita* in einem Schreiben an die wichtigsten Zeitungen von La Paz. Er wehrte sich gegen eine „gewisse Sensationspresse, die eine vollkommen unbegründete Kampagne gegen die jüdischen Einwanderer durchführt [...], ihnen eine Reihe sozialer Vergehen zuschreibt und sie als für das Land gefährliche Elemente bezeichnet“. Anzunehmen ist jedoch, dass seine Entgegnung und seine deutlichen Worte[153] nicht viel gegen diese rassistische Hetzkampagne ausrichten konnten.

Leo Spitzer, der sich ausführlich mit dem Antisemitismus in den Jahren 1939/40 befasst hat, ist der Auffassung, dass die „auftretenden heftigen antijüdischen Reaktionen [...] zumeist eindeutig auf nationalsozialistische Propaganda und die Aktivitäten deutscher Beamter, in Bolivien lebender Hitleranhänger und faschistischer Sympathisanten innerhalb der zivilen und militärischen Elite Boliviens zurückzuführen [waren]“.[154] Dass deutsche Nazis in Bolivien aktiv antisemitische und faschistische Propaganda betrieben, die durchaus wirksam war, bestätigen auch die Recherchen von Irma Lorini.[155] Spitzer führt als Grund für die Empfänglichkeit dieser Propaganda „eigene politische

151 Spitzers Quelle ist Milton D. Goldsmith, Report on German Fifth Column Activities in Cochabamba, La Paz, 4. 12. 1940.

152 Siehe Rundschau vom Illimani, Nr. 30, 12. 4. 1940.

153 Der Brief des Direktors ist abgedruckt in: Rundschau vom Illimani, Nr. 38, 5. 4. 1940.

154 Spitzer, Hotel Bolivia, S. 253.

155 Die bolivianische Historikerin Irma Lorini hat 2016 eine ausführliche Studie zum Nationalsozialismus in Bolivien in den 1930er- und 1940er-Jahren vorgelegt, in der sie auch die Rolle von Nazis in der deutschen Kolonie anhand von Dokumenten in deutschen Archiven recherchiert hat. Siehe Lorini, Nazis en Bolivia.

und strategische Interesse" spezifischer gesellschaftlicher Gruppen an. So nutzten einige Politiker während der Regierung Busch den Skandal um die illegalen Visa für Juden und die Millionen, die sich die damit befassten Regierungs- und Konsularbeamten angeeignet hatten, um den damals zuständigen Außenminister Díez de Medina der Geldgier, der Kumpanei mit Ausländern und der Beihilfe zur Ausbeutung nationaler Ressourcen durch Juden zu beschuldigen. Rechte Kreise argumentierten zudem, Díez de Medina stamme selbst von Juden ab – was sein Name beweise –, und unterstellten ihm, mit jüdischem Kapital in Verbindung zu stehen. Ein Beweis für diese unheiligen Machenschaften von Juden, mit denen sie den Reichtum der bolivianischen Ressourcen und Arbeitskräfte ausbeuteten, sei die starke und einflussreiche Position des deutsch-jüdischen Bergbau-„Barons" Dr. Hochschild in der bolivianischen Wirtschaft und dessen Rolle bei der erleichterten Einwanderung von Juden.[156]

Antisemitische Positionen finden sich zudem in offiziellen Programmen und Diskursen von politischen Parteien der 1940er-Jahre, namentlich der kleinen faschistischen *Falange*-Partei sowie der MNR.[157] Im ersten Parteiprogramm der MNR von 1942 wird von den

156 Siehe ebenda, S. 253 f.

157 Horst Grebe, ein angesehener bolivianischer, deutschstämmiger Intellektueller, unterstreicht dies: „Ich glaube, dass es einen Antisemitismus gab, der in der bolivianischen Gesellschaft verankert war. 1952 übernimmt die MNR die Macht. In der MNR gab es in ihren Anfängen eine nazistische und faschistische Strömung, die ihre Wurzeln in der RADEPA [*Razón de Patria*, Geheimbund, Zusammenschluss von nationalistischen Militärs nach dem Chaco-Krieg, aus dem die sog. Militärsozialisten hervorgingen] hatte. Und es gab eine antisemitische Ideologie, die sich etwa in den Texten von Augusto Guzmán widerspiegelt. Es gab also ein Umfeld, in dem Diskriminierung, gespielte Trägheit, Spott und eine allgemeine Feindseligkeit gegenüber Juden herrschten, wahrscheinlich ohne viel Information über den Holocaust. Es gab einen Antisemitismus in der Gesellschaft, in den bolivianischen Eliten mit eigenen originären Wurzeln, es war nicht so sehr ein unmittelbarer Einfluss der Deutschen." Interview mit Horst Grebe, La Paz, 23. 9. 2008, Übersetzung aus dem Spanischen: J. S.-G.

Machenschaften des „Judaismus“ gesprochen und jegliche Beziehung zu diesen als antinational scharf abgelehnt.[158] Bereits Jahre zuvor hatten Politiker, die zum Führungskreis der neu gegründeten MNR gehörten, mit antisemitischen Positionierungen auf sich aufmerksam gemacht. Ein Beispiel ist Hernán Siles Zuazo, einer der namenhaften Führer der MNR und 1960 Präsident einer MNR-Regierung. In einem Bericht der Deutschen Botschaft über antisemitische Hetze im Jahr 1960 heißt es, dass sich Siles Zuazo 1938/39, seinerzeit in der Opposition, gegen die Einwanderungsgenehmigung für Juden von Präsident Busch gewandt habe und einen eigenen Gesetzesentwurf zum Einwanderungsverbot für Juden einbrachte.[159] Der Entwurf fand jedoch keine Mehrheit im Parlament.

Zweifellos verschmolzen in den 1930er- und 1940er-Jahren die diversen antisemitischen Tendenzen innerhalb der bolivianischen Gesellschaft mit den antisemitischen Haltungen und Aktivitäten von deutscher Seite. Entsprechende Tendenzen innerhalb der deutschen Kolonie wurden durch die systematische Einflussnahme der Botschaft des nationalsozialistischen Deutschen Reiches sowie der Schulleitungen der Deutschen Schulen zwischen 1933 und 1942 noch verstärkt. (Die Geschichte der deutschen Kolonie während der Nazizeit ist Gegenstand eines eigenen Kapitels).

Nach Kriegsende schien sich das Verhältnis zwischen Juden und Bolivianern zu verbessern, jedenfalls nahmen die öffentlichen Anfeindungen ab. Doch wie sich zeigte, waren antisemitische Ressentiments jederzeit schnell wieder abzurufen.

Als sich die MNR-Regierung unter Paz Estenssoro 1952–1956 schweren ökonomischen Problemen gegenübersah und es unter der

158 „Denunciamos como antinacional toda posible relación entre partidos políticos internacionales y las maniobras del judaísmo …“ Dunkerley, Rebelión en las venas, S. 56; siehe auch Klein, Historia Genral de Bolivia, 2. Aufl., S. 391 f.

159 Siehe Deutsche Botschaft La Paz (Bindewald) an AA, 1. 2. 1960, Antisemitismus 165/60, Pol. 708-82, PA AA, B 33, Bd. 101.

städtischen Bevölkerung von La Paz, insbesondere bei Händlern und Kleingewerbetreibenden, wiederholt zu Protesten kam, setzte die Propaganda der Regierungspartei MNR darauf, mit der Mobilisierung fremdenfeindlicher und antisemitischer Einstellungen innerhalb der Bevölkerung von der eigenen Misswirtschaft abzulenken. Gerüchte wurden gestreut, dass Geschäftsleute zu Spekulationszwecken ihre Waren versteckten. Auf diese Weise konstruierte man einen Prügelknaben für die galoppierende Inflation.

Wie Dr. Alfred Cohn in seinem bereits erwähnten Bericht von 1953 schreibt,[160] ergriff die Regierung bzw. die Regierungspartei unter der Parole „Kampf gegen die Spekulation" Maßnahmen gegen den Groß- und Einzelhandel, die sich überwiegend gegen Ausländer richteten. In Flugblättern und Wandanschriften wurden Ausländer für die Knappheit der Waren und die steigenden Preise verantwortlich gemacht. „Eine Exekutiv-Sonderkommission wurde beauftragt, welche in die Geschäfte, aber auch in Privathäuser eindrang, um nach Handelsware jegliche Art zu suchen [...]. Die hierfür angewandten Suchmethoden machten einen Gestapo-ähnlichen Eindruck", so Dr. Cohn.

Die Mitglieder dieser Kommission drangen mit Gewalt, auch mit Waffen, in die Häuser ein, die Waren wurden ohne eine richterliche Anordnung oder formale Anklage weggeschafft; Grundlage für diese Überfälle waren oftmals „beliebige Denunziationen". Die Waren wurden in „von der Partei vorgesehene Ladenräumlichkeiten verbracht, nach Möglichkeit in Schaufensterauslagen aufgestapelt und zu lächerlichen Preisen an das wartende Indiopublikum verschleudert".[161] Cohn zufolge richtete sich diese „Aktion nicht speziell gegen das ‚jüdische Element', wenngleich die Juden einen größeren Prozentsatz innerhalb

160 Gesandtschaft La Paz an AA, 28.6.1953, Anlage Bericht Dr. Alfred Cohn, Ber. Nr. 53/54.-445-05. Dr. Cohn war „ehrenamtlicher Sachbearbeiter für jüdische Angelegenheiten bei der Gesandtschaft".

161 Ebenda, S. 2.

der Betroffen ausmachten, da der Warenhandel vielfach von jüdischen Kaufleuten betrieben wird".[162]

Bereits am 15. Juni 1953 berichtete der Gesandte Dr. Gregor besorgt unter „Betr.: Antisemitismus und seine Folgen für die jüdischen Emigranten-Kaufleute" über eine massive antisemitische Hetze im Land:

> „Der seit Beginn der jetzigen Regierung im April v. J., besonders in letzter Zeit, sich stärker bemerkbar machende Antisemitismus [siehe die Übersetzung des beiliegenden Flugblattes] veranlasst manche der hier nach 1933 eingewanderten Juden, ihre Geschäfte aufzugeben und in andere Länder zu gehen. Teils nach den USA, nach dem übrigen Südamerika und auch nach Deutschland zurück. Viele jüdische Vertreter deutscher Firmen riskieren es nicht mehr, Angebote an staatliche Institute und Behörden zu machen oder sich an Ausschreibungen zu beteiligen. Kürzlich wurde der Zuschlag an eine deutsche, aber nicht durch eine jüdische Firma vertretene Fabrik erteilt, während die Offerte einer solchen abgelehnt wurde, obgleich ihre Preise wesentlich über der Konkurrenz lagen, mit der Begründung, ‚man könne es den bolivianischen Arbeitern nicht zumuten, an Maschinen, die durch Juden hierher verkauft wurden, zu arbeiten'."[163]

In schlimmster *Stürmer*-Manier wird in dem Flugblatt (Beifügung in deutscher Übersetzung, das spanische Original befindet sich nicht bei den Akten)[164] gegen Juden gehetzt. Hier der Wortlaut des Flugblattes:

162 Ebenda.

163 Deutsche Gesandtschaft La Paz, an AA, 15. 6. 1953, Ber. Nr. 905/53, PA AA, Bol. 212-06, B 11, Bd. 1293.

164 Beigefügte Übersetzung des Flugblattes in dem entsprechenden Format. Deutsche Gesandtschaft La Paz an AA, 15. 6. 1953, Flugblatt, Anlage, Ber. Nr. 905/53, PA AA, Bol. 212-06, B 11, Bd. 1293.

**„Bolivianer: Sei ein Patriot, fertige hiervon 10 Abzüge an, lasse das Flugblatt zirkulieren und tue so dem Vaterland etwas Gutes.**
Sei ein Patriot, kaufe nichts von JUDEN, sie sind Boliviens Unglück. Während wir nach allem, was wir kaufen wollen, Schlange stehen und nichts haben, besitzen die JUDEN alles zu Hause. Werft sie heraus aus Bolivien.
Die Yankees wollen kein Zinn aus Bolivien kaufen, wir wollen keine JUDEN, diese bedingungslosen Agenten der Vereinigten Staaten von Nordamerika. Während alle Bolivianer Opfer für ihr Vaterland bringen, sabotieren die JUDEN es, schliessen Geschäfte, verbergen ihre Waren. Um zu täuschen, sind ihre Schaufenster leer, während ihre Läger voll sind.
Wir fordern Sanktionen und Gefängnis und dass die JUDEN das Land verlassen. Diese naturalisierten Bolivianer, die das Land verlassen und die hier gesammelten Reichtümer mitnehmen, mögen sie gleichzeitig das hier entstandene Krebsgeschwür, die Überbleibsel ihrer Ruchlosigkeit, nach anderen Plätzen Amerikas mitnehmen.
Sie sollen dahin gehen, von wo sie gekommen sind. Amerika ist für Leute, die arbeiten wollen.
Kauft nicht von JUDEN und seid Patrioten. Verteidigt den ehrlichen und gut eingeführten Handel, kämpft gegen diese verfluchte Pest.
Erinnert Ihr Euch daran, wie sie in das Land kamen?
Als sogenannte Landwirte kamen sie, in grösster Armut, die einen als Wurstverkäufer, die anderen als Fensterputzer: und was sind sie jetzt? MILLIONÄRE sind sie geworden, haben die besten Automobile, wohnen in pompösen Villen und essen wie die Könige, während wir Bolivianer nichts haben und oft noch ihre Diener sind.
Warum stiegen die Mietpreise? Wozu gibt es in Bolivien das Schlüsselrecht?
Bolivianer, lasset uns eine anti-jüdische Vereinigung bilden und befreien wir das Land von ihnen; sie, die seitdem sie das Land betraten, nichts weiter als Unglück und Armut in unserem Volk verbreiteten.“

Es muss eine erschreckende Erfahrung für die Geflüchteten gewesen sein, sich erneut antisemitischer Agitation als Instrument der Politik gegenüberzusehen. Gleichwohl geht aus den Schilderungen meiner jüdischen Gesprächspartnerinnen und Gesprächspartner ebenso wie aus einzelnen veröffentlichten Lebensgeschichten hervor, dass der Antisemitismus der 1940er- und frühen 1950er-Jahre in unterschiedlicher Weise wahrgenommen wurde. Darüber hinaus wird differenziert zwischen allgemein verbreiteter Ideologie und persönlichen Erfahrungen, so wie die von Lieselotte Weiss: „Es gab natürlich Antisemitismus. Eine Zeit lang haben sie gesagt: Die Juden haben die Wohnungen weggenommen, deswegen sind sie so teurer geworden, die Juden nehmen Posten weg, und so weiter. Persönlich habe ich eigentlich nie solche Erfahrungen gemacht. In meiner Arbeit habe ich auch einheimische Kollegen gehabt und war sehr gut mit ihnen.“[165]

Idl Simons Wahrnehmungen sind ähnlich. Sie betont den Antisemitismus in der Regierung Paz Estenssoro und auch der vorhergehenden Regierung. Da habe man die antisemitischen Haltungen in der Gesellschaft gespürt. Allerdings sei es „nie ausgeartet“. „Angriffe gab's nicht bis 48. 48, wie der Krieg zwischen Israel und Arabern angefangen hat [...]. Da haben unsere jungen Leute Wache gestanden [...]. Da gab es Angriffe – nie sehr stark, aber man musste sehr acht geben.“[166]

Marion Weinheber erinnert sich, wie ihr Bruder von Schülergruppen der Deutschen Schule, die sie als *grupos antisemitas* bezeichnet, angegriffen wurde. Solche Auseinandersetzungen begannen etwa mit der Beschimpfung „Saujude“ und steigerten sich bis hin zu Schlägereien. Auch habe es Überfälle – nicht nur von Schülern der Deutschen Schule – gegeben. Selbst in späteren Jahren habe ihr Sohn, in Bolivien geboren und zur Schule gegangen, diskriminierende Äußerungen zu hören bekommen.[167]

165 Interview mit Lieselotte Weiss, La Paz, 24. 10. 2006.
166 Interview mit Idl Simon, La Paz, 25. 10. 2006.
167 Interview mit Marion Weinheber, La Paz, 2. 10. 2007.

Irene Rector[168] ebenso wie Pablo Süsz[169] hingegen erinnern sich an keine antisemitischen Aggressionen.

Doch die antisemitischen Anfeindungen wiederholen sich in den folgenden Jahren. Anfang 1960 kam es laut Bericht der Deutschen Botschaft zu „antisemitischen Schmierereien".[170] Der Bericht befasste sich – einschließlich eines historischen Rückblicks – mit „gewissen antisemitischen Haltungen der bolivianischen Gesellschaft, des Mittelstandes und einiger Regierungskreise" – gemeint ist die MNR-Regierung unter Hernán Siles Zuazo 1956–1960. Aus der engen historischen Verbindung zwischen Teilen des MNR, darunter auch Siles Zuazo, mit dem Nationalsozialismus wurde gefolgert, dass „gewisse antisemitische Ressentiments der heutigen Regierung allein die Folge" dieser Beziehung seien.[171] Unerwähnt lässt der Bericht, dass es bereits seit der ersten MNR-Regierung (1952–1956) zwischen einigen politischen, nachrichtendienstlichen und militärischen Kreisen enge Beziehungen zu einzelnen deutschen Antisemiten und Nazis gab. Darauf werde ich in dem Kapitel über Klaus Barbie näher eingehen.

Die antisemitischen Ausfälle der 1960er-Jahre in La Paz reichten zudem weit über die im Bericht erwähnten „ Schmierereien" hinaus. Leon Bieber zitiert den Arzt Dr. Gilberto Rojas Foppiano,[172] der als Medizinstudent an der Universidad Mayor de San Andrés von La Paz an einer Aktion teilnahm, die an Abscheulichkeit kaum zu überbieten war: Anlässlich der traditionellen studentischen „Einweihungsfeiern" für Studienanfänger, bei denen die Neulinge traditionell „spaßige" Prozeduren ihrer Kommilitonen aus höheren Semestern erdulden mussten, ließen diese sich diesmal etwas „ganz Besonderes" einfallen: „Sie installierten eine Nachahmung eines Konzentrationslagers der Nazis.

168 Interview mit Irene Rector, La Paz, 23. 10. 2007.

169 Interview mit Pablo (Paul) Süsz, La Paz, 2. 10. 2007.

170 Deutsche Botschaft La Paz (Bindewald) an AA, 1. 2. 1960, Antisemitismus 165/60, Pol. 708-82, PA AA, B 33, Bd. 101.

171 Ebenda.

172 Bieber, Presencia judía en Bolivia, S. 217 f.

Dort wurden die Studienanfänger eingesperrt. Sie sollten die hilflosen jüdischen Gefangenen darstellen."[173] Studierende höherer Semester stellten Hitler, Göring, Bormann und Goebbels dar, andere mimten die Gestapo. Man bekleidete und schmückte sich mit Nazi-Insignien.

> „Sie bauten Krematoriumsöfen und Gaskammern aus Pappe, versehen mit Malereien und Inschriften mit Anspielungen und Botschaften .[...]. Die Verkleidung als Generalstab und Führungspersonen war perfekt. Die übrigen Studierenden des Kurses trugen Militäruniformen mit ihren jeweiligen unterschiedlichen Abzeichen und charakteristischen deutschen Emblemen. Sie stellten tatsächlich ein ‚Heer' dar, das Aufmerksamkeit erzielte."[174]

Sodann zogen sie durch die Hauptverkehrsstraßen und versetzten die jüdischen Geschäftsleute, die dort zahlreiche Läden hatten, in Schrecken. Die so ausstaffierten Nazis drangen in die Geschäfte ein und bedrohten die Juden mit Rufen wie: „Diesmal werdet ihr nicht entkommen!! Ihr wisst nicht, was euch erwartet." („*Esta vez no van a escapar!! [...], no saben lo que les espera.*") Die erschrockenen Geschäftsleute brachten sich hinter ihrem Tresen in Sicherheit und beobachteten die Uniformierten mit Entsetzen. Manche von ihnen griffen nach einem Stock, um sich zu „verteidigen". Angesichts solcher Reaktionen

173 „[...] [se] instalaron un imitación de un campo de concentración nazi, donde fueron encerrados los del primer curso quienes representaban a los indefensos prisioneros judíos".

174 „[...] se prepararon ‚hornos crematorios' y las ‚cámaras de gas' con cartones, pinturas e inscripciones con mensajes alusivos [...] el alto mando y los líderes se encontraban perfectamente disfrazados, y [...], todo el resto de los alumnos del curso, tenían uniformes militares con sus distintivos y emblemas de geniales características alemanas [...] Realmente formaban un ‚ejercito' que llamaba la atención [...]." Rojas 2001, zitiert bei: Bieber, Presencia judía en Bolivia, S. 217. Bieber führte mit Rojas dazu ein Gespräch, in dem Rojas diese Erfahrungen nochmals bestätigte. Übersetzung: J. S.-G.

verließen die Nazis dann zwar den Laden, setzten aber ihre Drohungen laut brüllend fort: „Diesmal werdet ihr nicht entkommen!“[175]

## Jüdisches Leben nach dem Krieg

Nach der Abwanderung der Mehrheit der jüdischen Emigranten und Emigrantinnen im Verlauf der 1950er-Jahre war die Zahl der Verbliebenen auf nur wenige Hundert gesunken. Jene, die sich entschlossen, Bolivien nicht den Rücken zu kehren, hier heimisch zu werden, wählten sehr unterschiedliche Wege in ihrem Verhältnis zur bolivianischen Gesellschaft. Einige entschieden sich bewusst für Bolivien als ihre neue „Heimat“ und beteiligten sich aktiv an der Gestaltung der bolivianischen Gesellschaft, wurden zu jüdischen Bolivianern. Andere integrierten sich in das Alltags- und Geschäftsleben, gleichwohl spielte sich ihr privates Leben vor allem in ihrer jüdischen Gemeinschaft ab. Zudem gab es in den Lebensläufen so mancher Emigrantinnen und Emigranten unterschiedliche Entwicklungsphasen der Annäherung oder Distanzierung – sei es gegenüber der jüdischen Gemeinschaft, sei es gegenüber der bolivianischen Gesellschaft. Dabei spielten nicht zuletzt politische und soziale Entwicklungen im Land eine Rolle.

Für Mitglieder der jüdischen Gemeinschaft war die Integration in die bolivianische Gesellschaft bis Anfang der 1960er-Jahre kein einfacher Schritt, so Roberto Udler im Gespräch 2006. Das betraf vor allem die religiösen Juden und Jüdinnen des *Círculo Israelita*. Die Gemeinschaft sei sehr „geschlossen“ gewesen und habe „keine Assimilation erlaubt“. Leon Bieber zufolge[176] lagen dem jene Ursachen zugrunde, die ich bereits geschildert habe: versteckte und offene Ablehnung eines Teiles der Bolivianer, der soziokulturelle Schock in der fremden Welt, das Sprachproblem und nicht zuletzt die anderen religiösen Glaubens-

175 Rojas 2001, S. 69–73, zitiert bei: Bieber, Presencia judía en Bolivia, S. 217 f.
176 Siehe Bieber, Presencia judía en Bolivia, S. 319.

vorstellungen und damit verbundene Werte, Normen und Bräuche. All dieses bewirkte, dass die religiösen jüdischen Emigranten und Emigrantinnen in den ersten Jahrzehnten ihres Lebens in Bolivien eine starke und selbstbezogene Gemeinschaft aufbauten, was wiederum die Integration behinderte.

Leichter war die Integration für säkulare Juden wie beispielsweise die Familie meiner Freundin Kitty Rector. Im La Paz der 1950er-Jahre gingen diese jüdischen Kinder vorzugsweise in die Amerikanische Schule (Kitty besuchte die Englische Schule). Sie fügten sich in der Regel ohne große Schwierigkeiten in die bolivianische Gesellschaft ein, zu ihren Schulfreundinnen und -freunden gehörten selbstverständlich Bolivianer und Bolivianerinnen; es gab gemeinsame Geburtstagsfeiern, Tanzveranstaltungen, Kinobesuche und Ausflüge. Die jüdischen Klubs und Vereine spielten noch einige Zeit eine wichtige Rolle im sozialen Leben. Allerdings stellten etliche Vereine aufgrund der Abwanderung vieler Mitglieder nach und nach ihre Aktivitäten ein. Das galt auch für die kulturell so aktive *Vereinigung Freies Österreich*.[177]

Ökonomisch ging es für die Emigranten schrittweise aufwärts. Mit ihrem Fleiß, ihrer Bereitschaft, sich nicht zu schade zu sein, auch weniger qualifizierte Arbeiten zu übernehmen, ihrer Kreativität und Flexibilität, mit der sie sich neue Geschäftsmodelle und -felder erschlossen, gelang vielen, die in Bolivien geblieben waren, der ökonomische und soziale Aufstieg und über ihre Aktivitäten auch ein nicht unerheblicher Beitrag zum Wirtschaftsleben. Es entstanden beliebte Restaurants, Lebensmittelgeschäfte, Mode- und Konfektionsgeschäfte, Textilfabriken, Reparaturbetriebe, Antiquitäten-, Juwelier- und Optikergeschäfte

177 Der langjährige Präsident Fritz Kalmar siedelte zusammen mit Erna Terrel, die er nach dem Tod ihres Ehemannes, des Schriftstellers und Regisseurs Georg Terramare, geheiratet hatte, 1953 nach Montevideo, die Hauptstadt Uruguays, über. Dort arbeitete er bis zu seinem Tod 2008 als Korrespondent der FAZ, der NZZ u. a. deutschsprachiger Medien sowie als Regisseur und Schriftsteller. Zudem war er als österreichischer Honorarkonsul tätig. Erna Terrel starb bereits 1985.

und das allseits geschätzte Fotostudio Linares. In diesem Umfeld bildeten sich neue soziale Räume, in denen die Beziehungen zur bolivianischen Gesellschaft ausgebaut wurden.

Auch in Bereichen wie Literatur, Musik und Wissenschaft konnten sich jüdische Emigranten etablieren, sich in die bolivianische Gesellschaft integrieren und endlich die verdiente Anerkennung finden. Einer von ihnen war Werner Guttentag. 1920 in Breslau geboren, war er 1939 nach Bolivien gekommen. Er hatte sich bereits als Zwölfjähriger der sozialistischen „Freien Deutsch-Jüdischen Jugend" angeschlossen und beteiligte sich nach der Machtübernahme der Nationalsozialisten am Widerstand gegen das neue Regime. Nachdem viele Kameraden verhaftet worden waren und andere sich zur Flucht entschlossen hatten, floh auch er 1938 in die Niederlande und von dort nach Bolivien.[178] Hier ließ er sich in Cochabamba nieder. Der gelernte Mechaniker, der Bücher liebte, schlug sich zunächst mit allerlei Tätigkeiten durch, bis er 1945 die Buchhandlung *Los Amigos del Libro* gründete, sehr zur Freude aller Lesebegeisterten. Fünf Jahre später gründete er in Cochabamba den Verlag gleichen Namens und zahlreiche Filialen des Buchladens in mehreren Städten. Buchläden und Verlag wurden zu einer Institution in Bolivien. Guttentag selbst hat über 80 Bücher in verschiedenen Sparten herausgebracht – berühmt wurden die Enzyklopädien zu Themen der bolivianischen Geschichte, u. a. zu Archäologie, Geografie, Wirtschaft, Medizin, sowie die Werke namhafter bolivianischer Autoren und Autorinnen. 1987 erhielt er als Anerkennung seiner Verdienste die höchste bolivianische Auszeichnung, den *Cóndor de los Andes*. 2007, ein Jahr vor seinem Tod, konnte ich bei einem Besuch seine umfassende Bibliothek bewundern. Sie füllte ein großes Haus neben seinem Wohnhaus. Und er erzählte aus seinem bewegten Leben.

178 Stefan Gurtner hat 2012 eine ausführliche Biografie über Werner Guttentag vorgelegt: Stefan Gurtner, Guttentag. Das Leben des jüdischen Verlegers Werner Guttentag zwischen Deutschland und Bolivien, Lich 2012.

Eine weitere herausragende Persönlichkeit, die das Kulturleben in La Paz nachhaltig bereichert hat, ist der Gründer und langjährige Leiter des Nationalen Symphonieorchesters Erich Eisner.[179] 1897 in Prag geboren, verlebte er seine Kindheit und Jugend im München, wo er ab 1919 Musik mit Schwerpunkt Klavier, Komposition und Operndramaturgie studierte. Von 1921 bis 1923 war er Assistent von Bruno Walter. 1923 nahm er den Künstlername Erich Erck an und arbeitete als Kapellmeister in mehreren Städten in Süddeutschland und Österreich. 1935 fiel er unter das Berufsverbot, mit dem die Nazis jüdische Künstlerinnen und Künstler aus dem Kulturleben ausschlossen. Einzige Ausnahme waren Auftritte vor jüdischem Publikum. Ab 1933 hatte er sich an der Gründung des jüdischen Kulturbundes in Bayern beteiligt und den Aufbau des Kulturbundorchesters organisiert. Es gelang ihm, aus Amateuren und professionellen Musikern ein Ensemble zu formen, das unter seiner Leitung die Komponisten der Klassik und der Romantik zur Aufführung brachte. Auf diese Erfahrung konnte er später in Bolivien aufbauen. Am 10. November 1938, nach der Pogromnacht, wurde er verhaftet und im Konzentrationslager Dachau inhaftiert. Wie andere auch wurde er mit der Auflage, Deutschland sofort zu verlassen, aus der Haft entlassen. Über England floh er nach Bolivien. Seine Frau und sein Sohn folgten ein Jahr später.

Zunächst lebte die Familie in La Paz, aber „anders, als es bei den meisten anderen EmigrantInnen der Fall war, hatte Erich Eisner das Glück, dass in Bolivien Interesse an seiner in Deutschland erworbenen beruflichen Qualifikation bestand".[180] 1941 erhielt er den Ruf an die

179 Siehe Michaela Schuster, Erich Eisner, in: Claudia Maurer Zenck/Peter Petersen (Hrsg.), Lexikon verfolgter Musiker und Musikerinnen der NS-Zeit, Hamburg 2007 [aktualisiert 4. 8. 2017], https://www.lexm.uni-hamburg.de/object/lexm_lexmperson_00001593 [6. 2. 2018].

180 Gert Eisenbürger, Ein Symphonieorchester über den Wolken. Der jüdische Emigrant Erich Eisner und das Musikleben in Bolivien, in: Nico Huhle/Teresa Huhle (Hrsg.), Die subversive Kraft der Menschenrechte. Rainer Huhle zum radikalen Jubiläum, Oldenburg 2015, S. 379–392, hier S. 385.

Pädagogische Hochschule (*Escuela Nacional de Maestros*) in Sucre, um Musiklehrer auszubilden. Verbunden mit dieser Tätigkeit gründete er alsbald ein Orchester und einen großen Chor, der sich aus Studierenden, Hochschullehrern und auch Exilierten zusammensetzte. Unter seiner Leitung konzertierten Chor und Orchester zusammen mit verschiedenen Solisten in Sucre und weiteren Städten.

Wie Eisenbürger richtig betont, fand Eisner sehr schnell Kontakt zu bolivianischen Intellektuellen, Künstlern und Künstlerinnen, darunter dem einflussreichen Musiker Mario Estenssoro, dem Pianisten Humberto Viscarra Monje sowie Yolanda Bedregal de Cónitzer (1916–1999), der renommiertesten bolivianischen Lyrikerin. 1941 entstand seine Komposition „Cantata Bolivia" für vier Solisten, Chor und Orchester mit Texten von Yolanda Bedregal – seine Danksagung an sein Zufluchtsland Bolivien. Die Uraufführung 1943 fand nicht wie geplant statt, Eisenbürger vermutet als Ursache die angespannte politische Situation, immerhin erfolgte im Dezember 1943 der Staatsstreich, der Gualberto Villarroel an die Macht brachte.[181] Die Cantata erlebte ihre Uraufführung erst 2003 in Israel.

Im April 1944 folgte Eisner der Einladung zum Aufbau eines staatlichen Symphonieorchesters und zur Lehrtätigkeit am staatlichen Konservatorium in La Paz. „Aus dem *Orquesta Nacional de Conciertos*, einem kleinen Orchester in La Paz, dessen Mitglieder größtenteils europäische Immigranten waren, entstand 1945 das *Orquesta Sinfónica Nacional* (OSN). Notenmaterial sinfonischer Werke, das in Bolivien nicht vorhanden war, beschaffte Eisner mit Hilfe in den USA lebender Freunde."[182]

Auf so manchen jüdischen Geflüchteten muss das Programm des Eröffnungskonzerts des neuen Orchesters unter Leitung eines jüdischen Dirigenten irritierend gewirkt haben, denn: „Am 18. Juli 1947 trat das *Orquesta Sinfónica Nacional* mit seinem ersten Konzert an

181 Siehe ebenda, S. 386.
182 Schuster, Erich Eisner.

die Öffentlichkeit. Dabei präsentierte man die Ouvertüre der ‚Meistersinger' von Richard Wagner (1813–1883) – für ein Orchester, das von einem jüdischen Dirigenten geleitet wurde und zu einem beträchtlichen Teil aus jüdischen Musikern bestand, gerade zwei Jahre nach der Zerschlagung des Nazi-Faschismus eine äußerst überraschende Wahl. Es folgte die fünfte Symphonie von Pjotr Iljitsch Tschaikowski und die Schauspielmusik ‚La Coronilla' des bolivianischen Komponisten Teófilo Vargas Candia (1866–1961)."[183]

Eisner leitete das Orchester von 1947 bis 1955. Bei den über 200 Konzerten kamen sowohl Werke klassischer europäischer als auch bolivianischer Komponisten zur Aufführung. Zeitgleich leitete er das Ensemble *Orquesta Típica Municipal*, das sich bolivianischer Folklore widmete. 1952 verlieh ihm der Staat als Anerkennung für sein Wirken den Professorentitel, und am 14. Dezember 1955 überreichte ihm Botschafter Dr. Gregor im Auftrag des Bundespräsidenten Dr. Heuss das Bundesverdienstkreuz. Erich Eisner nahm 1947 die bolivianische Staatsangehörigkeit an, er starb 1956 in La Paz. Das *Orquesta Sinfónica Nacional* jedoch ist weiterhin eine wichtige Institution im bolivianischen Kulturleben und der Tradition seines Gründers verpflichtet.[184]

Weitere Beispiele für jene jüdischen Emigrantinnen und Emigranten, die bereits in den 1940er-Jahren entschieden ihren Weg in die bolivianische Gesellschaft einschlugen, sind der Filmgeschäftsmann Guillermo Wiener (geboren 1932 in Wien) und die Hochschullehrerin Eva Kassewitz de Vilar (geboren 1930 in Pforzheim).[185] Kassewitz wuchs in Sucre auf, Wiener in La Paz. Ihre Lebenswege weisen einige Parallelen

183 Eisenbürger, Ein Symphonieorchester über den Wolken, S. 387.

184 Siehe Selbstdarstellung und Programm: Orquesta Sinfónica Nacional, Acerca de Nosotros, 2016, http://www.sinfonicabolivia.org/Acerca%20de%20Nosotros.htm [6. 2. 2018].

185 Beide haben ihre Autobiografien publiziert; diese liegen meiner Darstellung zugrunde: Kassewitz de Vilar, Wenn du es doch erlebt hättest, Vater; Wiener, Recuerdos de un judío boliviano. Mit Guillermo Wiener konnte ich darüber hinaus am 8. 11. 2006 in La Paz ein Interview führen.

auf, wenngleich sich ihre Ausgangssituation erheblich unterschied. Das betrifft zum einen die jeweilige familiäre Sozialisation, zum anderen die wirtschaftliche und soziale Lage der Familien.

Bereits in früher Jugend war sowohl für Eva wie auch für Guillermo das enge Verhältnis zu bolivianischen Freundinnen und Freunden wichtig. Guillermo Wiener besuchte eine angesehene staatliche bolivianische Sekundarschule in La Paz, Eva Kassewitz eine Nonnenschule in Sucre – das einzige Lyzeum für Mädchen. Beide waren vollständig in die bolivianischen Lebensverhältnisse integriert. Beide studierten an staatlichen Universitäten vor Ort, Kassewitz Spanische Philologie in Sucre, Wiener Ingenieurswissenschaften in La Paz. Unterschiedlich waren die finanzielle Lage der Familien und auch die Beziehung zum religiösen Judentum. Wieners Familie war sehr arm, weshalb der Junge bereits als Schüler nebenher seinen Unterhalt mit Nachhilfeunterricht und als Bürogehilfe verdienen musste. Der Vater von Eva Kassewitz hingegen hatte das Glück, bald nach der Ankunft in Sucre eine Anstellung als Hochschullehrer an der Pädagogischen Universität zu erhalten. Nichtsdestotrotz erforderten die geringen Einkünfte auch in dieser Familie ein sehr sparsames Leben. Die Beziehung zur jüdischen Gemeinschaft war bei beiden Jugendlichen eher locker – gleichwohl betont Guillermo Wiener in seiner Lebenserzählung, dass er sehr gläubig war und bis zu seinem Bar-Mitzwa-Fest, an dem der jüdische Junge den Status des vollen Gemeindemitglieds erlangt, am jüdischen Religionsunterricht in der Gemeinde teilnahm. Eva Kassewitz berichtet in ihren Lebenserinnerungen zwar über die Mitglieder der jüdischen Gemeinde in den frühen Jahren, aber kaum etwas darüber, wie es ihre Familie mit Brauchtum und Religion hielt.

Sowohl Wiener als auch Kassewitz engagierten sich politisch. Wiener war bereits als Sekundarschüler sehr aktiv. Er wurde ins Schülerparlament und 1946 – 15-jährig – in den Departements-Schülerverband gewählt. Zeitgleich schloss er sich der antifaschistischen Bewegung um die kommunistische Partei PIR (*Partido de la Izquierda Revolucionaria* – Partei der revolutionären Linken) an und wurde Teil der revolutionären Bewegung gegen den amtierenden Präsidenten Villarroel. Seine Teilnahme an der Revolution vom 21. Juli 1946, so schreibt er, „veränderte mein Leben definitiv. Ich fühlte mich vollständig in die sozialen Ereignisse und in das politische Geschehen Boliviens integriert. Meine Gefühle gegenüber meiner Heimat hatten sich geklärt, und ich wusste nun, dass ich dort den Rest meines Lebens verbringen wollte.“[186]

Während seines Studiums setzte er sein politisches Engagement fort. Eine derartige soziale und politische Identifikation eines jüdischen Migrantenjungen mit Bolivien bereits Mitte der 1940er-Jahre war mit Sicherheit eine Ausnahme. Denn auch in den nachfolgenden Jahren, als in den Familien, die sich für einen Verbleib in Bolivien entschieden, die schrittweise Assimilation einsetzte, mischten sich nur sehr wenige in das politische Leben ein. Aus finanziellen Gründen konnte Wiener das Studium nicht beenden. Er fand eine Tätigkeit, um den Unterhalt für sich und die Eltern sicherzustellen. Damit ließ auch seine aktive Teilnahme am politischen Leben nach. Im Verlauf der Jahre wurde er ein kreativer und erfolgreicher Filmkaufmann.

Eva Kassewitz beendete ihr Studium der Spanischen Philologie mit Erfolg und wurde Hochschullehrerin. Zur Politik gelangte sie durch ihren Ehemann, den bolivianischen Anwalt und Hochschullehrer Gastón Vilar. Vilar engagierte sich stark für die Rechte der Lehrer und Lehrerinnen. Als er sich 1956 unter der Regierung von Präsident Siles Zuazo (MNR) an einem Lehrerstreik beteiligte, wurde er verhaftet, kam nach kurzer Zeit aber wieder frei. Das Eintreten für Menschenrechte und Demokratie wurde zu einem zentralen Thema des Paares, wenngleich sie sich in keiner politischen Partei engagierten. Gleichwohl traf sie die Repression der Banzer-Diktatur (1971–1978). Beide Eheleute verloren ihre Stellungen an der Universität. Gastón Vilar wurde wegen „subversiver Tätigkeit“ verhaftet. Seine Frau bemühte sich bei

186 Wiener, Recuerdos de un judío boliviano, S. 45; Übersetzung aus dem Spanischen J. S.-G.

den Militärbehörden um seine Freilassung. Nach fünf Monaten wurde er aus der Haft entlassen. Während der Diktatur García Meza (1980–1981) setzte erneut die Verfolgung kritischer Intellektueller ein. Dieses Mal konnte Vilar der drohenden Verhaftung durch Flucht entkommen. Anders als viele andere Verfolgte gelangte er nach einigen Monaten unversehrt zurück nach Sucre. Bereits in den 1960er-Jahren nahm Eva Kassewitz de Vilar wieder Kontakt nach Deutschland auf. Zunächst beruflich im Rahmen der Zusammenarbeit mit dem Goethe-Institut und der Deutschen Schule, später auch mit Reisen nach Deutschland. 1991 wurde sie zur deutschen Honorar-Konsulin in Sucre ernannt.

Menschen wie Guillermo Wiener und Eva Kassewitz de Vilar lassen sich als Vorreiter einer bewusst gewählten Assimilierung von Jugendlichen aus jüdischen Exilfamilien verstehen. Denn generell wurde erst für die folgenden Generationen Assimilation zur Selbstverständlichkeit, wobei diese Assimilation oder die Integration vielfältige Facetten hatte. Sie reichte von der Konstruktion einer bolivianischen Identität – ein Konstrukt mit vielen Varianten, in der das Jüdischsein, zumindest in langen Lebensabschnitten, kaum mehr von Relevanz war – bis hin zum Festhalten an der jüdischen Identität und den europäischen kulturellen Wurzeln bei gleichzeitigem Eingepasstsein in die bolivianische Lebenswelt. Die meisten jüdischen Emigrantinnen und Emigranten hielten sich aber aus dem politischen Leben weitgehend heraus. Auch in den späteren Jahren engagierten sich nur Einzelne in Parteien oder Gewerkschaften.

Auf den ersten Blick erstaunlich war das durchaus positive Verhältnis so mancher aus der jüdischen Gemeinschaft zu Militärdiktator Banzer in den 1970er-Jahren. Sie störten sich offenbar nicht allzu sehr an dessen repressiver Politik und den Menschenrechtsverletzungen. Idl Simon zufolge lag das vor allem am ökonomischen Aufschwung und der Sicherheit im Alltag: „[...] dem Land ging's gut, und es war nicht so viel Durcheinander. Es gab nicht jeden Moment eine Demonstration, diese ganzen *bloqueos* [Straßenblockaden] und so weiter, das gab's doch nicht." Zudem war das Verhältnis Banzers zur jüdischen

Gemeinde entspannt.[187] Frau Salzmann erzählte sogar von freundschaftlichen Beziehungen von Juden zu Banzer und seiner Umgebung. Salzmanns Mann, ein Auschwitz-Überlebender, der es in Bolivien zum erfolgreichen Industriellen gebracht hatte und als Pole zur Zeit Banzers Handelsattaché am polnischen Konsulat war, pflegte nicht nur freundschaftliche Beziehungen zu Altmann-Barbie (siehe weiter unten), sondern auch mit Banzer: „Wir waren dort eingeladen, öfter, bei ihm im Haus, und – mein Mann hat auch Geschäfte gemacht."[188] So sehr verflochten sich die Beziehungen und Geschichten in Bolivien.

Doch zurück zu den Jahren der Einwanderung nach Bolivien: Jüdische und politische Exilierte mussten sich dort nicht nur in einer völlig fremden Gesellschaft zurechtfinden, sie trafen auch auf eine eingesessene und einflussreiche „altdeutsche Kolonie", in der nationalsozialistisches Gedankengut verbreitet war und in der sich die Mitglieder scharf von den Geflüchteten abgrenzten. Für die „Altdeutschen" waren sie Feinde des Deutschen Reiches. Wer waren diese „Altdeutschen"?

187 Interview mit Idl Simon, La Paz, 25. 10. 2006.
188 Interview mit Margitta Salzmann, 2. 11. 2006.

# Von Altdeutschen und Nazis. Ein kleines Soziogramm

Erste Einwanderer aus Deutschland kamen bereits Ende des 19. Jahrhunderts, als die deutsch-bolivianischen Handelsbeziehungen stetig zunahmen.[189] Zunächst waren es vorwiegend Kaufleute von Zweigniederlassungen deutscher Firmen oder Geschäftsleute, die sich in Eigengründungen dem Import und Export von Waren widmeten. Besonders im Bergbau und in der Gewinnung von Kautschuk waren gute Geschäfte zu machen. In den folgenden Jahrzehnten differenzierten sich die wirtschaftlichen Aktivitäten immer weiter aus. Kleingewerbe, Handwerksbetriebe und zahlreiche Wirtschaftsunternehmen entstanden, in denen die Deutschstämmigen höchst erfolgreich waren. Die deutsche Kolonie wurde ein wichtiger wirtschaftlicher und sozialer Faktor im Land.

Das galt auch zum Zeitpunkt meines Aufenthaltes in den 1950er-Jahren – wenngleich die Situation der Deutschen zwischen 1942 und 1945 kriegsbedingt vorübergehend schwierig geworden war. Nach dem Krieg aber gehörten die alteingesessenen Deutschen – etwa 1200 bis 1500 Personen – schnell wieder den führenden Handelskreisen und Industriellen an. Sie besaßen die größte Zuckerrohrfabrik des Landes, große Ländereien und Viehzuchtunternehmen im Tiefland, Chemie-, Düngemittel-, Fleischverarbeitungs- und Nahrungsmittelunternehmen, die größte Papier- und Druckereifirma, das größte Warenhaus, das

189 Maennling, „Auf nach Amerika!", hat dazu Familiengeschichten der frühen Auswanderer nach Bolivien zusammengetragen.

größte und modernste Pharmazieunternehmen und hielten entscheidende Aktienanteile an der größten bolivianischen Brauerei.[190] Obwohl zahlenmäßig nicht sehr stark, genossen die Deutschen in der bolivianischen Gesellschaft großes Ansehen und spielten auch im öffentlichen Leben eine wichtige Rolle. Dazu beigetragen hatten nicht zuletzt auch die Kooperationen auf militärischer Ebene: Der preußische Offizier Hans Kundt wirkte mit Unterbrechungen von 1911 bis 1936 als Instrukteur und Modernisierer der Armee und diente unter mehreren Präsidenten als General in der bolivianischen Armee.[191] Nach dem Ersten Weltkrieg hatten sich weitere deutsche Offiziere und Soldaten in der bolivianischen Armee verdingt. Unter ihnen Hitlers Kampfgefährte Ernst Röhm, der von 1928 bis 1930 als Truppenausbilder tätig war.[192]

Die guten Beziehungen zur bolivianischen „weißen" Oberschicht spielten sich auch auf der sozialen Ebene ab. Viele der Einwanderer waren junge Männer – Junggesellen –, sie vermählten sich mit Töchtern der gehobenen bolivianischen Gesellschaft. Charakteristisch sowohl für diese deutsch-bolivianischen Familien als auch für die „rein" Deutschen war, dass sie vollständig in die lokale Gesellschaft integriert waren. In den binationalen Familien wuchsen die Kinder zweisprachig auf, häufig war Spanisch ihre „Muttersprache". Es gab kaum eine Familie, in der nicht deutsches Brauchtum gepflegt wurde und „deutsche Tugenden"

190 Siehe Reinhard Wolff/Hartmut Fröschle, Die Deutschen in Bolivien, in: Hartmut Fröschle (Hrsg.), Die Deutschen in Lateinamerika. Schicksale und Leistungen, Tübingen/Basel 1979, S. 146–168, hier S. 148 ff.; von zur Mühlen, Fluchtziel Lateinamerika, S. 214.

191 Im Bericht der Deutschen Botschaft vom 16. 9. 1954 heißt es: „Kundt und seine Offiziere trugen viel zum Ansehen des Deutschtums in Bolivien bei. Er wurde schon 1912 zum Chef des bolivianischen Generalstabs ernannt. Verbunden war damit nach der damaligen Militärorganisation der Befehl über die Streitkräfte im Frieden. Kundt, der im Lauf der Zeit zum bolivianischen General befördert wurde, war mit einigen Unterbrechungen (1. Weltkrieg) bis Ende 1930 an der Spitze des bolivianischen Generalstabs tätig." Eine kritische Betrachtung von Kundt liefert Brockmann, El general y sus presidentes.

192 Siehe Brockmann, El general y sus presidentes.

wie Disziplin, Ordnung, Fleiß, Zuverlässigkeit und Pünktlichkeit einen hohen Stellenwert in ihrem Wertekanon und ihrer Lebensgestaltung einnahmen.[193] Nicht zuletzt dafür achteten sie die Bolivianer.

Die Wertschätzung der deutsche Kolonie steigerten besonders die Schenkung einer Junker-F-3-Maschine zum 100. Jahrestag der Republik Boliviens 1925 sowie die anschließende Gründung der nationalen Luftfahrtgesellschaft *LLoyd Aéreo Boliviano*. Beides waren Initiativen deutscher Geschäftsleute unter Führung von Wilhelm Kyllmann, sie schlossen zugleich eine maßgebliche finanzielle Beteiligung am *Lloyd* und die Untervertragnahme von Lufthansapiloten ein. Noch im gleichen Jahr wurden die Flugverbindungen in die zuvor nur mühsam erreichbaren Städte Santa Cruz und Cochabamba aufgenommen, was sich als Motor für den Handel auszahlte. In den folgenden Jahren weitete sich der Flugbetrieb nach Brasilien und schrittweise auch in andere Nachbarländer aus und kurbelte das Geschäftsleben weiter an.

Zahlenmäßig umfasste die deutsche Kolonie 1932 1350 Reichsdeutsche und eine nicht „näher abzuschätzende Zahl von Volksdeutschen[194] bolivianischer Staatsangehörigkeit“.[195] Bei Letzteren handelte

193 Dies wird in fast allen der von Claudia Maennling (Maennling, „Auf nach Amerika!“) zusammengetragenen Lebenserinnerungen ausdrücklich betont.

194 Laut Barbian wurden seit den 1920er-Jahren unter Volksdeutschen jene verstanden, die die deutsche Staatsangehörigkeit nicht mehr hatten, sich aber zum deutschen „Volkstum“ bekannten, siehe Nikolaus Barbian, Auswärtige Kulturpolitik und „Auslandsdeutsche“ in Lateinamerika 1949–1973, Wiesbaden 2014, S. 82.

195 Von zur Mühlen, Fluchtziel Lateinamerika, S. 214. Laut Schulleiter Dr. Kübler gab es 1935 rund 1050 Deutsche in Bolivien, die Mehrheit von ihnen in La Paz (500), gefolgt von Cochabamba (120), Oruro (100) und Santa Cruz (80), siehe Fritz Kübler, Deutsche in Bolivien, Stuttgart 1936, Anhang. Der Bericht des AA für eine Konferenz über Deutschtum in Lateinamerika 1939 führt 1120 Reichsdeutsche und 500 Volksdeutsche auf, siehe Bericht Wildgans, „Land Bolivien“, 15. 5. 1939, zitiert nach: Lorini, Nazis en Bolivia, S. 66. Die Abnahme im Vergleich zum Jahr 1932 ist möglicherweise darauf zurückzuführen, dass im Vorfeld des Kriegsausbruchs entsandte Fachkräfte und Unternehmensrepräsentanten wieder ins Reich zurückkehrten.

es sich um Nachkommen deutscher Einwanderer, die bolivianische Frauen geheiratet hatten, sich aber zum „deutschen Volkstum" bekannten. Reichsdeutsche waren demgegenüber deutsche Staatsbürger im Ausland („Auslandsdeutsche"). Beide Gruppen waren bis 1933 hinsichtlich ihrer Nationalität gleichgestellt. Grundlage dafür war das Freundschaftsabkommens von 1924, das u. a. die Nationalität der Kinder aus gemischten deutsch-bolivianischen Ehen regelte und sie als deutsche Staatsbürger anerkannte.[196] Diese Gleichstellung wurde mit dem Reichsbürgergesetz vom 15. September 1935[197] aufgehoben. Damit wurden „Reichsdeutsche" und „Volksdeutsche" auch in Bolivien zu trennenden Kategorien. Im Alltagsleben jedoch beschränkte sich diese Ungleichstellung weitgehend auf die Zulassung zur NSDAP in Bolivien. Nur Reichsdeutsche konnten Mitglieder werden.

Mittelpunkte des kulturellen und sozialen Lebens der deutschen Kolonie waren die deutschen Klubs und Schulen. Hinzu kamen die *Clínica Alemana*, das Deutsche Krankenhaus und die Evangelische Kirche in La Paz. Klubs und Schulen waren zugleich geschätzte Orte der Begegnung mit den dominanten Schichten der bolivianischen Gesellschaft; das Deutsche Krankenhaus genoss allgemein eine hohe Reputation. Die Gründung des heute noch bestehenden *Centro Cultural Alemán* wird auf das Jahr 1914 datiert, wenngleich es sich damals nicht (wie heute) um einen Dachverband bestehender Institutionen handelte, denn die Schulen, Krankenhäuser oder die protestantische Kirche

196 Brief des Gesandten König vom 12. September 1933 an das AA über die Rechtsstellung von Kindern aus Ehen deutscher Reichsangehöriger mit Bolivianerinnen, zitiert nach: Lorini, Nazis en Bolivia, S. 62.

197 Reichsbürgergesetz vom 15. September 1935: Dieses Gesetz regelte nun im Sinne der NS-Weltanschauung, wer Deutscher war und wer nicht: „§ 2: [...] Reichsbürger ist nur der Staatsangehörige deutschen oder artverwandten Blutes, der durch sein Verhalten beweist daß er gewillt und geeignet ist, in Treue dem Deutschen Volk und Reich zu dienen." Reichsbürgergesetz vom 15. September 1935, in: Reichsgesetzblatt, Jahrgang 1935, Teil I. Die Erste Verordnung zum Reichsbürgergesetz vom 14. November 1935 (RGBl., Jg. 1935, Teil I, S. 1333) ergänzte in §4 (1): „Ein Jude kann nicht Reichsbürger sein."

wurden erst später geschaffen. 1938 schlossen sich diese (nun existierenden) Institutionen zur *Reichsdeutschen Gemeinschaft* zusammen, ihr erster Präsident war Wilhelm Bauer, Schwiegersohn und Geschäftspartner von Wilhelm Kyllmann.[198] Der Name *Reichsdeutsche Gemeinschaft* kann als ein Indiz für die Anpassung an die Kategorisierung, die die Nazis vorgaben, aufgefasst werden. Es handelte sich jedoch keineswegs um eine bloße Formalie – die ideologische Nähe zum Nationalsozialismus der dort versammelten Deutschen spiegelte sich, wie sich nachweisen lässt, unmissverständlich in der Deutschen Schule wider.

Für die Deutschen in Bolivien spielten – und spielen bis heute – die Deutschen Schulen eine prominente Rolle – sowohl als zentrale Orte des sozialen Lebens und Identitätsfaktor als auch als Symbol der deutschen Präsenz und Position im Land. Der Wunsch nach eigenen Schulen zur Pflege der deutschen Sprache und Kultur entstand bereits im frühen 20. Jahrhundert. Ab 1909 erteilte Alma Repsol deutschen Kindern in La Paz Privatunterricht. 1923 wurde sodann in La Paz der Deutsche Schulverein gegründet – mit der Aufgabe, eine deutsche Schule zu errichten und zu betreiben. Noch im gleichen Jahr konnte der Lehrbetrieb als Realschule mit 64 Schülern und sieben deutschen und bolivianischen Lehrkräften beginnen. Beratung kam von der Deutschen Schule in Concepción in Chile. Als erster Schulleiter in La Paz wurde Pastor Schneider aus Concepción verpflichtet. Da die Anzahl deutscher Kinder für eine reguläre Schule zu gering war, wurden auch bolivianische Kinder aufgenommen, und so wurde die offizielle Zulassung beim Erziehungsministerium erworben. Der erste Präsident des Schulvereins war der Geschäftsmann Wilhelm Kyllmann, Inhaber des Handelshauses *Hansa*. Die Finanzierung sicherten Spenden der Kolonie[199] sowie

198 Siehe Maennling, „Auf nach Amerika!“, darin auch der Stammbaum der Familie und die Geschäftsverbindungen der großen und einflussreichen Familien Kyllmann, Bauer, Elsner.

199 Deutsche Schule La Paz Bolivien 1923–1998, 75 Jahre, o. O. 1998, Archiv der Deutschen Schule, La Paz, S. 24 f.

das Schulgeld.[200] Ab 1926 kamen Zuschüsse von der deutschen Regierung hinzu. Im Jahresbericht von 1927 des Schulvereins wird das Ziel der deutschen Schulen wie folgt beschrieben: „Das Ziel ist nicht allein, eine Pflegestaette deutscher Sprache, deutschen Geistes und deutscher Sitte zu werden und dem deutschen Nachwuchs eine gute, abgeschlossene Schulbildung zu geben, sondern es ist auch eine ihrer vornehmsten Aufgaben, ein Propagandamittel fuer das Deutschtum zu schaffen und zahlreichen bolivianischen Kindern durch die Beherrschung der deutschen Sprache Kenntnis deutschen Wesens und deutscher Kultur zu uebermitteln."[201]

Die Nachfrage nach einer deutschen Schule beschränkte sich nicht auf die Stadt La Paz. Um Schüler aus verschiedenen Landesteilen aufnehmen zu können, wurde in La Paz ein Internat gegründet. In Argentinien wurden deutsche Ordensfrauen angeworben, die die Leitung übernahmen. Darüber hinaus kam es 1923 zu Schulgründungen in Oruro und Cochabamba; Santa Cruz folgte 1936. Nach dem Krieg, im Jahr 1955, nahm die Deutsche Schule in Sucre ihren Lehrbetrieb auf. All diese Schulen folgten dem Konzept der Begegnungsschule mit Spanisch und Deutsch als Unterrichtssprachen und führten bis zum bolivianischen Schulabschluss *bachillerato.* Der gemeinsame Unterricht ab dem Kindergarten war die Grundlage für enge Freundschaften zwischen deutschen und bolivianischen Kindern, die auch im Erwachsenenalter weiter gepflegt wurden. Auf diesen Freundschaften basieren nicht zuletzt die zum Teil engen Beziehungen von Mitgliedern der deutschen Kolonie zu wirtschaftlich und politisch einflussreichen Kreisen des Landes.

200 Zur Geschichte der Deutschen Schule in La Paz siehe auch Wolff/Fröschle, Die Deutschen in Bolivien, S. 157; Deutsche Kulturgemeinschaft, 100 (hundert!) Jahre CCA, ein kurzer Rückblick, kein Nachruf/Centro Cultural Alemán, 100 (cien!) años CCA. Una breve retrospectiva, no una necrología!, 23. 6. 2014, http://www.cca-bolivia.com/wp-content/uploads/2014/06/Festschrift-23.06.14.pdf [7. 2. 2018]; Deutsche Botschaft (Ed.), Aporte Alemán en la historia de la ciudad de La Paz, 2014, PA AA.

201 Ebenda.

Die enge Verflechtung der Deutschen mit der bolivianischen Gesellschaft drückte sich auch darin aus, dass der *Chaco*-Krieg (1932–1936) für die Schüler der Deutschen Schule kein fernes Ereignis blieb. Bolivianische Schüler wurden zum Kriegsdienst eingezogen. Zunächst betraf dies die Schüler aus den Abschlussklassen, im letzten Kriegsjahr, 1935, dann auch jüngere Schüler. Ein ehemaliger Schüler erinnert sich, wie plötzlich Soldaten die Schule umstellten und 16- bis 18-jährige Schüler zum Wehrdienst mitnahmen. Ähnlich erging es Schülern anderer Privatschulen. „Sie bildeten einen Teil eines Sonderkommandos von 800 Soldaten, die nach wenigen Wochen an die Front geschickt wurden. Es waren Schüler der vierten und fünften Sekundaria-Klassen, die bis dahin nur Spielen und Lernen gekannt hatten und sich von dem Moment an dem Hunger, dem Durst und dem Tod gegenübersahen [...]. Das andere Gesicht des Krieges erlebten die Schüler, die zu Hause geblieben waren. In den täglichen Deutschstunden übersetzte Herr Fischer mit seinen Schülern die Nachrichten, die von der Front eintrafen. [...]. Viele halfen dabei, Verwundete vom Bahnhof abzuholen, die sich ein einem bedauernswerten Zustand befanden.“[202]

Der Nationalsozialismus hatte schon in den frühen 1930er-Jahren zahlreiche Anhänger unter den „Altdeutschen“. Von zur Mühlen zufolge ließ sich die „Mehrheit der Reichs- und Volksdeutschen [...] aufgrund ihrer deutschnationalen Prägung leicht von der NS-Propaganda einfangen und gleichschalten“.[203] Bereits 1932 entstand die Initiative zur Gründung des NSDAP-Landesverbandes, maßgeblich gefördert wurde sie seitens der Deutschen Gesandtschaft. Gesandter Maximilian König (1932–1936) und sein Nachfolger Ernst Wendler (4. 11. 1937–1942) waren dabei Schlüsselpersonen. König ernannte das Parteimitglied Achim von Kries, Major der bolivianischen Armee, zum Landesvertrauensmann. Allerdings gab es, wie Lorini anhand von Archivquellen nachweisen konnte, anfangs Differenzen zwischen der

202 Aus: Deutsche Schule La Paz Bolivien 1923–1998, S. 27.
203 Von zur Mühlen, Fluchtziel Lateinamerika, S. 214.

Der 1. Mai in der Deutschen Schule in La Paz
*Foto Zippel, aus: Fritz Kübler 1936, Anhang*

Gesandtschaft und einigen Mitgliedern der deutschen Kolonie hinsichtlich einer öffentlichen Parteigründung. Als König die Gefahr der Spaltung innerhalb der deutschen Gemeinschaft sah, mahnte er zur Zurückhaltung.[204] Nachdem jedoch Hitler zum Reichskanzler gewählt worden war, stand der offiziellen Gründung der NSDAP-Auslandspartei nichts mehr im Wege. Auch wenn die tatsächliche Zahl der Mitglieder der Auslandsorganisation der NSDAP nicht sehr groß war – in La Paz seien es 170, in Cochabamba 120 Mitglieder gewesen[205] –, so waren sie aufgrund ihrer Beziehungen zu bolivianischen Militär- und

204 Siehe Lorini, Nazis en Bolivia, S. 56 ff.
205 Siehe Rundschau vom Illimani, Nr. 69, 1940.

NSDAP von La Paz
*Fritz Kübler 1936, Anhang*

Wirtschaftskreisen doch einflussreich.[206] Stolz vermeldete Dr. Fritz Kübler, Leiter der Deutschen Schule in La Paz und fanatischer Nazi, dass es 1935 schon zahlreiche NSDAP-Gruppen im Land gebe. Rasch gründeten sich zudem Ortsgruppen und „Stützpunkte", „Zellen" und „Blocks" in den Städten La Paz, Oruro, Cochabamba, Santa Cruz, Potosí und Sorata. Und offenbar erfolgreich wurden auch Volksdeutsche und Bolivianer von den Nazi-Propagandisten angesprochen. So schreibt Kübler: „Fast alle [NS-Organisationen] haben ein eigenes Heim, in dem sich die Parteigenossen, bei vielen Anlässen aber auch alle Volksdeutschen und auch Freunde aus der bolivianischen Bevölkerung, zusammenfinden im Geiste des Führers."[207]

206 Siehe von zur Mühlen, Fluchtziel Lateinamerika, S. 214.
207 Kübler, Deutsche in Bolivien, S. 17.

Wie aus den Gesandtschaftsberichten hervorgeht, die Lorini auswertete, pflegten Teile der deutschen Kolonie sowie die Deutsche Gesandtschaft, namentlich die Gesandten König und Wendler, gute Kontakte zu rechtsradikalen bolivianischen Kreisen, die in Hitler-Deutschland ein Vorbild sahen.[208] Da nationalsozialistisches und faschistisches Ideengut in bolivianischen Parteien[209] und insbesondere unter bolivianischen Militärs[210] und einflussreichen Intellektuellen[211] verbreitet war, stießen die Aktivitäten der Gesandtschaft in maßgeblichen Kreisen der bolivianischen Gesellschaft durchaus auf Wohlwollen. Die Regierungen der sozialistischen Militärs Toro (1935–1937) und Busch (1937–1939) waren stark beeinflusst von der Ideologe des autoritären Nationalismus und unterhielten enge Beziehungen zum Dritten Reich.[212] Diese Verbindungen gerieten im Zusammenhang mit dem sogenannten Nazi-Putsch[213] in die Öffentlichkeit. Von zur Mühlen fasst diese Affäre wie folgt zusammen: „In einem vom amerikanischen Geheimdienst abgefangenen und der Regierung in La Paz weitergeleiteten Brief hatte der bolivianischen Militärattaché in Berlin, Major Elías Belmonte Pabón, Absichten und Möglichkeiten eines Putsches in Bolivien zur Einsetzung eines faschistischen, den Achsenmächten

208 Siehe auch von zur Mühlen, Fluchtziel Lateinamerika, S. 214.

209 Zu dem ideologischen Feld in den bolivianischen Parteien und in der Gesellschaft, in denen nationalsozialistische und faschistische Strömungen starken Einfluss hatten, siehe de Mesa/Gisbert/Mesa Gisbert, Historia de Bolivia, S. 449.

210 Siehe Herbert S. Klein, A Concise History of Bolivia, Cambridge 2011, S. 188.

211 Laut Klein, A Concise History of Bolivia, S. 188, wurde die Zeitung *La Calle* „the organ of German fascist propaganda and took a virulent antisemitic position". Sie wurde von der Gruppe um den Schriftsteller Arturo Céspedes und den nationalistischen Ideologen und Mitbegründer des MNR, Carlos Montenegro, geleitet.

212 Lorini, Nazis en Bolivia, S. 34 f.

213 Lorini, Nazis en Bolivia, S. 100–129, enthält eine detaillierte Darstellung der Affäre anhand von Dokumenten.

nahestehenden Regimes erörtert. Präsident Peñaranda rief den Belagerungszustand aus, ließ zahlreiche Bolivianer und Deutsche verhaften und erklärte Wendler zur persona non grata, worauf die Reichsregierung im Gegenzug den bolivianischen Geschäftsträger in Berlin des Landes verwies."[214]

Die Regierung ließ die Konten deutscher, japanischer und italienischer Staatsbürger sperren. Wendler, Belmonte und das Auswärtige Amt dementierten das Vorhaben. Wendler verließ im Juli 1941 Bolivien – die diplomatischen Beziehungen endeten im Januar 1942. Erst später stellte sich heraus, dass der Brief eine Fälschung des britischen Geheimdiensts war, die Planung eines „Nazi-Putsches" eine reine Erfindung. Nichtsdestotrotz erfüllte dieser Geheimdienstcoup seinen Zweck. Die engen politischen Beziehungen zwischen einflussreichen rechten bolivianischen Kreisen und dem Dritten Reich standen nun im politischen Rampenlicht, und die USA sahen sich veranlasst, ihre Aufmerksamkeit verstärkt auf dieses Problem zu richten.

Schon seit geraumer Zeit beobachteten die USA die nazistischen Tendenzen in Südamerika, namentlich auch die deutschen Kolonien. Als Folge der „Nazi-Putsch"-Affäre übte die US-Botschaft – angeblich auf Anweisung von Präsident Roosevelt – nun Druck auf die bolivianische Regierung aus. Bestimmte deutsche Firmen und Personen, denen Kollaboration mit dem Deutschen Reich vorgeworfen wurde, sollten von Handelsbeziehungen ausgeschlossen und mit weiteren Sanktionen belegt werden. Die *Rundschau vom Illimani* veröffentlichte am 28. Juli 1941 die sogenannte Schwarze Liste, die am Tag zuvor in der Zeitung *La Razón*[215] erschienen war. Aufgeführt waren so wichtige deutsche Firmen wie die Casa Bernardo (Bernardo Elsner y Cia. in La Paz); Elsner y Cia., die Brauerei *Cervecería Boliviana Nacional*, die sich in deutschem Eigentum befand; die Deutsche Lufthansa mit all

214 Von zur Mühlen, Fluchtziel Lateinamerika, S. 214; siehe auch Lorini, Nazis en Bolivia, S. 80.

215 La Lista Negra en Bolivia, in: La Razón, 25. 7. und 26. 7. 1941, S. 4.

ihren Niederlassungen, Nielsen Reyes y Cia.; Kyllmann, Bauer y Cia; das Pharmazie-Unternehmen *Droguería Hamburgo/INTI* von Ernst Schilling sowie zahlreiche weitere wichtige Personen der deutschen Kolonie.

Auf Druck der USA brach Bolivien zudem am 28. Januar 1942 die Beziehungen zum Deutschen Reich ab; am 7. April 1943 erfolgte die Kriegserklärung an das Deutsche Reich. Als Kriegsmaßnahmen verfügte die bolivianische Regierung die Enteignung aller Firmen, deren Inhaber Angehörige der Achsenmächte waren, da diese nun als feindliche Staaten galten. Die Bankkonten der betroffenen Firmen wurden eingezogen. Die deutsche Kolonie war von diesem politischen Umschwung besonders betroffen – wenn auch nicht in der Schärfe, wie in anderen Ländern Südamerikas. Etwa 55 Deutsche wurden als Gefangene in Internierungslager in die USA gebracht, andere nach Deutschland ausgewiesen,[216] wieder andere begaben sich freiwillig ins Deutsche Reich. Etwa 800 Personen aber blieben im Land[217] und versuchten sich durchzuschlagen. Einige Geschäftsleute versuchten, ihr Eigentum zumindest teilweise zu sichern, indem sie ihre Firma einem bolivianischen Geschäftspartner überschrieben.[218]

Andere versteckten sich in entlegenen Regionen des Landes, so der Vater von Bernd Abendroth, Gründer der Firma Abendroth, die Medizin-Produkte importierte. Bernd Abendroth erzählte, wie sich sein Vater, als er hörte, dass Deutsche interniert werden sollten, in den subtropischen *Yungas* des Departements La Paz versteckte. Dort fand er einen Job als Lastwagenfahrer.[219] Wieder andere flüchteten nach Argentinien, wie beispielsweise der Vater von Ernst und Dieter Schilling, Gründer des Pharmazieunternehmens *Droguería Hamburgo,*

216 Lorini, Nazis en Bolivia, S. 134 f.

217 Ebenda, S. 140 f.

218 Ebenda, S. 21. So wurde z. B. die Firma „Kyllmann, Bauer & Co." zu „Gumucio y Cia. Ltda.". Siehe Maennling, „Auf nach Amerika!"; Interview mit Wolfgang Kyllmann, La Paz, 2. 11. 2006, S. 43 f.

219 Interview mit Bernd Abendroth, La Paz, 30. 10. 2006.

später INTI. „Mein Vater, der sollte zum 25. April 1942 abgeholt werden, um in die Gefängnisse, das heißt, um in die Konzentrationslager in Texas zu kommen. Ja, und da sind wir schnellstens nach Argentinien gefahren. Perón hatte ja erlaubt, dass die Deutschen da bleiben, die Deutschen durften dort sein, aber nicht arbeiten.[220] Das war die Bedingung. Aber natürlich, alle Deutschen haben gearbeitet. Auch mein Vater."[221]

Trotz des Abbruchs der offiziellen Beziehungen zwischen Bolivien und dem Deutschen Reich wurden die engen ideologischen Beziehungen zwischen verbliebenen nationalsozialistisch gesinnten Deutschen und ebensolchen bolivianischen Kreisen weiter gepflegt, wenngleich weniger offen.

Die deutschen Schulen waren ab 1933 Zentren der ideologischen Indoktrination, auch wenn die Lehrpläne an bolivianische Vorgaben gebunden waren. Nicht nur, dass in den deutschen Schulen seit 1933 „Führers Geburtstag" gefeiert wurde. Darüber hinaus war es üblich, größere öffentliche Veranstaltungen der NSDAP in Bolivien, auch wenn diese nicht von den Schulen selbst ausgingen, dort durchzuführen. Stolz hob der Direktor der Deutschen Schule in La Paz Dr. Kübler hervor, dass seine Schule diese Veranstaltungen „großteils durch deren umfangreiches Mitwirken" ausgestaltete.[222] Solche Aktivitäten gehörten zum Erziehungsverständnis des Schulleiters, demzufolge die „Erziehung der Deutschen und die Gesinnungsbildung der Nichtdeutschen

220 Diese Erlaubnis kann erst von Ende 1943 stammen. Der spätere Präsident Argentiniens, Juan Domingo Perón, bekleidete 1942 noch kein Regierungsamt, sondern war Oberst des Heeres. Peróns politische Karriere begann 1943 mit seiner Beteiligung am Putsch der nationalistischen antikommunistischen Militärloge GOU (*Grupo de Oficiales Unidos*) gegen den amtierenden zivilen Präsidenten Castillo. Im November 1943 wird Perón in der neuen Militärregierung Arbeitsminister und damit auch zuständig für die Arbeitserlaubnis von Migranten; etwas später kommen die Ämter Kriegsminister und Vizepräsident hinzu. 1946 wird er zum Präsidenten gewählt.

221 Interview mit Dieter Schilling, La Paz, 22. 10. 2007.

222 Kübler, Deutsche in Bolivien, S. 53.

zur erlebnisstarken Aufnahme bzw. zum Verständnis und zur Achtung der nationalsozialistischen Weltanschauung heute das Hauptziel der Erziehungsarbeit unserer Schulen ist".[223] Die reichsdeutsche Lehrerschaft war im NSLB – dem Nationalsozialistischen Lehrerbund – organisiert, und nicht wenige waren überzeugte Nationalsozialisten, darunter zahlreiche Lehrkräfte, die noch in den 1950er-Jahren unterrichteten, wie die Direktoren Jacob (1950–1954) und Golde (1954–1955). An Direktor Golde erinnere ich mich intensiv, weil er mir wegen seines autoritären Auftretens Angst einflößte. Oftmals stand er vor dem Schultor, in der Hand seine Taschenuhr. Wer auch nur ein wenig zu spät kam, musste eine Zeit lang draußen warten und erhielt dann einen Eintrag ins Klassenbuch.

Jacob und Golde waren nicht nur in der Deutschen Schule in La Paz tätig, sondern ebenfalls maßgeblich in der Deutschen Schule in Oruro, wo sie – nach Darstellung von Hans Jacob[224] – zudem äußerst aktiv in der deutschen Kolonie und in der örtlichen NSDAP waren. Golde verfasste 1938 in einer Festschrift für die Deutsche Schule in Oruro[225] einen linientreuen Propaganda-Aufsatz über den Erziehungsauftrag im „Volkstumsgedanken". Die Festschrift ziert ein Hitler-Porträt. Beide, Jacob und Golde, waren Vorstandsmitglieder des Deutschen Vereins zu Oruro und tonangebend in der außerschulischen Propaganda- und Kulturarbeit. Jacob war zudem Landesverwalter des NSLB für Bolivien, Golde Propaganda- und Presseleiter der NS-Ortsgruppe

223 Ebenda, S. 54.

224 Hans Jacob, Die Geschichte der Deutschen Schule zu Oruro, Bolivien (Von der Gründung bis zum Jahre 1934), in: Deutsche Schule zu Oruro, Festschrift zur Einweihung des Neubaus der Deutschen Schule zu Oruro – Bolivien, Oruro 1938, S. 4–11.

225 Die 1936 eingeweihte Schule in Oruro erhielt den Namen „Adolf-Hitler-Schule", der Grundsteinlegungsurkunde wurde Hitlers „Mein Kampf" beigelegt, siehe Werner Golde, Der Volkstumsgedanke und die deutsche Auslandsschule, in: Deutsche Schule zu Oruro, Festschrift zur Einweihung des Neubaus der Deutschen Schule zu Oruro – Bolivien, Oruro 1938, S. 134.

und HJ-Führer.[226] Jacob, der als Nachfolger von Schulleiter Dr. Kübler die Schule in La Paz von 1939 bis 1942 leitete, stand für die personelle Kontinuität nazistischer Haltungen in der deutschen Kolonie bis in die 1950er-Jahre: 1950 bis 1954 übernahm er abermals auf Einladung des Deutschen Schulvereins die Leitung des *Colegio Alemán „Mariscal Braun"*.

Diese offensichtliche Kontinuität nazistischer Einstellungen in der deutschen Kolonie beunruhigte anscheinend das Auswärtige Amt, als 1952 die Aufnahme offizieller Beziehungen zu Bolivien vorbereitet wurde. Im Entwurf der Instruktionen für den Gesandten Dr. Gregor am 16. Oktober 1952 hieß es: „Ein großer Teil der deutschen Kolonie ist noch stark nazistischen und antisemitischen Gedanken verhaftet. Einen starken Auftrieb erhielt diese Strömung durch den Schulleiter, Studienrat Hans Jacob, der im Jahr 1950 dem Ruf gerade dieser Kreise nach La Paz folgte. [...] Jacob war bereits vor dem Krieg Schulleiter in La Paz, wurde während des Krieges nach Deutschland zurückgeführt und übernahm die Leitung der deutschen Schule in Antwerpen. Als NSLB Obmann in Belgien vertrat er bewußt nazistische Gedankengänge."[227]

Augenscheinlich herrschte also auch Anfang der 1950er in der Schule eine Atmosphäre, in der nationalsozialistisches Gedankengut und entsprechende Haltungen an der Tagesordnung waren. Schließlich waren außer Schulleiter Jacob noch weitere Lehrkräfte dem Dritten Reich sehr verbunden gewesen. Fest steht, dass es zu Spannungen und Klagen über den Schulleiter sowohl seitens des deutschen evangelischen Pastors wie auch der katholischen Nonnen, die Religionsunterricht erteilten, sowie der neu entsandten deutschen Lehrkräfte kam und das Auswärtige Amt sich beunruhigt zeigte.[228] „Zwar stellte sich

226 Siehe Jacob, Die Geschichte der Deutschen Schule zu Oruro, S. 11.

227 Auswärtiges Amt an Gesandten Dr. Gregor (im Haus) (Instruktionen, Entwurf), 16. 10. 1952, 210-02/8 III–14866/52, PA AA, B 11, Bd. 324, S. 82 f.

228 Siehe ebenda.

der Vorsitzende des Schulvereins, Herr Kyllmann, schützend vor Jacob, doch berichten die in den beiden letzten Jahren vom Auswärtigen Amt entsandten vier Lehrkräfte übereinstimmend, dass es für sie schwierig sei, im Sinne der Kulturpolitik der Bundesrepublik an dieser Schule zu wirken."[229]

Da der Fall Jacob, auch wegen mehrerer privatrechtlicher Klagen, bereits Gegenstand der Kultusministerkonferenz gewesen war, erwartet das Auswärtige Amt vom Gesandten Dr. Gregor Informationen über den Fortgang. 1953 wird Jacob abberufen und durch Golde ersetzt – ein nicht weniger überzeugter Nazi, wie aus der genannten Festschrift und seinen NSDAP-Ämtern hervorgeht. Unter diesen Bedingungen erstaunt es nicht, dass es bis in die 1950er-Jahre so gut wie keine Beziehungen zwischen den vor den Nazis Geflüchteten und der deutschen Kolonie gab.

## Erinnerungssplitter III Abgegrenzte Welten

*In der Weihnachtszeit 1952 wurden meine Eltern zu Feierlichkeiten in diversen deutschsprachigen Clubs eingeladen. Zu einigen Feiern nahmen sie mich mit. Da waren die Weihnachtsfeier in der Deutschen Schule und der „Weihnachtsempfang" im Deutschen Klub. Und auch in einigen jüdischen Vereinen fanden Feiern statt, die ich als Weihnachtsfeiern erlebte.*

*Als ich vor einigen Jahren begann, mich kritisch mit meinen Erinnerungen zu befassen, fragte ich mich, wieso ich mich an „Weihnachtsfeiern" in jüdischen Klubs erinnerte, wo doch für gläubige Juden Weihnachten kein Fest ist. Herr Wiener*[230] *gab mir die Erklärung: Was ich als Weihnachtsfeier erinnerte, war das jüdische Chanukka-Fest.*

229 Ebenda.

230 Interview mit Guillermo Wiener, La Paz, 8. 11. 2006.

*Anlässlich der vielen Einladungen um die Weihnachtszeit 1952 wurde zu Hause von der Vielzahl unterschiedlicher Vereine jüdischer Geflüchteter sowie von Deutschen und Österreichern, die offensichtlich nicht zur deutschen Kolonie gehörten, gesprochen. Es hieß, jede Einwanderergruppe habe ihren eigenen Verein, und die Beziehungen zwischen ihnen seien nicht gut. Es hieß auch, dass diese Einwanderer Kontakte mit den „Altdeutschen" strikt ablehnten. In der Folgezeit sollte ich das selbst erfahren. Nicht nur, dass mir weder in der Deutschen Schule noch im Deutschen Klub Juden begegneten. Vor allem aber wurde in den Erzählungen der jüdischen Freunde meiner Eltern, denen ich mit gespitzten Ohren zuhörte, über die Gründe diese Abgrenzung gesprochen.*
*Bleibt anzumerken, dass bei uns zu Hause bei verschiedenen Anlässen über „die Nazizeit" und „Adolf" gesprochen wurde. Durchaus kritisch. Gerade auch, wenn es um die deutsche Kolonie ging.*

„Altdeutsche" standen den Geflüchteten auch jetzt ablehnend gegenüber, sahen in ihnen Feinde des Reiches. Umgekehrt betrachteten diese die eingesessenen Deutschstämmigen als Nazis. So existierten in den Städten die klar voneinander getrennten Räume fort. Wie aus zahlreichen Berichten der Gesandtschaft/Botschaft hervorgeht, manifestierten sich diese Abgrenzungen im sozialen Leben in La Paz bis in die 1960er-Jahre. Das Panorama der Vereine und Organisationen der Exilierten hatte sich nach dem Krieg allerdings etwas verändert. Im kulturellen Leben spielte der *Círculo Alemán* eine wichtige Rolle. Ihm gehörten neben deutschen Emigranten auch Österreicher und deutschsprachige Schweizer an. Obwohl der Verein damals nur noch rund 50 Mitglieder hatte, war er doch sehr aktiv. Neben „gesellschaftlichen Veranstaltungen hatte er sich vor allem die Pflege deutschen Kulturgutes zur Aufgabe gestellt". 1. Vorsitzender war unser Hausarzt, Prof. Dr. Lublin. Eher politisch ausgerichtet und sich scharf gegen die altdeutsche Kolonie abgrenzend war der *Deutsch-Republikanische Verein*. Der Deutschen Botschaft zufolge handelte es sich bei den ca.

150 Mitgliedern um ein Sammelbecken „republikanischer Deutscher“ mit „linksdemokratischen Tendenzen“.[231]

Die sozialen Räume von alteingesessenen Deutschen und Emigranten waren derart strikt getrennt und ideologisch ummauert, dass die kulturellen Aktivitäten jüdischer und weiterer deutschsprachiger Emigrantenvereine vonseiten der „Altdeutschen“ nicht nur auf Ablehnung stießen, sondern auch noch in den 1950er-Jahren kaum oder gar nicht wahrgenommen wurden. Es war eine Welt, so Klaus Bauer,[232] von der er als Jugendlicher, aus einer alteingesessenen deutschen Familie stammend, keine Ahnung hatte.

Die Argumente, mit denen sich nun die „Altdeutschen“ sozial von den „neuen Emigranten“ absetzten und ihren sozialen Raum ideologisch „verteidigten“, verdeutlicht das Schreiben des Patriarchen der deutschen Kolonie, Wilhelm Kyllmann, vom 25. Juli 1951 an den Ibero-Amerikanischen Verein Hamburg-Bremen e. V. Darin hieß es:

231 Anlass des Botschaftsberichts zum Thema „Vereine, die sich mit Deutschland befassen“ ist eine entsprechende Nachfrage des AA. Der Bericht führt neben den oben genannten Vereinigungen den Dachverband der Einrichtungen der altdeutschen Kolonie *Centro Cultural Alemán*, den Altschülerverband *Centro de Ex-Alumnos del Colegio Alemán* und die Handelskammer an. Bemerkenswert ist, dass die Darstellung des *Centro Cultural Alemán* weder Angaben über die politische Ausrichtung der Mitglieder noch über ihre ökonomische Situation enthält, dies jedoch beim *Deutsch-Republikanischen Verein* betont wird. So heißt es zur politischen Ausrichtung: „Linksdemokratische Tendenzen sind in dem Klub zu beobachten.“ Und zur sozioökonomischen Lage wird erklärt, dass sich die Mitgliedschaft im „wesentlichen aus finanziell schwächeren Leuten, wie Handwerkern und kleinen Leuten“, zusammensetze. (Bericht Botschafter Gregor-Archiv Auswärtiges Amt. Bezug: Erlass 461-04 III 9116/ 53 v. 1. Juni 1953 ). Sollten diese expliziten Hinweise auf die soziale Klasse und die politische Haltung jener Emigranten eine gewisse Rechtfertigung der sozialen Abgrenzung seitens der Altdeutschen sein?

232 Interview mit Klaus Bauer, La Paz, 20.–21. 10. 2006.

> „Ihre gefällige Anfrage [...] über den Deutschen Demokratischen Club in La Paz ist für uns sehr schwer zu beantworten, da die Elemente desselben uns direkt feindlich gegenüber stehen u. sich während des Krieges durch Denunziationen und andere Machenschaften hervorgetan haben. Trotzdem haben sie versucht, an uns heranzukommen, aber wir können sie in unsere Kreise nicht aufnehmen. Sie mögen dabei bedenken, dass unsere alteingesessene Kolonie aus etwa 1000 Köpfen besteht, während die sogen. Emigranten wohl zu 10 000 zählen und eine eigene jüdische Zeitung herausgeben, worin wir dauernd angegriffen werden. Bei der bolivianischen Bevölkerung sind sie ebenfalls wenig beliebt, weil sie zu viel wühlen und zu häufig krumme Wege bei ihren Geschäften einschlagen. Der Club nennt sich D.A.D., das heißt ‚Das Andere Deutschland' womit sie auch zu Genüge angeben, dass sie mit uns nichts zu tun haben wollen."[233]

Gleichwohl boten die Neuordnung Deutschlands nach dem Krieg und damit einhergehend die Aktivitäten der Gesandtschaft/Botschaft einen Rahmen für Annäherungen zwischen jüdischen Emigranten und der deutschen Kolonie. Die „alteingesessene deutsche Kolonie" reagierte in den ersten Jahren auf diese Bemühungen allerdings ganz überwiegend negativ. Der bereits erwähnte Bericht von Botschafter Dr. Gregor vom 6. Dezember 1954 über seinen Geburtstagsempfang umschrieb das Problem auf diplomatische Weise. Im Klartext ging es darum, dass in der deutschen Kolonie Gregors Bemühungen, zu den jüdischen Emigranteninnen und Emigranten ebenso ein Vertrauensverhältnis herzustellen wie zu den alteingesessenen Kreisen und darüber hinaus persönlich Freundschaften mit Juden zu pflegen, als unangebracht empfunden wurden. Dennoch ließ sich mein Vater offenbar nicht von seiner Haltung abbringen.

233 Wilhelm Kyllmann an den Ibero-Amerikanischen Verein Hamburg-Bremen e. V., 25. 7. 1951.

Aufseiten der jüdischen Emigranten bestanden gleichfalls weiter starke Vorbehalte gegenüber der deutschen Kolonie, die durch die Bemühungen der Gesandtschaft/Botschaft um Annäherung nicht so rasch überwunden werden konnten. Manche offiziellen Aktivitäten von Dr. Gregor stießen auf direkte Ablehnung. So sah sich der Botschafter heftigem Protest von Emigranten ausgesetzt, als er Erwin Gasser zum Honorarkonsul in Santa Cruz bestellte. Dr. Gregor berichtet an das Auswärtige Amt:

> „Wie schon in meinem Reisebericht von 23. Februar 1954 ausgeführt, hatte der Besuch von Santa Cruz das erfreuliche Ergebnis, daß wir in der Person von Herrn Erwin Gasser einen geeigneten Kandidaten für den dortigen Konsulsposten glauben gefunden zu haben. Die bolivianische Regierung ist mit seiner Nominierung einverstanden. [...] Innerhalb der deutschen Kolonie genießt er besonders das Vertrauen der alteingesessenen Kreise, denen er zugehörig ist, während die Einstellung zu ihm seitens der Emigranten geteilt ist.
> Der extreme Flügel der Emigranten macht ihm zum Vorwurf, daß seine Familie trotz ihres jüdischen Blutseinschlages während des Krieges zu Deutschland gehalten und nicht deutlich vom Nazismus abgerückt sei. Wegen ihrer politischen Haltung wurden die geschäftlichen Unternehmungen der Familie Gasser auf die schwarze Liste gesetzt und allen möglichen Verfolgungen und Schädigungen unterworfen."[234]

Die Verflochtenheit der deutschen Kolonie in Santa Cruz mit den Nazis, namentlich den Mitgliedern der dortigen NSDAP und des Vorstandes der 1935 gegründeten Deutschen Schule, sowie die rüde Ablehnung der Deutschen Kolonie gegenüber den Geflüchteten waren fortwährend

234 Deutsche Botschaft La Paz (Gregor) an AA, 5.4.1954, Bericht 164/54. 110-00, PA AA, B 11, Bd. 324.

überaus gegenwärtig im Bewusstsein der Emigranten. Erwin Gasser war zwar kein Mitglied der NSDAP gewesen, wurde aber von vielen Emigranten als Mitglied einer der einflussreichsten deutschen Familien mit der Geschichte der Nazi-Deutschen in Santa Cruz identifiziert. Daraus resultierte offenbar ihre Ablehnung. Dass Botschafter Gregor jene Personen, denen die Nazi-Vergangenheit der Deutschen in Santa Cruz noch sehr präsent war und die deshalb einen Honorarkonsul Gasser ablehnten, als „extremen Flügel der Emigranten" bezeichnete, erweckt den Eindruck, dass er in diesem Fall den schmerzhaften Erfahrungen der Emigranten mit der deutschen Kolonie offenbar doch zu geringe Beachtung schenkte. Der Vorfall macht deutlich, dass die Vorbehalte und Abgrenzungen auf beiden Seiten nur sehr langsam abnahmen. Jedoch trugen im Laufe der Zeit die zahlreichen Einladungen zu vielfältigen gesellschaftlichen Anlässen und Festen in der Botschaftsresidenz schließlich zu einer vorsichtigen und langsamen Annäherung zumindest zwischen einigen Angehörigen der jeweiligen Gruppe bei.

Innerhalb der deutschen Kolonie wurden am ehesten deutschstämmige liberale sowie säkulare jüdische Akademiker oder erfolgreiche „seriöse" Geschäftsleute und deren Familien wie etwa die Familie Rector oder Prof. Dr. Lublin als Gäste akzeptiert. Die Trennlinie verlief klar entlang der Zuordnung nach sozialer Klasse und Herkunftsland. Kontakte zu Emigranten aus Österreich oder der Tschechoslowakei beispielsweise blieben lange Zeit auf die Geschäftsebene beschränkt. Die Beziehungen zwischen osteuropäischen oder religiösen Juden des *Círculo Israelita* und deutscher Kolonie sind bis in die heutigen Tage äußerst distanziert. Roberto Udler, ein sehr aktives Mitglied des *Círculo Israelita,* von dessen Fluchtgeschichte bereits die Rede war, schildert die Situation, wie sie noch in der Gegenwart ist: „Einmal im Jahr kommen Deutsche auf den jüdischen Friedhof und nehmen an dem Gedenken zur ‚Kristallnacht' teil. Sie werden von uns empfangen und legen ein Blumengebinde dort am Friedhof am Denkmal für die sechs Millionen Juden nieder." Darüber hinaus, so Udler, seien die Beziehungen zwischen der deutschen und der jüdischen Gemeinschaft als kalt zu bezeichnen und beschränkten sich auf die Verbindungen zwischen Unternehmern und Geschäftsleuten. „Aber es existiert keine tiefergehende Beziehung."[235]

Gleichermaßen lebten auch die Kinder und Jugendlichen in den 1950er-Jahren in unterschiedlichen Welten. Die Distanz zwischen ihnen basierte weniger auf ideologischen Vorbehalten, sondern war beeinflusst durch die Haltung der Eltern und das Umfeld der Familie. Zudem waren sie in je eigene Freundeskreise eingebunden. Noch in den 1960er-Jahren waren jüdische Kinder in der Deutschen Schule eine große Ausnahme. Und ihre Freizeit spielte sich nicht im Deutschen Klub ab, sondern in den eigenen Vereinen oder vermehrt in einem der zahlreichen anderen Sportklubs.

Meine Freundin Kitty erinnert sich, wie sie durch mich, u. a. bei „Festivitäten", „erst in den Kreis der Deutschen gekommen [sei]. [...] Da hab' ich mich – nicht mit Vorbehalt, denn ich hatte keinen Grund, Vorbehalt zu haben, aber ich hatte auch Angst, abgewiesen zu werden – sehr langsam herangetastet. [...] und ich bin eigentlich nie schlecht aufgenommen worden."[236] Diese Schilderung veranschaulicht die gespannte Atmosphäre jener Zeit, die selbst Kinder gespürt haben.

Wie sich in den folgenden Jahren die gesellschaftlichen Räume vorsichtig weiter öffneten, berichtet Kitty weiter: Ihre Mutter wurde häufig von Damen der deutschen Kolonie zum Tee eingeladen, und daraus ergab sich auch ein Zugang zur Deutschen Schule: „Immer wieder kam es vor, dass bei politischen Unruhen die Schulen geschlossen wurden. [...] Dann haben die deutschen Lehrer Unterricht für die Jugendlichen der Deutschen Schule gegeben, und durch meine Mutter, die das in die Wege geleitet hat, konnte ich dann auch an solchen Unterrichtsstunden teilnehmen, und da wurde ich immer sehr gut aufgenommen. Da habe ich nie Probleme gehabt. Und es ist heute so, dass ich eigentlich als *ex-alumna del Colegio Alemán* [ehemalige Schülerin der Deutschen

235 Interview mit Roberto C. Udler, La Paz, 19. 10. 2006.

236 Interview mit Kitty Mocikat, geb. Rector, Landshut, 6. 9. 2013.

Schule] akzeptiert werde, obwohl ich ja nie dort war."[237] Gleichwohl verbrachte sie ihre Freizeit mit den bolivianischen Freundinnen und Freunden. Eine engere Verbindung zu Deutschen entstand erst, so erzählt sie, Ende der 1960er-Jahre im Kontext ihrer Anstellung 1968 in der Verwaltung des von Bernhard Elsner und Joachim Bauer gegründeten Handelshauses *Casa Bernardo.*[238]

237 Ebenda.

238 Die Familien Elsner und Bauer – verwandtschaftlich verbunden auch noch mit der Familie Kyllmann – gehörten zu den einflussreichsten Deutschen in Bolivien.

# Teil II

# Neue Heimat für alte Nazis: Klaus Barbie und seine Kameraden

Die soziale und politische Konstellation innerhalb der deutschen Kolonie bot Nazis, die nach Kriegsende eine neue Identität annehmen und untertauchen wollten oder zumindest einen Ort suchten, in dem sie sicher und willkommen waren, hervorragende Voraussetzungen. Darüber, wie viele es waren, liegen keine Zahlen vor. Manche ließen sich zunächst in abgelegenen Landesteilen nieder und traten erst in späteren Jahren in den deutschen Kreisen der Städte in Erscheinung; andere fanden schnell Unterschlupf in einer der deutschen Firmen. Die postrevolutionäre MNR-Regierung wiederum schätzte die besonderen Kompetenzen deutscher Nazis, insbesondere bei der Bekämpfung des Kommunismus Verdächtiger. Ein Bericht der Deutschen Botschaft von 1954[1] hält fest, „dass der bolivianische Staatspräsident ein besonderes Büro unterhält, das als antikommunistisches Informationsbüro dient und unter Leitung eines früheren SS-Führers, Dr. Wolf,[2] steht. [...] Herr Wolf ist Mitglied des deutschen Klubs." Zu Dr. Wolf wird angemerkt: „Die Gesandtschaft hat aber bisher jede Verbindung zu ihm vermieden, zumal seine Persönlichkeit etwas undurchsichtig ist."

1 Deutsche Gesandtschaft La Paz (Gregor), 26. 6. 1954, Ber. Nr. 734/54 – 212-00, PA AA, B 11, Bd. 1293. Es handelt sich um einen ausführlichen Bericht über antikommunistische Strömungen in Bolivien.

2 In anderen Dokumenten schreibt sich der Name Dr. Wolff. Es handelt sich aber um die gleiche Person.

Der prominenteste Nazi in Bolivien war zweifellos Klaus Barbie. 1951 war er samt Familie mithilfe der CIA nach Bolivien gekommen, wo er fortan als Klaus Altmann lebte. Schnell gelang es ihm, gute Kontakte zur deutschen Kolonie aufzubauen. Die öffentliche Aufmerksamkeit richtete sich erst auf ihn, als Beate Klarsfeld am 6. März 1972 in La Paz mit einer spektakulären Aktion seine wahre Identität aufdeckte und seine Verhaftung und Auslieferung nach Frankreich forderte.

Ich lernte „Herrn Altmann", den Vater meiner Schulfreundin Ute, bei einem Ferienaufenthalt im Sägewerk Llojeta in den *Yungas* von La Paz kennen.

### Erinnerungssplitter IV
### Merkwürdige Begebenheiten mit Familie Altmann

*Ich wollte immer in den Urwald. Und als mir meine Schulfreundin Ute Altmann vom Sägewerk tief in den* Yungas *erzählte, wo ihr Vater Verwalter war, wünschte ich mir sehnlichst, einmal mitfahren zu dürfen. Und so kam es, dass wir in den verlängerten Winterferien im Juli 1953 oder 1954 gemeinsam dorthin fuhren. Der Lastwagen, den wir vor 5 Uhr morgens in La Paz bestiegen, hatte Säcke und Gerätschaften für das Sägewerk geladen. Auf seiner Rückkehr sollte er Holz nach La Paz transportieren. Die Fahrt ging über die* cumbre, *den über 4300 Meter hohen Pass, und dann über die schmale Serpentinenstraße in die subtropischen Süd-*Yungas. *Bei Dunkelheit trafen wir im Sägewerk ein. Herr Altmann begrüßte seine Frau, die Kinder Klaus und Ute und mich. Der Schäferhund, der ihn begleitete, hieß Rolf. Er wich seinem Herrn nicht von der Seite und gehorchte aufs Wort. Anders als unser Irischer Setter zu Hause.*
*Das Haus war ein einfacher Holzbau mit wenigen Räumen. Licht kam von Petroleumlampen. Ute und ich wurden in einem kleinen Zimmer untergebracht, die Betten übereinander, wie im Kinderheim. Hier schliefen wir in den folgenden Wochen. Die Zeit bis zum Einschlafen verbrachten wir mit dem Erzählen von Geschichten,*

> *mit Rätselraten und bisweilen auch mit Singen. Ich bewunderte Ute, sie sang französische Lieder. Und ich war zugleich verwundert. Wieso kannte Ute französische Lieder? Ich lernte von ihr:* Sur le pont d'Avignon. *Die Anfangszeile kann ich heute noch singen. Lange Zeit blieb das Gefühl der Verwunderung über Utes französische Lieder. Weniger verwunderte mich, dass das Ehepaar Altmann ein oder zweimal Worte auf Französisch wechselte, offenbar dann, wenn wir Kinder sie nicht verstehen sollten. Meine Eltern taten das ebenfalls.*
>
> *Zum Mittagessen kamen einige Jugendliche aus der Deutschen Schule in La Paz, die ich wiedererkannte. Sie waren offenbar auch als* paying guests *hier, aber nicht im Haus untergebracht. Vater Altmann saß am Kopf des Tisches, nicht weit von mir entfernt. An einem der ersten Tage, als wir darauf warteten, dass das Essen ausgeteilt wurde, betrachtete ich das Besteck. Und plötzlich fiel mir dieser merkwürdige Adler auf dem Messergriff auf. Ich muss ihn wohl sehr lange und intensiv betrachtet haben, denn plötzlich sagte Herr Altmann etwas wie: „Das Messer hast du wohl mitgebracht." Ich erinnere den scharfen Ton in seiner Stimme. Erschrocken erwiderte ich: „Nein, nein, wir haben zu Hause nicht solch ein Besteck." Ich kannte das „offizielle Gesandtschaftsbesteck", aber der darauf geprägte Adler sah ganz anders aus. Altmann insistierte: „Doch, doch, das Besteck hast du mitgebracht." Sein Ton erschreckte mich sehr. Ich verstand nicht, warum er mich so scharf zurechtwies. Ich war verwirrt. Die Situation prägte sich tief ein. Es ist wohl unwahrscheinlich, dass ich damals den Adler als Reichsadler erkannte. Immerhin: Die Symbole Hakenkreuz und Fahne waren mir nicht unbekannt.*

Als Beate Klarsfeld die Identität von Altmann aufdeckte, fiel es mir wie Schuppen von den Augen: Die Reaktion am Mittagstisch und Utes Kenntnisse französischer Lieder ergaben plötzlich einen Sinn. Ebenso der Umstand, dass Altmann im Urwald, weit entfernt von La Paz und von seiner Familie, lebte und nur selten nach La Paz kam.

## Klaus Altmann/Klaus Barbie – Stichworte zu einem Naziverbrecher

Über Klaus Barbie, seine Karriere vom Gestapo-Chef in Lyon im seit November 1942 ebenfalls besetzten Südfrankreich, das bis dahin der Vichy-Regierung unterstanden hatte, bis zu seinen Kooperationen mit drei bolivianischen Militärdiktatoren in Geheimdienstfragen, bei Putschvorbereitungen, bei der Bekämpfung Oppositioneller sowie der Unterweisung in Verhör- und Foltermethoden ist viel veröffentlicht worden.

Der deutsche Historiker Peter Hammerschmidt hat in seiner Publikation umfassende Erkenntnisse über Barbies Karriere bei der Gestapo, bei US-amerikanischen und deutschen Geheimdiensten, als Militär-Berater und Waffenlieferant bolivianischer Diktatoren sowie hinsichtlich Barbies Verbindungen zu anderen Nazi-Verbrechern in Südamerika vorgelegt.[3] Daniel Stahl, ein weiterer deutscher Historiker, stellt in seiner ausführlichen und akribisch recherchierten Geschichte der Flucht von Nazi-Verbrechern nach Südamerika und ihrer Kollaborateure sowie der „Nazi-Jagd" und juristischen Verfolgung seit 1945 den Fall Barbie ebenfalls detailliert dar. Ausgehend von der Enttarnung Barbies durch das Ehepaar Klarsfeld zeichnet er in allen Einzelheiten zum einen die Hindernisse nach, die der transnationalen strafrechtlichen Verfolgung über die Jahrzehnte entgegenstanden, sowie zum anderen das Funktionieren des Netzwerks alter Nazi-Freunde in Südamerika und deren Dienste für Diktatoren.[4] Die investigativen US-amerikanischen und bolivianischen Journalisten Peter McFarren und Fadrique Iglesias wiederum, die sich seit 1980 in Bolivien auf die Spur von Barbie geheftet hatten, geben in ihrem Werk Einblicke in Barbies bis dahin

3 Hammerschmidt, Deckname Adler.

4 Siehe Stahls Ausführungen zu Barbie: Daniel Stahl, Nazi-Jagd. Südamerikas Diktaturen und die Ahndung von NS-Verbrechen, Göttingen 2013, insbes. S. 211–244 und S. 271–283.

unbekannte Rolle in diesem Land.[5] Mit ihren Recherchen und zahlreichen Interviews vor Ort, insbesondere auch mit Barbies ständigem Sekretär, Alvaro de Castro, konnten sie die bereits vorliegenden Informationen über politische und ökonomische Verbindungen und Aktivitäten Barbies bei diversen Militärdiktaturen in Bolivien erweitern. Zu den Forschungsschwerpunkten der Autoren gehören der Auf- und Ausbau der Strukturen zur Verfolgung und Vernichtung Oppositioneller – die nach Barbies Verständnis allesamt Kommunisten waren und damit ausgelöscht gehörten – ebenso wie die Zusammenarbeit Barbies mit international agierenden neofaschistischen Gruppen in Südamerika, allen voran den *Novios de la Muerte* (Bräutigam/Verlobte des Todes), sowie seine Zusammenarbeit mit der Drogenmafia zur Etablierung der Diktatur von General García Meza 1980.

Im Folgenden werde ich mich mit Verweis auf die Publikationen von Hammerschmidt und McFarren/Iglesias auf nur einige Aspekte aus Barbies Vita, die für mein Thema von besonderer Relevanz sind, beschränken.[6] Das Verständnis darüber, welche Rolle Barbie in Bolivien zu spielen in der Lage war, erfordert allerdings einige Stichworte zu zentralen Marksteinen seiner Karriere in Nazideutschland. Meine eigenen Beobachtungen und Recherchen befassen sich insbesondere mit seiner Rolle in der deutschen Kolonie, beim Tod von Monika Ertl sowie mit seinen Beziehungen zu Juden.

Geboren 1913, kam Klaus Barbie 1934, damals 21-jährig, bei einem freiwilligen Einsatz beim Reichsarbeitsdienst erstmals in Kontakt mit „nationalsozialistischem Kameradschaftsgeist". Laut Hammerschmidt avancierte er aufgrund seiner Begeisterung für die Sache der NSDAP

5 Siehe Peter McFarren/Fadrique Iglesias, Un novio de la muerte: vida y crímenes de un nazi no arrepentido: una experiencia personal con el „Carnicero de Lyon", La Paz 2014.

6 Siehe Hammerschmidt, Deckname Adler; McFarren/Iglesias, Un novio de la muerte. Ich danke Peter Hammerschmidt für die Gespräche und Informationen insbesondere zu Barbies Korrespondenz aus dem Gefängnis in Lyon mit seinem Freund Hans Gwinner und seinem Sekretär Castro.

und seiner spezifischen Fähigkeiten bereits 1935 zum hauptamtlichen Mitarbeiter des SD (Sicherheitsdienst) und damit der SS.[7] Seine Einsätze führten ihn zunächst in die besetzten Niederlande, dann nach Frankreich. Als Gestapo-Chef von Lyon tat er sich bei der Verfolgung des französischen Widerstands hervor. Zu den zahlreichen massiven Menschenrechtsverbrechen, die ihm nachgewiesen werden konnten, gehören die gnadenlose Deportation jüdischer Kinder aus dem Kinderheim in Izieu in das Vernichtungslager Auschwitz sowie sadistische Foltermethoden. Opfer eines solchen Folter-Verhörs war auch der bekannte Résistance-Führer Jean Moulin. Barbies Brutalität und Lust an der Gewalt dokumentiert ein Interview des *Stern*-Journalisten Gerd Heidemann 1979. Dort schildert Barbie die Festnahme eines Juden, der bei einer Razzia des SD in einem jüdischen Viertel Amsterdams im Februar 1941 bewaffneten Widerstand zu leisten versuchte, in einem Café: „Da saß der Kahn, der hatte so eine schöne Glatze, und so viel Kraft hatte ich noch, einen Aschenbecher, der stand, zu nehmen und ihn den – bumms – auf den Kopf zu schlagen. Das riß ihm von oben hier runter (zeigt auf die Schulter) alles weg. Und da haben wir die festgenommen. Ich hatte anschließend das Erschießungskommando! Mir ist schlecht geworden, als die ganzen Gehirne wegspritzten."[8]

Nach dem Krieg warb ihn der US-amerikanische Geheimdienst CIC (*Counter Intelligence Corps*) an. Während die französischen Behörden Barbie suchten, um ihn wegen seiner Taten vor Gericht zu stellen, schützten ihn die US-amerikanischen Geheimdienste. Die CIA (*Central Intelligence Agency*) organisierte 1951 seine und seiner Familie Flucht nach Bolivien. Da die französische Justiz seiner nicht habhaft werden konnte, wurde er in zwei Prozessen 1952 und 1954 wegen

7 Siehe Hammerschmidt, Deckname Adler, S. 29.

8 Gerd Heidemann, „Das Geständnis". Auszüge aus den Gesprächen mit dem früheren SS-Hauptmann Klaus Altmann alias Klaus Barbie in La Paz, Bolivien, 15. 8. bis 20. 8. 1979, in: Der Stern, Nr. 7, 10. 2. 1983, S. 48–52, hier S. 49.

Gestapo-Offizier Klaus Barbie
*ullstein bild - TopFoto 80080380*

Kriegsverbrechen, insbesondere wegen der Ermordung des Résistance-Führers Jean Moulin, in Abwesenheit zum Tode verurteilt.[9]

Wie so mancher andere Nazi-Flüchtling in Bolivien begann auch Barbie, sich eine neue Existenz an einem abgelegenen Ort aufzubauen. Bis Mitte der 1950er-Jahre war er Verwalter des Sägewerkes Llojeta im Urwald des Departements La Paz, das dem jüdischen Unternehmer Ludwig Kapauner gehörte (der mit Sicherheit keine Kenntnis von Altmann-Barbies Vergangenheit hatte). Ehefrau Regine und die beiden Kinder hingegen lebten in einer relativ kleinen Wohnung in La Paz;

9 Siehe Hammerschmidt, Deckname Adler, S. 184 f.

Tochter Ute ging in die Deutsche Schule, wo ich mich mit ihr anfreundete. Barbie besuchte die Familie regelmäßig und baute offenbar auch seine Kontakte in die deutsche Kolonie aus. Als der Inhaber das Sägewerk 1954 verkaufte, siedelte Barbie endgültig nach La Paz über und baute mit der Abfindung sein erstes kleines Geschäft auf. Offenbar war er ein geschickter und kreativer Geschäftsmann, denn er brachte es im Laufe der nächsten Jahre zu einigem Wohlstand. Seine guten Verbindungen zu deutschstämmigen Geschäftsleuten und in die deutsche Kolonie ebenso wie zu einflussreichen Persönlichkeiten der Regierungspartei MNR waren dabei förderlich. 1957 nahm er die bolivianische Staatsbürgerschaft an. Diese Entscheidung erwies sich später als äußerst kluger Schritt, denn die Einbürgerung erleichterte Barbie nicht nur die enge Zusammenarbeit mit den verschiedenen bolivianischen Militärführungen und gestattete es ihm, Einfluss auf die bolivianische Politik zu nehmen, sondern bot ihm 1974 auch den formalen Schutz vor einer Auslieferung an Frankreich, nachdem seine wahre Identität 1972 offenbar geworden war.

Mehrere Jahre hatten die in Frankreich lebende Beate Klarsfeld und ihr Mann, der jüdisch-französische Rechtsanwalt Serge Klarsfeld, nach Barbie gesucht – nun waren sie fündig geworden.[10] Aufgrund der Erkenntnisse des Ehepaares Klarsfeld beantragte die französische Regierung am 1. Februar 1972 die Auslieferung des Kriegsverbrechers nach Frankreich. Die bolivianische Regierung unter Diktator General Hugo Banzer Suárez reagierte jedoch mit Hinhaltetaktiken und verwies auf Altmann-Barbies bolivianische Staatsbürgerschaft. Um diesen Skandal öffentlich zu machen und damit den Druck auf die bolivianische Regierung zu erhöhen, reiste Klarsfeld zweimal nach Bolivien. Zusammen mit der französischen Jüdin Itta Halaunbrenner, deren Familie von den Nazis umgebracht worden war, kettete sich Klarsfeld an eine Bank vor Barbies Geschäft *Transmaritima* in der zentral gelegenen *Avenida 16 de*

10 Ausführlich zur Enttarnungsgeschichte von Barbie und zu den ersten Strafermittlungsverfahren siehe Stahl, Nazi-Jagd, S. 215–230.

*Julio*, um gegen die bolivianische Politik, den Kriegsverbrecher weiterhin zu schützen, zu protestieren.[11]

## Klaus Barbie – Geheimdienst-Spezialist im Dienst von Diktatoren

Barbie war es also nicht nur gelungen, sich eine gesicherte Position in Bolivien aufzubauen, darüber hinaus fand er Zugang zu politischen und militärischen Kreisen. Seit wann die vertrauensvollen und einflussreichen Verbindungen bestanden, ist ungeklärt. Vermutlich gehen sie zurück auf die frühen 1950er-Jahre, die Zeit der MNR-Regierung. Möglicherweise spielten Kontakte zu einem alten Kameraden, dem bereits erwähnten SS-Führer Dr. Wolf, seinerzeit Leiter des Antikommunistischen Informationsbüros des Präsidenten Paz Estenssoro, eine Rolle. Jedenfalls war Barbie seit den 1960er-Jahren nicht nur ein erfolgreicher Geschäftsmann, sondern vor allem auch ein geschätzter Berater von Geheimdiensten, die im Auftrag von Diktatoren den Kampf gegen die sogenannte Ausbreitung des Kommunismus in Südamerika führten. Denn seit dem Sieg der Revolution auf Kuba um die Jahreswende 1958/59 befanden sich die Herrschenden in Lateinamerika und ihre Geheimdienste (und die der USA) in Alarmstellung. In Kuba hatten die Revolutionäre unter Führung von Fidel Castro und Che Guevara der Herrschaft des Diktators Batista ein Ende bereitet und mit großer Zustimmung der Mehrheit der Bevölkerung die gesellschaftlichen, ökonomischen und politischen Verhältnisse tiefgreifend verändert. Jene Kubaner und Kubanerinnen, die ihre Privilegien im Zuge der gesellschaftlichen Umgestaltung der ersten Jahre verloren, suchten in den USA Unterschlupf. Die Revolutionsregierung ging mit den Kollaborateuren des Batista-Regimes keineswegs nachsichtig um.

11 Siehe Hammerschmidt, Deckname Adler, S. 307; McFarren/Iglesias, Un novio de la muerte, S. 171 f.

Hunderte wurden hingerichtet, viele erhielten lange Haftstrafen. Die USA mussten das Aus ihres politischen und ökonomischen Einflusses auf der Insel hinnehmen. Der daraus resultierende Konflikt zwischen den USA und Kuba hält – in unterschiedlicher Ausprägung – bis in die Gegenwart an.[12]

Eine Folge der kubanischen Revolution war die Stärkung der politisch linken Kräfte auch in anderen Teilen Lateinamerikas. In zahlreichen Ländern entstanden Guerillabewegungen, die gegen die herrschenden Oligarchien und für sozialistische Ziele kämpften. In den folgenden Jahren wurde die Furcht vor einer Ausbreitung des Kommunismus auf dem Subkontinent ein wesentlicher Faktor in der Politik sowohl der USA und des Westens als auch vor allem der herrschenden Klassen und der mit ihnen verbundenen Regierungen Lateinamerikas. Der US-Geheimdienst CIA intensivierte seine Aktivitäten und Kooperationen mit den Militärs in der Region. Und er nahm auch wieder Kontakt zu Barbie auf. Der deutsche Bundesnachrichtendienst (BND) baute sein Spitzelwesen in Lateinamerika ebenfalls aus. Klaus Barbie alias Altmann schien ihnen ein geeigneter Mann für ihre Anliegen zu sein. Der erfolgreiche und gut vernetzte Geschäftsmann galt offenbar als interessanter Informant, der zudem politischen Einfluss besaß. 1964 wurde er in Bolivien als Agent des BND angeworben.[13]

Zielstrebig hatte Barbie seine Kontakte zu hochrangigen Militärs eingefädelt und ausgebaut. Der populäre rechte General René Barrientos, der sich 1964 an die Macht geputscht hatte, schätzte Barbies Kenntnisse in Sachen Geheimpolizei und Verhörtechniken. Daher beauftragte er ihn mit dem Ausbau des Geheimdienstes und der Planung und Durchführung der Aufstandsbekämpfung. Mit äußerster Gewalt verfolgte Barrientos' Repressionsapparat all jene, die der General als Kommunisten verdächtigte, insbesondere Gewerkschafter, Mitglieder oder Sympathisanten linker Parteien und Bergarbeiterorganisationen. Domitila

12 Siehe Bert Hoffmann, Kuba, München 2003.

13 Siehe Hammerschmidt, Deckname Adler.

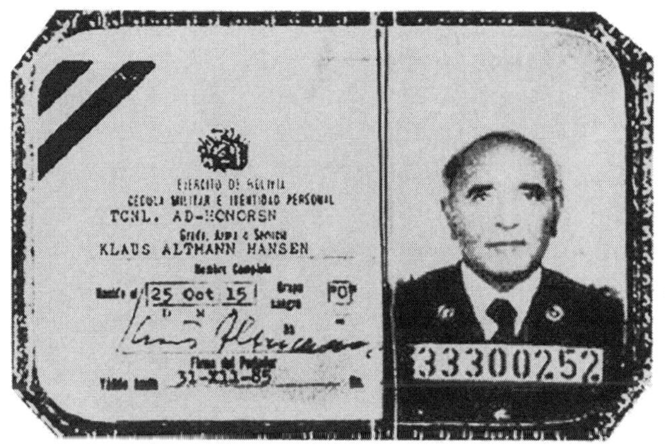


Bolivianischer Militärausweis von Klaus Barbie,
ausgestellt auf den Namen Klaus Altmann Hansen

Chúngara, die Vorsitzende des Hausfrauenkomitees im Bergbauzentrum Siglo XX, beschreibt in ihren Lebenserinnerungen, mit welcher Brutalität gegen Oppositionelle – auch gegen Frauen – vorgegangen wurde.[14] Die USA unterstützten die Regierung von Diktator Barrientos im Kampf gegen den angeblichen Kommunismus massiv. Die Kooperation umfasste finanzielle, fachliche und personelle Militär- sowie Wirtschaftshilfe.[15] 1966 stand dabei vor allem die Verfolgung der Guerillabewegung von Che Guevara in den schwer zugänglichen Waldregionen des *Chaco* im Süden Boliviens im Zentrum. Von hier aus bekämpfte die Guerilla die Militärregierung von General Barrientos, perspektivisch aber war sie bestrebt, Bolivien zum Fokus der sozialistischen Revolution in ganz Südamerika zu machen. Die Guerilla wurde von der Armee aufgerieben, Che Guevara im Oktober 1967 gefangen genommen und getötet. Bei der gesamten Aktion arbeiteten US-amerikanische Militärs, von

14 Moema Viezzer, „Wenn man mir erlaubt zu sprechen". Zeugnisse von Domitila, einer Frau aus den Minen Boliviens, Köln 1978.

15 Siehe Dunkerley, Rebelión en las venas, S. 158.

ihnen ausgebildete bolivianische Spezialeinheiten und der von Barbie trainierte Geheimdienst erfolgreich Hand in Hand.[16]

Barbies Kooperation mit den Militärs hatte sich unterdessen auf Waffenlieferungen ausgeweitet. Mit seiner Im- und Exportfirma *La Estrella*, die zugleich ein Netzwerk von SS-Leuten in Lateinamerika und „Schaltstelle des lateinamerikanischen Antikommunismus"[17] war, unterhielt er die Vertretung des deutschen Handelsunternehmens MEREX AG und darüber Verbindungen zu deutschen und österreichischen Waffenfirmen. Mit Wissen und in Absprache mit dem BND belieferte er gemeinsam mit seinem in Peru ansässigen Partner, dem SS-Obersturmführer Friedrich Schwend, südamerikanische Militärdiktaturen mit Waffen.[18]

Barbies Erfahrungen als Fachmann für Geheimdienste, Aufstandsbekämpfung und Foltermethoden waren auch in den 1970er-Jahren von dem deutschstämmigen Diktator Banzer (1971–1978) gefragt.

General Banzer hatte sich gegen die linke Regierung von Juan José Torres an die Macht geputscht. Dem vorausgegangen war ein Kampf zwischen linken und rechten Kräften des Militärs. General Barrientos war im April 1969 bei einem Hubschrauberunglück ums Leben gekommen. Sein Vizepräsident, Siles Salinas, ein Zivilist und Christdemokrat, folgte ihm im Amt. Die dominierende Stellung des Militärs blieb zwar ungebrochen, doch konkurrierten nun rechtsgerichtete und fortschrittliche Tendenzen in Gesellschaft und Militär um die Macht im Staat. Siles Salinas regierte nur ein halbes Jahr. In einem unblutigen Staatsstreich übernahm erneut ein Militär, General Ovando Candia, zeitweise Co-Präsident von General Barrientos, die Macht. Seine Regierungszeit war

16 Siehe McFarren/Iglesias, Un novio de la muerte, S. 142–144.

17 Archiv Schwend, zitiert bei: Hammerschmidt, Deckname Adler, S. 262.

18 Peter Hammerschmidt, „Der Schlächter von Lyon" im Sold der USA. Über die Beziehungen zwischen Klaus Barbie und dem amerikanischen Geheimdienst. Wissenschaftliche Prüfungsarbeit im Fach Geschichte, Johannes Gutenberg-Universität Mainz 2010, S. 112–114; ders., Deckname Adler, S. 256 f.; 263–272.

gekennzeichnet von gewaltsamen politischen Auseinandersetzungen und hielt nur 13 Monate. Rechte Militärs versuchten den reformorientierten Ovando zu entmachten; linke Kräfte stellten sich den Putschisten entgegen. Ovando floh in die argentinische Botschaft. General Juan José Torres, der zum fortschrittlichen Flügel gehörende Arbeitsminister unter Ovando, übernahm am 7. Oktober 1970 die Regierungsgewalt. 10 Monate später stürzte ihn Oberst Banzer im blutigsten Putsch, den das Land bis dahin erlebt hatte.

In den zehn Monaten der Regierungszeit von Torres hatten die Gewerkschaften und linke Parteien großen Einfluss erlangt. Dies und die Etablierung der *Asamblea Popular* (Versammlung des Volkes), die ähnliche Befugnisse wie das Parlament hatte und der Vertreter von Gewerkschaften, Bauern, Studierenden und der Bergarbeiterschaft angehörten, bewirkten das Zusammenrücken der rechten Kräfte. Aus deren Sicht herrschte Chaos im Land, verantwortlich dafür machten sie die herrschende „Rätedemokratie", von deren Nationalisierungsmaßnahmen sie ihre Geschäfte bedroht sahen. In weiten Teilen der Mittelschichten entstand ein Klima der Anspannung und Verunsicherung, das angeheizt wurde durch Aktionen der Guerilla-Organisation ELN (*Ejército de Liberación Nacional*) wie Erpressung von – deutschen und jüdischen[19] – Geschäftsleuten und Entführungen, etwa die eines deutschstämmigen Unternehmers.[20] Die Deutsche Botschaft

19 Dazu gehörten Felix Gluskinos und Elias Huhn. Siehe Bericht Deutsche Botschaft La Paz an AA, 6.8.1971, Pol I, B2 – SE 1588 – 840/71 VS-NfD, PA AA, B 33, Bd. 533.

20 Laut Bericht der Deutschen Botschaft wurde der „deutsche Industrielle von Bergen [...] am 4. Mai 1971, um 20.30 Uhr bei der Heimkehr in seine Wohnung im Vorort Calacoto bei La Paz von mehreren mit Maschinenpistolen bewaffneten Personen in einem Kombiwagen gedrängt und entführt. Er wurde am 6. Mai um 23.00 Uhr wieder freigelassen, nachdem seine Familie US § 50 000,– auf ein ausländisches Konto einbezahlt hatte." Verantwortlich für die Entführung war der ELN, laut Kommuniqué war das Lösegeld für den „revolutionären Kampf" bestimmt. Botschaft La Paz, an AA, 4.6.1971, Pol I, B2 – SE 1500 – 570/71, PA AA, B 33, Bd. 533.

bewertete die Situation als derart unsicher, dass sie sogar Überlegungen für einen Evakuierungsplan ausarbeitete.[21] Aus Sicht der Unternehmer, der Rechten und auch der Mittelschichten musste diese Regierung so schnell wie möglich abgelöst werden, um die politischen Verhältnisse wieder zu stabilisieren. Und auch die US-Administration zeigte sich alarmiert. Ihre Besorgnis wurde darüber hinaus nicht nur aufgrund der freundschaftlichen Beziehungen von Torres zum chilenischen sozialistischen Präsidenten Salvador Allende und zu Kubas Fidel Castro weiter angefacht, sondern vor allem durch die Nationalisierung von US-Unternehmen, darunter die *Golf Oil Company de Bolivia*,[22] sowie die Ausweisung des US-amerikanischen Militärs und des *Peace Corps*.[23] Die Folge war, dass die USA die bereits in der Amtszeit von Ovando eingeleiteten wirtschaftlichen Boykottmaßnahmen verschärfte und die Aktivitäten der Geheimdienste ausbaute.

In einem blutigen Putsch mit über 100 Toten gelangte der deutschstämmige Oberst (später General) Hugo Banzer mit Unterstützung der politischen Rechten, dem MNR-Führer und früheren Präsidenten Paz Estenssoro, der faschistischen Falange-Partei FSB und nicht zuletzt bolivianischer und deutschstämmiger Unternehmer aus Santa Cruz[24] an die Macht. Banzer war einer der Ihren. Er stammte aus einer der reichen Großgrundbesitzerfamilien im Departement Santa Cruz, hatte seine militärische Ausbildung u. a. in den USA, Argentinien und

21 Siehe Deutsche Botschaft La Paz an AA, Fernschreiben (verschl.) Nr. 96, 22. 6. 1971, PA AA, B 33, Bd. 533.

22 Siehe Klein, Historia Genral de Bolivia, 2. Aufl., S. 303.

23 Siehe Bolivien. Faustkampf der Sieger, in: Der Spiegel, Nr. 36, 30. 8. 1971.

24 Eine knappe Darstellung der Regierungszeit Banzers zwischen 1971 und 1978 findet sich bei Klein, Historia Genral de Bolivia, 2. Aufl., S. 307–317. Allerding übergeht Klein Banzers Initiativen im Drogengeschäft. Siehe Eva Dietz, Der Funktionswandel der Koka in Bolivien, Saarbrücken/Fort Lauderdale 1990, S. 80–85. Einen sehr guten Einblick in die Rolle Banzers in Bolivien gibt: Martin Sivak, El dictador elegido: biografía no autorizada de Hugo Banzer Suárez, La Paz 2001.

Brasilien absolviert und unterhielt dorthin weiter enge Verbindungen zu militärischen und Geheimdienstkreisen. Erwin Gasser, ehemals deutscher Honorarkonsul, Zuckerproduzent in Santa Cruz und einer der reichsten Männer Boliviens, Bernhard Elsner und weitere prominente Angehörige der deutschen Kolonie gehörten zu den nicht unmaßgeblichen Finanziers des Putsches, wie aus Interviews mit ihnen in deutschen Medien hervorgeht. Die Veröffentlichung der Interviews rief heftigen Protest bei Repräsentanten der deutschen Kolonie hervor, die sich darüber bei der Deutschen Botschaft beschwerten.[25]

Barbies gute Beziehungen zu deutschen und bolivianischen Unternehmern und rechten Kreisen in Santa Cruz bewährten sich, als er sich auch dieses Mal ins politische Geschehen einmischte. Ob er bereits an den Putschvorbereitungen von General Banzer beteiligt gewesen war, darüber liegen keine Informationen vor, wäre aber naheliegend. Auf jeden Fall machte ihn Banzer nach dem gelungenen Putsch zum Berater des Innenministeriums und der Gegenspionage. Unter seiner Anleitung wurde der Repressionsapparat weiter ausgebaut. Als innere Feinde galten nicht nur politisch links orientierte Organisationen und Parteien, Gewerkschaften, insbesondere die Bergarbeitergewerkschaften sowie die Guerilla-Organisation ELN, sondern auch jedwede oppositionellen Demokraten. Wie schon zu Barrientos' Zeiten suchten auch jetzt wieder zahllose Menschen Schutz im Exil. Die Verfolgung, Verschleppung

25 Siehe Deutsche in Bolivien, Monitor-Sendung, 28. 1. 1972; Bolivien fest in deutscher Hand, in: Der Stern, 10. 12. 1972. Die *Monitor*-Sendung und die Zeitschrift *Der Stern* enthalten Interviews mit mehreren führenden Unternehmern aus der deutschen Kolonie. Insbesondere die *Monitor*-Sendung mit den ausführlichen Interviews rief bei den Betroffenen große Empörung hervor. In einem Schreiben an den deutschen Botschafter in La Paz, Graf zu Pappenheim, vom 9. 3. 1972 teilte der amtierende deutsche Honorarkonsul in Santa Cruz, Hanns Hiller, mit, Erwin Gasser protestiere bezüglich der Behauptung, er habe „die letzte Revolution finanziert und Teile des Heeres bestochen". Dem Protest schloss sich auch Willi Bauer an. Siehe Deutsche Botschaft La Paz an das AA, 10. 3. 1972, Anlage zum Bericht, Aktenzeichen Pol I, B2 – 82 – 233/72.

und Ermordung Oppositioneller erfolgten nun jedoch auch länderübergreifend: Mit Unterstützung US-amerikanischer Regierungen und des CIA war der Plan zur *Operación Cóndor* ausgearbeitet worden, der die militärisch-geheimdienstliche Zusammenarbeit der rechten Militärdiktaturen in Brasilien, Argentinien, Uruguay, Paraguay, Chile und Bolivien im „Kampf gegen den Kommunismus" beinhaltete. In diesem Zusammenhang wurden Tausende Menschen entführt, verschwanden oder wurden auf grausamste Weise umgebracht.[26]

Barbie war maßgeblich in Planung und Durchführung in Bolivien involviert. Zu seinen wichtigen Kontakten gehörten in Südamerika untergetauchte SS-Angehörige wie Alfons Sassen in Ecuador, dessen Bruder Wim Sassen in Argentinien, Friedrich Schwend in Peru, Walther Rauff in Chile, Josef Mengele in Paraguay sowie Faschisten aus diversen Ländern Europas. Sie formten das „Netzwerk, das zur faschistischen Internationale in Südamerika wurde".[27] Nicht wenige Angehörige dieses Netzwerkes hatten, ebenso wie der Kriegsverbrecher Barbie, Verbindungen zu rechten Kreisen und Militärs des jeweiligen Landes, betätigten sich in den 1970er- und 1980er-Jahren als Berater

26 Im Dezember 1992 entdeckten der paraguayische Richter José Fernández und der ehemalige politische Gefangene Martín Almada in einer Polizeistation in Asunción ein Archiv, in dem Dokumente der Repression des Diktators Stroessner aufbewahrt waren, darunter Unterlagen zum Plan Cóndor. Sie dokumentieren das Schicksal Tausender Verfolgter, der Fund ermöglichte weitere Nachforschungen nach Verschwundenen. Die Publikation des CIPDH unter Leitung des spanischen Richters Baltasar Garzón Real enthält die detaillierte Geschichte der *Operación Cóndor* sowie die lange Vorgeschichte der Repression unter den Militärdiktaturen in Südamerika: Centro Internacional para la Promoción de los Derechos Humanos [CIPDH]/Categoría II UNESCO, Operación Cóndor. 40 años después/Baltasar Garzón Real. 1a ed. adaptada, Ciudad Autónoma de Buenos Aires 2016, http://centroprodh.org.mx/impunidadayeryhoy/DiplomadoJT2015//TxtInt/Operacion%20Condor%2040%20años%20despues%20UNESCO.pdf [7. 2. 2018], S. XLIV.

27 Kai Hermann, Barbie: Eine Killer-Karriere, Teil 6, in: Der Stern, Nr. 25, 14. 6. 1984, S. 84.

der Militärdiktaturen und waren im Rahmen der *Operación Cóndor* im „Kampf gegen den Kommunismus" aktiv.[28]

Sieben Jahre blieb Diktator General Banzer an der Macht. 1978 zwangen ihn massive Streiks und Protestbewegungen der Opposition zum Rücktritt. Gleichwohl gelang es rechten Parteien und Militärs – auch mittels Attentaten auf Oppositionelle – immer wieder, die erstarkten demokratischen und sozialen Bewegungen und gewählte Regierungen zu destabilisieren. Der Militärputsch von Oberst Natusch Busch stürzte am 1. November 1979 den gewählten Präsidenten Wálter Guevara Arze. Auch zu Natusch Busch unterhielt Barbie gute Beziehungen und war in dessen Pläne zum Putsch eingeweiht gewesen.[29] Natusch Busch hielt sich jedoch aufgrund des heftigen Widerstandes der Bevölkerung nur 14 Tage im Amt. Es folgten erneut unruhige Zeiten. Bei

28 2016 befasste sich der Oberste Gerichtshof (*Corte Suprema*) in Buenos Aires im Prozess gegen 16 ehemalige hohe argentinischen Militärs ausführlich mit Strukturen und Beteiligten der *Operación Cóndor*. 15 der Angeklagten wurden wegen der Verfolgung von Oppositionellen in südamerikanischen Militärdiktaturen verurteilt. Das Urteil stellt damit erstmals die kriminelle, grenzübergreifende Zusammenarbeit der Diktaturen in Argentinien, Uruguay, Brasilien, Chile, Paraguay und Bolivien fest. Damit wurden die Dimensionen und Verbrechen des Unternehmens *Operación Cóndor* endgültig belegt. Siehe Südamerikanische Militärdiktaturen: Argentinien verurteilt Militärs wegen „Plan Condor", in: Spiegel Online, 28. 5. 2016, http://www.spiegel.de/politik/ausland/argentinien-verurteilt-militaers-wegen-plan-condor-a-1094626.html; Argentina Plan Cóndor. Histórico juicio por el Plan Cóndor culmina con 15 represores condenados, in: Agencia EFE, 27. 5. 2016, http://www.efe.com/efe/america/politica/historico-juicio-por-el-plan-condor-culmina-con–15-represores-condenados/20000035-2938768; Argentina: Tribunal condena a 15 militares en juicio por „Plan Cóndor", in: EyN – Economía y Negocios Online, 28. 5. 2016, http://www.economiaynegocios.cl/noticias/noticias.asp?id=256511, Argentina sentencia a responsables del Plan Cóndor, in: DW – Deutsche Welle Noticias, 28. 5. 2016, http://www.dw.com/es/argentina-sentencia-a-responsables-del-plan-cóndor/av-19290008 [alle 6. 2. 2018].

29 Siehe Ayda Levy, El rey de cocaína. Mi vida con Roberto Suárez Gómez y el nacimiento del primer narcoestado, Barcelona 2012.

den Wahlen im Juli 1980 konnte zwar das linke Parteienbündnis UDP (*Union Democrática Popular*) mit dem Präsidentschaftskandidaten Siles Zuazo gemeinsam mit anderen fortschrittlichen Parteien die Mehrheit erringen, doch zur Wahl von Siles Zuazo zum Präsidenten kam es nicht mehr.

Im Juli 1980 erschütterte erneut ein Staatsstreich das Land, er übertraf an Gewalt und Grausamkeit noch den Putsch von Banzer wenige Jahre zuvor. Nun übernahm die Drogenmafia die Macht im Staat. Und wieder spielte Klaus Barbie eine zentrale Rolle. Die Vorbereitung und Mitwirkung beim sogenannten Kokain-Putsch von General García Meza gemeinsam mit Oberst Luis Arce Gómez gegen das Linksbündnis unter Führung von Siles Zuazo markierten den „Höhepunkt" von Barbies „Killer-Karriere" (Kai Hermann).

Die Vorbereitungen für diesen Umsturz hatten bereits zwei Jahre zuvor unter Mitwirkung von Barbie als ideologischem Führer und militärischem Berater begonnen. Vorbilder waren die Staatsstreiche in Chile 1973 und in Argentinien 1976. Die Ausrüstung des Militärs für den Putsch – u. a. mit deutschen Waffen – finanzierten der Drogenbaron Roberto Suárez Gómez sowie Unternehmer aus Santa Cruz. Die Witwe von Suarez, Ayda Levy, beschreibt in ihren Lebenserinnerungen ausführlich, wie die Vorbereitungen vonstattengingen.[30]

Die Recherchen von McFarren/Iglesias führten auch zu der deutschstämmigen Familie Gasser.[31] Gassers „Querverbindungen zu allen politischen Richtungen" – so der Gesandte Dr. Gregor 1954 – machten ihn, folgt man McFarren/Iglesias, wie schon beim Banzer-Putsch zum Komplizen bei der Vorbereitung des Umsturzes von García Meza. Der Mitarbeiter der US-Drogenbehörde Michael Levine berichtet in seinem Buch[32] von einem Treffen zwischen dem bolivianischen „Drogenkönig" Roberto Suárez, Ex-Diktator General Hugo Banzer

30 Siehe ebenda, S. 35–37.

31 Siehe McFarren/Iglesias, Un novio de la muerte, S. 207.

32 Michael Levine/Laura Kavanau-Levine, The Big White Lie. The CIA and the Cocaine/Crack Epidemic, New York 1993.

und Erwin Gasser sowie weiteren Drogenhändlern und Militärs am 17. Juni 1980 zur Vorbereitung des Putsches.[33] McFarren zufolge fand ein Treffen auf Gassers Zucker-Industriekomplex *La Bélgica* statt. Teilnehmer seien u. a. Erwin Gasser, der Präsident der Industrie- und Handelskammer, Pedro Bleyer, sowie General Luis García Meza gewesen. García Meza sei dabei ein hoher Geldbetrag zur Finanzierung des Putsches übergeben worden.[34] Darüber hinaus gab es in der Familie Gasser offenbar noch weitere ökonomische Interessen: Gassers Sohn Roberto, Ex-Präsident der Handelskammer von Santa Cruz, gehörte, wie McFarren in den Archiven der US-Drogenbehörde DEA herausfand, zu den wichtigsten Drogenhändlern in Bolivien.[35]

Vorrangiges Interesse der Unternehmer war es abermals, eine vermeintliche Machtergreifung von „Kommunisten" zu verhindern. Barbie fungierte als Bindeglied zwischen den ultrarechten Militärs, Drogenbaron Suárez und Unternehmern, so Ayda Levy. Anlässlich diesbezüglicher Absprachen, so Levy, besuchte Barbie in Begleitung seiner Ehefrau Regine die Familie Suarez-Levy sogar auf deren *hacienda*. Ayda Levy erinnert sich an ihre Irritation, als sich Frau Altmann-Barbies Mine plötzlich versteinerte. Levy hatte bei Tisch von ihrer jüdischen Familiengeschichte erzählt, von ihrem 1889 in Haifa geborenen Vater, der nach Stationen seiner Familie in Marokko und Schulbesuch in Lyon (!) 1933 nach Südamerika ausgewandert war.[36]

Im Verlaufe des Staatsstreichs wurden zahlreiche Repräsentanten und Aktivisten linker Parteien sowie aus der Gewerkschafts- und Bauernbewegung umgebracht. Der von Barbie kontrollierte Geheimdienst und die von ihm ebenfalls kontrollierten neofaschistischen Paramilitärs *Novios de la Muerte* (Bräutigam/Verlobte des Todes) organisierten den

33 Ebenda, S. 76.

34 McFarren/Iglesias, Un novio de la muerte, S. 207.

35 Ebenda, S. 203; siehe auch René Bascopé Aspiazu, La veta blanca: coca y cocaína en Bolivia, La Paz 1982, S. 75. Zu weiteren wichtigen Beteiligten im bolivianischen Drogengeschäft siehe Bascopé Aspiazu, La veta blanca, S. 75 ff.

36 Levy, El rey de cocaína, S. 32 f.

Terror im Auftrag der putschenden Militärs.[37] Laut Recherchen von Linklater/Hilton/Ascherson hatte auch der Überfall auf die Versammlung von Oppositionsführern in der Gewerkschaftszentrale der COB (*Central Obrera Boliviana*) in La Paz zum Auftrag der Paramilitärs gehört.[38] Hierbei wurden der Sozialistenführer Marcelo Quiroga Santa Cruz sowie mehrere weitere Repräsentanten der Opposition ermordet. Auftraggeber sei das Innenministerium gewesen. Mitglieder dieser paramilitärischen Gruppe waren bolivianische, deutsche, spanische, argentinische und italienische Faschisten, darunter der zur italienischen Terrororganisation *Ordine Nuovo* gehörende Stefano Delle Chiaie. Unter Führung des deutschen Söldners und Neo-Nazis Joachim Fiebelkorn und des Bolivianers Dr. Adolfo Ustárez, der als politischer Berater vor Ort fungierte, übernahmen die Paramilitärs auch in Santa Cruz im Auftrag der Regierung die Verfolgung und Ermordung von Oppositionellen. In einem Interview schildert ein italienisches Mitglied der Paramilitärs detailliert die Zusammenarbeit mit Barbie und die Aufträge der Militärführung von Santa Cruz, alle Kommunisten zu töten.[39] Klaus Barbie verfolgte mit dem Putsch eigene Ziele: Die Militärdiktatur sollte die Voraussetzungen schaffen, um Bolivien zum Kernland einer nationalsozialistischen Revolution in Südamerika zu machen.[40]

37 So Joachim Fiebelkorn, deutscher Neo-Nazi und Mitglied dieser Terrorbande, im Interview mit Peter McFarren in dem Oskar-gekrönten Dokumentarfilm über Barbie: My enemy's enemy (Mon meilleur ennemi). Dokumentarfilm. Director/Writer: Kevin Macdonald, Frankreich 2007.

38 Magnus Linklater/Isabel Hilton/Neal Ascherson, The Forth Reich. Klaus Barbie and the Neo-Fascist Connection, London 1984, S. 285.

39 Ciolini, in der italienischen Zeitschrift *Panorama*, 1982, zitiert nach: Gustavo Sanchez Salazar/Elisabeth Reimann, Klaus Barbie en Bolivia – Criminal hasta el final, Barcelona 1987 (deutsch: Gustavo Sánchez Salazar/Elisabeth Reimann, Barbie in Bolivien, Köln 1987), S. 144 f. Siehe auch McFarren/Iglesias, Un novio de la muerte, S. 276 und 218; das Interview mit Fiebelkorn in: My enemy's enemy (Mon meilleur ennemi).

40 Siehe Kai Hermann, Barbie: Eine Killer-Karriere, Teil 5, in: Der Stern, Nr. 24, 7. 6. 1984, S. 92.

In der Folgezeit wurden Hunderte Oppositionelle festgenommen, gefoltert und verschwanden in Gefängnissen oder Lagern; einige konnten sich in Botschaften und dann ins Ausland flüchten. Die gesamte Regierungszeit García Meza war gekennzeichnet von extremer Brutalität gegen alle, die er als Oppositionelle einstufte. Systematische Folter war an der Tagesordnung. Ein erneuter „Höhepunkt" bei der Verfolgung des Widerstandes war das Massaker in einem Haus in der Calle Harrington in La Paz am 15. Januar 1981. Fast die gesamte Führungsspitze der Partei der undogmatischen Linken MIR (*Movimiento de Izquierda Revolucionaria*), die sich hier versammelt hatte, wurde vom Geheimdienst umgebracht; nur Gloria Ardaya überlebte. Sie wurde festgenommen und tagelang schwer gefoltert.

Die USA, bis dahin viele Jahre enger Alliierter der bolivianischen Militärregierungen, rückten nun von ihrer Kooperation mit den bolivianischen Militärs ab. Die Regierung Carter strich aufgrund der massiven Menschenrechtsverletzungen und des Drogenhandels der Regierung ihre militärischen und ökonomischen Hilfen. International isoliert und ohne ökonomische Unterstützung, geriet das Land in eine schwere Wirtschaftskrise. 1981 entschloss sich die Regierung zum Rücktritt. Allerdings blieb die Staatsgewalt zunächst in den Händen des Militärs. Erst im Oktober 1982 konnte der gewählte Präsident Siles Zuazo sein Amt antreten.

Schon vor Amtsantritt hatte sich Siles Zuazo verpflichtet, den Kriegsverbrecher Barbie auszuliefern. Während Deutschland sich zurückhielt, bekräftigte Frankreich sein Auslieferungsbegehren.[41] Am 4. Februar 1983 wurde Barbie nach Frankreich ausgeflogen[42] und ins

41 Deutschland war zu diesem Zeitpunkt nicht an einer Auslieferung interessiert, das ergaben Hammerschmidts Recherchen in US-amerikanischen Archiven sowie sein Interview mit dem damaligen bolivianischen Staatssekretär. Siehe Hammerschmidt, Deckname Adler, S. 350.

42 Um Verzögerungen in einem möglicherweise langwierigen juristischen Auslieferungsverfahren zu umgehen, ließ die Regierung Siles Zuazo Barbie aufgrund eines Steuervergehens festnehmen und in einer Nacht- und Nebel-

Gefängnis nach Lyon überstellt. Am 11. Mai 1987 wurde der Prozess gegen ihn eröffnet und am 4. Juli 1987 das Urteil gesprochen: lebenslänglich. 1991 erlag Barbie in der Haft einem Krebsleiden. Im Gefängnis unterhielt er regen Briefkontakt mit seinem jahrelangen Sekretär Alvaro de Castro. Über 100 Briefe aus Barbies Korrespondenz gelangten in die Hände von Peter McFarren. Sie geben einen intimen Blick in Barbies bolivianisches Netzwerk. Peter Hammerschmidt konnte die Korrespondenz mit Freunden, vor allem mit Barbie-Intimus Hans Gwinner, ebenfalls auswerten.[43] Mit Gwinner (den ich bei seinen Besuchen im Sägewerk LLojeta 1953 oder 1954 erlebt hatte und fälschlicherweise jahrzehntelang für den Eigentümer hielt) war Barbie während seiner gesamten Zeit in Bolivien und später auch im Gefängnis eng verbunden.

## Altmann-Barbie – Von guten Freunden in der deutschen Kolonie und einem Eklat

Die frühen Beziehungen zu Gesinnungsfreunden wie Hans Gwinner, Hans Ertl und offenbar auch weiteren Personen, die ihm ideologisch nahestanden, wirft die Frage auf, wie und wann es zu Kontakten zwischen Barbie und Mitgliedern der deutschen Kolonie kam und wie er sich in diesem Kreis darstellte. Nach eigenem Bekunden nahm er Ende

aktion nach Frankreich ausfliegen, siehe Sanchez Salazar/Reimann, Klaus Barbie; Hammerschmidt, Deckname Adler, S. 353–355; McFarren/Iglesias, Un novio de la muerte, S. 111–315.

43 Hammerschmidt wertete den Briefkontakt der beiden Freunde zwischen 1971 und 1991 im „Nachlass Hans Gwinner“ im Bundesarchiv in Koblenz aus. Er kommt zu dem Schluss, dass „die teilweise sehr intimen Briefe, die Barbie seinen Freunden aus Peru, Bolivien und aus der Haft in Lyon gesandt hat, [...] Barbies Eingliederungsprozess in die bolivianische Gesellschaft und seine Reaktion auf die gegen ihn angestrengten Ermittlungsbemühungen [reflektieren]“. Hammerschmidt, Deckname Adler, S. 19.

1951 Kontakte zu der deutschen Kolonie auf und trat wenige Wochen später in den Deutschen Klub ein. „So wie der größte Teil der deutschen Kolonie" betrachtete auch Barbie den Klub „als ein Stückchen Heimat". Wie aus seinen im Gefängnis in Lyon verfassten Memoiren hervorgeht,[44] lernte er im Deutschen Klub Hans Ertl kennen. Ertl war es auch, der ihn an den Eigentümer des Sägewerks Llojeta weitervermittelte, als er von Altmann-Barbies Suche nach einer Arbeitsstelle erfuhr. Ob und wie viele Personen innerhalb der deutschen Kolonie von seiner wirklichen Identität gewusst haben, lässt sich nicht klären. Zweifellos gab er nicht allzu viel von sich preis.

Dass es sich bei Klaus Altmann um einen geflohenen Nazi handeln könnte, der in der deutschen Kolonie auf einen Kreis von Gleichgesinnten getroffen war, vermuteten bereits Anfang der 1950er-Jahre einige jüdische Emigranten. Anlässlich eines Besuchs bei dem Ehepaar Ajke 2006 erzählte mir Marek Ajke, dass er sich gut an meinem Vater erinnere und an ein Gespräch Anfang der 1950er-Jahre mit diesem im Hotel *Hamburgo* in Chulumani in den *Yungas* von La Paz (wo wir mehrfach das Wochenende verbrachten). Er habe meinem Vater von einer Gruppe Nazis berichtet, von Leuten aus der deutschen Kolonie, die sich hier in der Nähe häufig auf einer *finca*, einem Landgut, im Urwald der *Yungas* treffen würden. Herr Altmann gehöre dazu. Er sei bereits damals sicher gewesen, dass dieser Herr ein geflüchteter Nazi war – ein SS-Mann höchstwahrscheinlich, so Ajke 2006.[45] In dem Gespräch habe er meinen Vater damals auch darauf hingewiesen, dass unter den Auswanderern, die nach dem Krieg nach Bolivien gekommen waren, eine Reihe Nazis waren und diese in der deutschen Kolonie gut aufgenommen worden seien. Das sei nicht erstaunlich gewesen, weil zahlreiche

44 Siehe Hammerschmidt, Deckname Adler, S. 183. Hammerschmidt gelangte an die Kopie der Memoiren, die seinen Ausführungen zufolge 2012 an einen US-amerikanischen Sammler verkauft wurden. Siehe Hammerschmidt, Deckname Adler, S. 19.

45 Interview mit Marek Ajke, La Paz, 10. 11. 2006.

alteingesessene Deutsche selbst begeisterte Hitler-Anhänger gewesen waren. Und auch wenn sich die Mitglieder der deutschen Kolonie nach außen als unbelastete Deutsche gaben, habe einiges darauf hingedeutet, dass so mancher noch im alten Denken verhaftet gewesen sei, spürbar etwa in ihrer ablehnenden Haltung Juden gegenüber. Soweit Marek Ajke über die 1950er-Jahre.

Dass Barbies Gesinnung in der deutschen Kolonie nicht unbekannt war, unterstrich rückblickend Bernd Stahmer, ein Interviewpartner aus der deutschen Kolonie:

> „Ich meine, was wir heute sagen können, ist, dass bestimmt viele Leute im In- und Ausland wussten, wer er war. Aber das trat einfach im öffentlichen Leben hier in La Paz nicht zutage, und er sprach auch nicht drüber. Alle wussten, dass er – also – irgendwas gewesen war – ja. Aber nachdem er auch vor allen Dingen sehr viele jüdische Kontakte hatte, hat man dann ... gesagt, na ja, du lieber Gott, was mag's gewesen sein, nicht? Also – wir nannten ihn damals spaßeshalber – wir sagten: Was du mal da warst – aber bis zum Fähnleinführer wirst du es wohl gebracht haben."[46]

Und Barbie vermochte sich offenbar wohlzufühlen in der deutschen Kolonie:

> „[...] natürlich war ein gewisses gedankliches Erbe, wenn ich das mal so sagen darf, auch aus dem Dritten Reich, aus der Zeit, vorhanden, also das denke ich schon, aber es trat nicht öffentlich zutage. [...] Wir hatten natürlich hier den einen berühmten Fall [...] Klaus Altmann-Barbie, der dann nachher aus dem Deutschen Klub ausgeschieden wurde, weil er sich dazu hat hinreißen lassen – wahrscheinlich mit einigen Bierchen eben – ... nazistische Lieder zu singen."

46 Interview mit Bernd Stahmer, 26. 10. 2006; siehe auch Interview mit Bernd Stahmer, 8. 11. 2006. Das folgende Zitat ebenda.

Im Deutschen Klub kam es erst 1965 zu einer gewissen Distanzierung von Altmann-Barbie. Anlass war, dass dieser den deutschen Botschafter Dr. Günther Motz mit „Heil Hitler" begrüßt hatte und damit einen Skandal auslöste. Gleichwohl tat das der Freundschaft mit dem ihm nahestehenden Kreis keinen Abbruch. Einige Zeit später verkehrte Altmann-Barbie wieder ungehindert im Deutschen Klub. Die deutsche Kolonie blieb der soziale Raum, in dem er sich wie ein Fisch im Wasser bewegen konnte.

Ein Bericht von Botschafter Dr. Motz vom 14.Januar 1966 an das Auswärtige Amt anlässlich einer Nachfrage zu „Klaus Altmann" enthält eine bemerkenswerte Einschätzung zur deutschen Kolonie. Daraus geht hervor, dass man dort auf Altmanns nazistische Auftritte immer erst dann reagierte, wenn es zu einem öffentlichen Eklat kam: Etwa als sich der Botschafter über Altmanns Auftritte beklagte. Der Botschafter hielt fest:

> „Herr Altmann ist auch heute noch ein überzeugter Nationalsozialist und hat durch provozierendes Verhalten und Äußerungen, auch gegenüber Botschaftsangehörigen, schon häufig Anlass zu Unstimmigkeiten in der deutschen Kolonie in La Paz gegeben. Insbesondere übt er im Sinne seiner Ideen einen nicht unerheblichen Einfluss auf eine Anzahl jüngerer Deutscher in La Paz aus, die hier als Angestellte bei deutschen Handelsfirmen arbeiten. Von einer großen Zahl deutscher und vor allem deutsch-jüdischer Emigranten in Bolivien wird das Verhalten von Herrn Altmann sehr kritisch beobachtet. Die Botschaft hatte sich im vergangenen Jahr bereits einmal beim Deutschen Klub über Altmann beschwert, weil er einen Botschaftsangehörigen ostentativ im Klub mit ‚Heil Hitler' begrüßte. Altmann zog danach vor, aus dem Klub auszutreten, gelangte aber unauffällig wieder hinein. Eine erneute diskriminierende Äußerung gegenüber einem Botschaftsangehörigen veranlasste mich, auf den Ausschluss Altmanns zu drängen unter dem Hinweis, dass sonst die Botschaftsangehörigen im Klub nicht

> mehr verkehren könnten. Der Vorstand beschloss daraufhin einstimmig den Ausschluss von Altmann. Da Altmann über einen gewissen Anhang unter den Vereinsmitgliedern verfügt, soll demnächst über den vom Vereinsvorstand beschlossenen Ausschluss auf Antrag einiger Vereinsmitglieder auf einer außerordentlichen Mitgliederversammlung noch einmal abgestimmt werden."[47]

Wenige Tage später, am 25. Januar 1966, sah sich Botschafter Dr. Motz veranlasst, über einen weiteren Vorfall zu berichten:

> „Vor einigen Wochen wurde mir ein erneuter Vorfall mitgeteilt, bei dem Herr Altmann meinem ständigen Vertreter, der sich in Begleitung des US-Botschaftsrats im Klub befand, aus einer lärmenden Tischrunde zurief: ‚Da sitzt der Geschäftsträger der deutschen Botschaft mit seinen jüdischen Freunden.' Ich habe daraufhin dem Vorstand des Deutschen Vereins den Fall mitgeteilt und sehr eindeutig dargelegt, dass eine solche Verletzung des Gastrechts unerträglich sei und die Botschaftsangehörigen den Deutschen Klub nicht wieder besuchen könnten, ehe nicht entsprechende Schlussfolgerungen gezogen wären. Der Vorstand des Deutschen Vereins beschloss daraufhin einstimmig den Ausschluss Altmanns.
> Die Gruppe der jungen Leute protestierte hiergegen und erreichte die Anberaumung einer Generalversammlung mit dem Antrag, Altmann wieder aufzunehmen. Herr Altmann, der zur Zeit infolge des Booms von Chinarinde erhebliche Geschäfte hier tätigt und entsprechenden Einfluss bei seinen deutschen Bekannten, mehr aber wohl noch in bolivianischen Kreisen bis hinein in die Ministerien besitzt, startete eine sehr rührige Kampagne für seine Wiederaufnahme. Er bedrohte Vorstandsmitglieder mit dem Staatsanwalt wegen angeblicher Verleumdung, da er den Ausspruch nicht getan

47 Deutsche Botschaft La Paz (Motz), 14. 1. 1966, RK V 3-88 Altmann, Klaus (Klaus Barbie 1966–1972), PA AA, B 83, Bd. 1351.

> habe. Er drohte ferner, die Geheimpolizei mit Hilfe seiner hohen Regierungskonnektionen gegen die Vorstandsmitglieder des Deutschen Vereins einzusetzen und über die Ministerien wirtschaftliche Nachteile herbeizuführen.
> In der auf unsere Veranlassung außerordentlich gut besuchten Generalversammlung am 21. ..M. [sic!] wurde der Fall Altmann mit eindeutiger Mehrheit von 66 zu 11 Stimmen dahin entschieden, dass der Ausschluss Altmanns aufrechterhalten bleibt.
> Damit hat sich der Deutsche Verein ganz eindeutig von einem Mann distanziert, der dem Verein eine Zeitlang den Ruf der Nazisympathie eingebracht hat. Besonders beachtenswert war, dass in keinem der Diskussionsbeiträge auch nur andeutungsweise ein Wort für den Nazismus gefallen ist. Diese Entscheidung ist nunmehr die zweite entscheidende Stellungnahme gegen die nazistische Vergangenheit [...]. Die Entscheidung wird wesentlich dazu beitragen, die latenten Spannungen, die aufgrund der Mitgliedschaft Altmanns im Klub zwischen diesem und der deutsch-jüdischen Emigration bestand, zu mildern."[48]

Dieser Bericht kennzeichnet zum einen klar das soziale Umfeld und die Gesinnungs-Atmosphäre in der altdeutschen Kolonie. Es ist ein sozialer Raum, der das Fortleben nationalsozialistischer Haltungen auch noch Ende der 1960er-Jahre ermöglichte. Zum anderen zeigt er, wie Altmann-Barbie in diesem Kontext auftreten und mit welcher Protektion aus politischen Kreisen er offenbar rechnen konnte. Zwar führte der Druck der Deutschen Botschaft letztendlich zum Ausschluss Barbies aus dem Klub. Offen bleibt, ob die Einschätzung des Botschafters hinsichtlich eines grundlegenden Gesinnungswandels innerhalb der deutschen Kolonie tatsächlich zutreffend war. Möglicherweise ging es nur darum, dem Eindruck entgegenzuwirken, die deutsche Kolonie sei

48 Deutsche Botschaft La Paz, 25. 1. 1966 (vertraulich!), RK V 3-88 Altmann, Klaus (Klaus Barbie 1966–1972), PA AA, B 83, Bd. 1351.

ein Hort unverbesserlicher Hitler-Anhänger. Wie schwer sich die deutsche Kolonie mit ihrem Nazi-Erbe jedoch tut, zeigt, dass innerhalb der Deutschen Kulturgemeinschaft (wie sie sich seit geraumer Zeit nennt) bis heute keine offene kritische Auseinandersetzung mit der eigenen Geschichte der deutschen Kolonie während des Nationalsozialismus stattgefunden hat.

## Zynische Strategie – Klaus Barbie und Juden in La Paz

Ein weiterer Aspekt, der zu Barbies Werdegang in Bolivien gehört, ist das erstaunliche Pendeln zwischen den sonst abgegrenzten sozialen Räumen von Juden und Deutschen, das Barbie bis in die 1960er-Jahre hinein und zum Teil auch später noch praktizierte. Das Sägewerk in Llojeta in den *Yungas*, das er bis 1954 als Verwalter leitete, gehörte dem jüdischen Holzunternehmer Kapauner. Später wurde Altmann-Barbie dessen Geschäftspartner. Kapauner hatte keine Kenntnis von Barbies wahrer Identität, während es Barbie in der kleinen, überschaubaren Geschäftswelt von La Paz nicht verborgen geblieben sein konnte, dass Kapauner Jude war. Geschäftsbeziehungen zu Juden kennzeichnen sein Leben in Bolivien. Gleichwohl bedeutet dies keineswegs eine „Läuterung", vielmehr war es die Konsequenz aus seiner gelungenen Tarnung als weltoffener Geschäftsmann. Seine tatsächliche Einstellung äußerte er im Gespräch mit dem Journalisten Gerd Heidemann 1979: „Wissen Sie, ich glaube nicht an die sechs Millionen vergasten Juden. Aber ich bedauere jeden Juden, den ich nicht umgelegt habe."[49]

Als sich in den 1950er-Jahren das Geschäftsleben immer mehr zu einem „Begegnungsraum" zwischen alteingesessenen Deutschen und Juden entwickelte, blieb die Interaktion gleichwohl auf das Geschäftsleben begrenzt. Mehr noch: In diesem sozialen Raum herrschte jahrelang

49 Gerd Heidemann, „Das Geständnis", in: Der Stern, Nr. 7, 10.2.1983, S. 48–52, hier S. 52.

weiterhin eine klare soziale Hierarchie zwischen den alteingesessenen Deutschen und den jüdischen Emigranten. Auch wenn die meisten Emigrantinnen und Emigranten inzwischen ökonomisch und sozial aufgestiegen waren und der Mittelschicht angehörten, bestand doch ein beträchtlicher Abstand zur ökonomischen Machtstellung, zum Prestige und gesellschaftlichen Einfluss der „Alteingesessenen". Die Begegnungen zwischen Emigranten und Mitgliedern der deutschen Kolonie beschränkten sich auf den Einkauf in jüdischen Geschäften, beim jüdischen Optiker, Fotografen oder Juwelier, und die Uhr brachte man zur Reparatur in eine jüdische Werkstatt. In der Regel weiteten sich die Kontakte in jener Zeit nicht auf den persönlichen Raum aus.

Barbie stellte hier eine Ausnahme dar. Er gehörte zu den wenigen, die von Anfang an über gute Kontakte zu einzelnen Juden verfügten und diese bewusst pflegten, bis hin zu persönlichen Beziehungen. Margitta Salzmann, Ehefrau des jüdischen Unternehmers, berichtet aus den frühen 1960er-Jahren:

> „Mit dem Klaus Altmann hab' ich meinen Mann hundertmal gesehen – zusammen Kaffee trinken. [...] Der Klaus Altmann ging immer Kaffee trinken in den Club La Paz. Und da saßen die ganzen Leute, Bolivianer und Deutsche und Juden und Emigranten und was weiß ich, alle saßen dort. Und da haben sie sich angefreundet. Und haben sich unterhalten. Und dann ging er mit ihm was trinken oder einen Kaffee trinken. Oder auch [...] mal ein Bier zusammen und so weiter.
> Frage: Sprachen sie Deutsch oder Spanisch?
> Frau Salzmann: Deutsch! Deutsch! Deutsch!
> Frage: Und hier hat Ihr Mann niemals gefragt?
> Frau Salzmann: Nein."[50]

50 Interview mit Margitta Salzmann, 2. 11. 2006.

Wie stark das Entsetzen jüdischer Einwanderer nach der Aufdeckung von Barbies wahrer Identität war, lässt sich unschwer ermessen. Unter Juden und Jüdinnen in Bolivien schlug dies ein wie eine Bombe. Alle meine jüdischen Gesprächspartner und -partnerinnen erzählten davon – auch Margitta Salzmann. Auf meine Frage, wie ihr Mann reagiert habe, als Beate Klarsfeld Klaus Altmann entlarvte, rief sie erregt:

> „[...] das hat keiner geglaubt! Wir haben's gar nicht geglaubt. Wir haben gesagt, was, der Altmann, unmöglich! Unmöglich! Unmöglich. – Bueno, dann wurde es auch offiziell. – Ja. Es war unmöglich. Mein Mann konnte es nicht glauben. ...
> Ich hatte hier eine Freundin, [...] die war in Ausschwitz. Und wie man das wusste, wer der Klaus Altmann ist, dass er der Barbie ist, da hat sie ihn auf der Straße angepöbelt. Sie Verbrecher, *asesino*, hat sie geschrien, Mörder, und so weiter. [...]. Er hatte immer einen [Mann neben sich], der ihn verteidigt, so ein großer, ein Bolivianer, ein *guardaespalda* [Leibwächter], so ein *matón* [Schläger] [...]. Und der hat die arme alte Frau auf den Boden geschmissen, in der Calle Potosí [...]. – Immer wenn sie ihn gesehen hat, dann ist sie wild geworden. Und hat ihn beschimpft, auf der Straße."

In der deutschen Kolonie rückten nun die meisten von Altmann-Barbie ab. Dennoch verblieben weiterhin Einzelne, die bis zum Prozess in Lyon treu zu ihm hielten – wie sein Freund Hans Gwinner.

# Teil III

# Monika Ertl: Der andere Weg

Zu jenen, mit denen Altmann-Barbie über Jahrzehnte eine enge Freundschaft verband, gehörte die Familie von Hans Ertl. Ertl war wie Barbie 1951 nach Bolivien gekommen. Schnell konnte er sich in die deutsche Kolonie eingliedern. Er war bekannt als waghalsiger Bergsteiger und wurde bewundert für seine Expeditionen in entlegene Urwaldregionen. Seine drei Töchter, darunter Monika, wuchsen hier auf. Für sie war Altmann der vertraute „Onkel Klaus".

Ich kannte die Töchter Ertl aus der Deutschen Schule. Monika, die einige Jahre älter war als ich, beneidete ich, weil sie ihren Vater auf seinen abenteuerlichen Urwaldexpeditionen begleiten durfte. Ganz offensichtlich teilte sie die Begeisterung für die Wildnis mit ihrem Vater. Sehr bald wurde sie zu seiner unverzichtbaren Assistentin und Kamerafrau und im Expeditionsteam zuständig für organisatorische Aufgaben.

Wenn Monika zurück nach La Paz kam, nahm sie am gewohnten Leben in der deutschen Kolonie teil. Bis weit ins Erwachsenenalter war sie dort gut integriert, zumal sie als schöne junge Frau heftig umschwärmt war. Zu ihrem sozialen Umfeld gehörten – wie sollte es anders sein – auch Familien mit eindeutigem Nazi-Hintergrund. Die Familie ihres späteren Ehemannes Hans Harjes war eine von ihnen. So wuchs Monika in einer Umgebung auf, in der eine Auseinandersetzung mit der deutschen Geschichte und den Verbrechen des Dritten Reiches nie stattfand. Gleichwohl löste sich Monika nach einigen

Monika Ertl und Vater Hans Ertl
bei Filmaufnahmen in Bolivien
*ullstein bild 1004610610*

Jahren aus diesen Verhältnissen und schloss sich Ende der 1960er-Jahre der bolivianischen Guerillaorganisation Nationale Befreiungsarmee ELN an.

Ich habe mich oft gefragt, welche Bedeutung ihre familiäre Sozialisation sowie das Umfeld aus deutschen Rechtskonservativen und verdeckten Nazis in La Paz für ihre spätere politische Entwicklung hatten. Ihre Loslösung aus diesen Kreisen verlief als komplexer Prozess. Ich will mich auf einige wesentliche Faktoren beschränken. Anders als in vielen Familien in Deutschland Mitte der 1960er-Jahre war es offenbar nicht die Nazi-Vergangenheit in ihrer Familie und in ihrem sozialen Umfeld, die ein kritisches Bewusstsein weckte. Vielmehr war es wohl die extreme soziale Ungleichheit im Land, die die sensible Frau immer stärker wahrnahm und die sie zu belasten begann: das große soziale Gefälle zwischen der Welt, in der sie lebte, und der Welt außerhalb der deutschen Kreise. Das Leben der Wohlhabenden, die sich von der Realität der Lebensbedingungen der indigenen Bevölkerung mit unverhohlenem Rassismus abschotteten, stand in hartem Kontrast zu dem Leben der indigenen Mehrheit Boliviens: Dies war geprägt von den elenden Lebensverhältnissen der indigenen Bauernfamilien auf dem Land in ihren armseligen Hütten, denen Monika bei den Expeditionen mit ihrem Vater vielfach begegnet war. Sie sah auch die billigen Arbeitskräfte in der Stadt, die aus dem Leben der gesellschaftlichen Mittel- und Oberschichten nicht wegzudenken waren, wie das Heer von Tagelöhnern, die zu jedwedem Dienst angeheuert wurden, das Hauspersonal, das herumkommandiert und kaum als Menschen wahrgenommen wurde, sowie all jene, die im öffentlichen Leben die niederen Tätigkeiten verrichteten. Unübersehbar waren die Armut der indigenen Frauen, die in ihren bunten Wollröcken am Straßenrand hockten und Obst verkauften, das Kleinkind in einem Tragetuch auf dem Rücken oder auf der Erde neben sich, und die vielen Kinder, die als Schuhputzer oder Kaugummiverkäufer ihren Lebensunterhalt verdienten. Es waren diese Eindrücke, die Monika Ertl später zu ihrem sozialen Engagement für die indigenen Frauen und Kinder motivierten.

Monikas Sensibilität für diese Ungleichheit wurde noch geschärft, als sie als Ehefrau des Bergbau-Ingenieurs Hans Harjes Ende der 1950er-Jahre die Ausbeutung, den Rassismus und die Gewalt im Umgang mit den indigenen Arbeitern hautnah erlebte. Harjes hatte einen leitenden Posten im Bergwerk eines internationalen Unternehmens in Nord-Chile übernommen, einem abgelegenen Nest in den Anden. Das Paar kannte sich schon seit Jugendjahren. Harjes war ebenfalls in Bolivien aufgewachsen. Das Denken und Handeln in Klassen- und „Rassen"-Unterschieden lag ihm – wie den meisten Deutschen und den bolivianischen Angehörigen der Mittel-und Oberschicht – nicht fern.

Der scharfe Kontrast zwischen den Annehmlichkeiten, in denen die leitenden Angestellten lebten, und den harten Lebensbedingungen der Arbeiter war für ihn eine Selbstverständlichkeit. Seine Ehefrau Monika hingegen empfand die Situation zunehmend als schwer erträglich.[1] Das gemeinsame Leben funktionierte schon bald nicht mehr gut, Monika begann ein eigenes Leben innerhalb der Ehe zu führen. 1965 kehrte das Ehepaar zurück nach La Paz. Ihre Freundin Lilo – die Ärztin Dr. Liselotte „Lilo" Bauer de Barragán, die auch ich seit meiner Kindheit in La Paz gut kannte – erzählte mir, dass Monika begonnen hatte, sich für Geschichte und Philosophie zu interessieren und viel las. Bevor sie in den Untergrund ging, hinterließ sie Lilo die Bände des von ihr geschätzten spanischen Philosophen Ortega y Gasset. Das war – so Lilo – das Zeichen, dass sie Monika nicht wiedersehen würde.[2]

Gemeinsam mit Lilo und Kitty Rector gründete Monika 1967 die *Fundación San Gabriel*. Es sollte ein Heim sein, in das arme alleinstehende schwangere *indígena*-Frauen, die den Unterhalt für die Familie bestreiten mussten, ihre Kinder in Obhut geben konnten. Für „Indiofrauen" (wie sie zumeist abschätzend genannt wurden), noch dazu arm und in einer derart prekären Lebenssituation, existierten zu jener Zeit keinerlei Hilfen. Ziel des Projektes war es, die Mütter zu entlasten, sie gesundheitlich zu versorgen und die Kinder – meist unterernährt –

1 Einige diesbezügliche Informationen stammen aus den Gesprächen, die ich 2005/06 mit Dr. Lieselotte Bauer de Barragán, einer gemeinsamen Freundin und zeitweisen engen Vertrauten von Monika, führte. Weitere Informationen aus dem Artikel „Sie starb wie Che Guevara", in: Der Stern, Nr. 22, 1973. Der ungenannte Autor beschreibt darin recht ausführlich, dass Monika Ertl immer stärker unter dem Verhalten ihres Mannes gegenüber den Arbeitern im Bergwerk und der Situation vor Ort insgesamt litt. Bedauerlicherweise enthält der Artikel keine Nachweise, woher der Autor sein Wissen bezieht. Den Titel des Artikels übernahm Jürgen Schreiber für seine Biografie von Monika Ertl (Jürgen Schreiber, Sie starb wie Che Guevara. Die Geschichte der Monika Ertl, Düsseldorf 2009) ohne Quellenangabe.

2 Gespräche mit Dr. Lieselotte Bauer de Barragán 2005 und 2006.

„wieder aufzupäppeln", wie Kitty sagte. Finanziert werden sollte das Projekt mit Spenden aus Bolivien und Deutschland.[3]

Die Jüdin Kitty, Lilo, aus dem reichen und einflussreichen deutschen Kyllmann-Bauer-Klan, die zum „schwarzen Schaf" der Familie wurde, weil sie nicht standesgemäß einen bolivianischen Mediziner aus einfachen Verhältnissen geheiratet hatte, und Monika waren ein sehr besonderes Dreiergespann, denn sie ignorierten gesellschaftliche Grenzen und Verhaltenscodices. Dies betraf die Abgrenzung zwischen Juden und Altdeutschen ebenso wie die Grenzen zwischen „weißer" Oberschicht und armer *mestizo-* und *indio*-Bevölkerung.

Monika übernahm die Aufgabe, Spenden für die Stiftung einzuwerben. Sie bewegte sich nun bewusst zwischen den zwei ungleichen Welten: Im Kreis der deutschen Kolonie nahm die attraktive junge Frau lebhaft am sozialen Leben zwischen Swimmingpool, *parilladas* (Grillparties), Festivitäten und Ämtern in der Deutschen Schule teil. Dabei nutzte sie die Gelegenheiten, bei den Wohlbetuchten um Unterstützung für ihr Projekt zu werben. In dem Armenviertel, wo das Projekt entstand, erlebte sie wiederum hautnah das Elend der indigenen Bevölkerung.

Oft reiste sie nach Deutschland, um dort weitere Finanzquellen zu erschließen. Eine ihrer Ideen war der Handel mit Investmentfonds von Bernard „Bernie" Cornfeld – eine damals neue Finanzstrategie an den Börsen, die in jener Zeit viel öffentliche Aufmerksamkeit auf sich zog. Monika bot die Papiere in La Paz an und hatte dabei offenbar Erfolg.

In Stuttgart, wo ihr Schwager Reinhard Harjes Medizin studierte, kam sie in Kontakt mit linken Studentenkreisen, darunter Bolivianer

3 Die Stiftung *Fundación San Gabriel* existiert noch heute. Schwerpunkt ist das von Dr. Liselotte Bauer de Barragán bis kurz vor ihrem Tod geleitete Krankenhaus. Siehe die Website des Fördervereins „Hilfe für das Lehrkrankenhaus San Gabriel in La Paz – Bolivien" e. V., http://www.fv-sangabriel.org/index.html und http://www.fv-sangabriel.org/html/prof__dr__de_barragan.html [5. 2. 2018].

und andere Lateinamerikaner. Es war die Zeit der Studentenbewegung, der Debatten über revolutionäre Strategien und Che Guevaras Kampf sowie sein Scheitern im bolivianischen *Chaco.* Für so manchen der lateinamerikanischen Studenten, ganz besonders für Bolivianer und Deutsch-Bolivianer, waren die Themen Diktatur, Widerstand, Aufstandsbekämpfung, Klassenkampf, Ausbeutung und Unterdrückung, das Zerschlagen der Guerilla von Che am Ñakaguasú durch die bolivianischen Streitkräfte und seine Erschießung 1967 Anlass, politisch aktiv zu werden und sich zu engagieren. Monika hatte sich offenbar gut in diese studentischen Kreise eingefunden. Die theoretischen Diskussionen eröffneten ihr neue Einsichten in die Ursachen der sozial so extrem ungleichen bolivianischen Gesellschaftsverhältnisse: die Ausbeutungsstrukturen, den Reichtum und die politische und wirtschaftliche Macht jener kleinen Gesellschaftsschicht, die große Handelshäuser, *haciendas* und Fabriken besaß. Sie begriff, dass ausländische – auch deutsche – Geschäftsleute und Unternehmer ebenfalls von diesen Strukturen profitierten. Die Beziehungen zwischen der herrschenden Schicht und ausländischen ökonomischen Interessengruppen sowie entsprechende politische Einflussnahmen waren ein zentrales Thema in den Debatten der Studenten jener Zeit. Auch die Militärdiktatur von General Barrientos in Bolivien (1964–1969) basierte auf einer solchen Kooperation. Insbesondere die Studierenden aus Bolivien befassten sich mit dem Zusammenhang zwischen internationalen Kooperationen und der Repression der Regierung Barrientos (dass dabei Geheimdienstberater Klaus Barbie eine maßgebliche Rolle spielte, war den oppositionellen Studenten in Deutschland damals wohl nicht bekannt). Ein weiteres Thema war die Strategie der manipulativen Einbindung eines erheblichen Teiles der Bevölkerung in die Regierungspolitik sowie die Konsequenzen, die dies für die Guerilla von Che gehabt hatte. Und nicht zuletzt ging es um Fragen des Widerstandes. Solche Auseinandersetzungen erforderten eine gründliche Analyse des politischen Wegs, den das Land in den letzten Jahrzehnten genommen hatte. Welche politischen und gesellschaftlichen Konstellationen hatten die Militärdiktatur von

Barrientos ermöglicht? Was hatte zu dieser zugespitzten Konfrontation zwischen linken und rechten politischen Kräften beigetragen? Einige Eckpunkte dieser jüngsten Geschichte, mit der sich diese Studierenden – und damit auch Monika Ertl – damals befassen mussten, sollen hier rückblickend näher betrachtet werden:

General René Barrientos hatte 1964 mit einem Staatsstreich gegen die gewählte MNR-Regierung unter Paz Estenssoro, dessen Vizepräsident er war, die Regierungsgewalt übernommen.[4] Hintergrund des Putsches waren Konflikte der MNR-Regierung mit den Gewerkschaften, deren Ursache das mit den USA ausgehandelte wirtschaftliche Stabilisierungsprogramm *Plan Triangular* war, das unter anderem die Sanierung des staatlichen Bergbauunternehmens COMIBOL vorsah. Als Gegenleistung für Kapitalinvestitionen und Technologietransfers der USA und der Interamerikanischen Entwicklungsbank sollten einschneidende Lohnkürzungen und massive Entlassungen im Bergbau vorgenommen werden. Dies stieß bei den Gewerkschaften auf heftigen Widerstand. Als die Regierung zur Durchsetzung des Plans die Armee einsetzte und die Bergbauzentren umzingelte, kam es zum endgültigen Bruch zwischen der Bergarbeiterschaft und der MNR-Regierung. Damit verlor die Regierung einen wichtigen Alliierten. Dennoch glückte es Paz Estenssoro und seiner Partei MNR, aus den Wahlen 1964 noch einmal als Sieger hervorzugehen. Luftwaffengeneral Barrientos wurde Vizepräsident.

Wenige Monate später nutzte Barrientos die Schwäche der MNR und von Präsident Paz Estenssoro, um selbst nach der Macht zu greifen. Der Gewerkschaftsdachverband COB unterstützte den Putsch als Reaktion auf die gewerkschaftsfeindliche Regierungspolitik von Paz Estenssoro.

4 Zur Politik von Barrientos und nachfolgenden Militärregierungen siehe Dunkerley, Rebelión en las venas; zu Barrientos insbesondere Herbert S. Klein, Historia Genral de Bolivia, 1. Aufl., La Paz 1982, S. 299–303; zur Machtergreifung von Barrientos, zu den Konflikten mit der Arbeiterschaft und Strategien zur Einbindung der *campesinos* siehe Krempin, Bauernbewegung in Bolivien, S. 95–98.

Sehr bald mussten die Gewerkschafter jedoch erkennen, dass Barrientos keineswegs eine arbeiterfreundlichere Politik verfolgte. Im Gegenteil: Die Forderungen der Gewerkschaften stießen auf scharfe Ablehnung. Die Wirtschaftspolitik der Regierung Paz Estenssoro wurde fortgesetzt. Barrientos schlug einen besonders harten Kurs gegenüber der Bergarbeitergewerkschaft ein, insbesondere ging es ihm um die Durchsetzung der Interessen des ausländischen Kapitals und der Ausbeutung neuer Rohstoffquellen. Die Konflikte in den Minenzentren eskalierten. Barrientos setzte die Armee gegen streikende Arbeiter im Bergbauzentrum Catavi ein, zahlreiche Bergleute wurden getötet. Es folgten umfangreiche Entlassungen und die Entwaffnung der Bergarbeitermilizen. Höhepunkt der Repression in den Minen war das Massaker in der Johannisnacht 1967 im Bergbauzentrum Siglo XX. Über 100 Bergleute wurden von den Streitkräften umgebracht, Gewerkschaftsführer in Lagern interniert. Die Bergleute hatten für höhere Löhne gestreikt.[5] Für die gesamte Linke war das Gemetzel ein tiefer Schock – und trug zweifelsohne bei nicht wenigen zur Sympathie mit der Guerillabewegung von Che Guevara bei. Noch heute ist das „Massaker von San Juan“ Bestandteil der Erinnerungskultur in Bolivien.

Zur Absicherung seiner antigewerkschaftlichen Politik versicherte sich Barrientos der Gefolgschaft der *campesinos*, der Kleinbauern. Sein Charisma, seine demagogischen Fähigkeiten, der Umstand, dass er perfekt Quechua sprach, sowie seine Leutseligkeit im Umgang mit der Landbevölkerung brachten ihm erhebliches Ansehen bei den *campesinos* ein. Mit dem Abschluss des Militär-Bauern-Paktes (*pacto militar campesino*) schuf er sodann ein stabiles Bündnis mit der Bauernschaft.[6] Die *campesinos* profitierten von ländlichen Entwicklungsprojekten, die im Rahmen dieses Paktes mit US-Militärhilfe finanziert wurden.

5 Siehe Krempin, Bauernbewegung in Bolivien, S. 96; Klein, Historia Genrale de Bolivia, 1. Aufl., S. 300.

6 Siehe Krempin, Bauernbewegung in Bolivien, S. 95–98; César Soto, Historia del pacto militar campesino, Cochabamba 1994.

Barrientos sicherte sich so die Unterstützung von Bauernführern und zugleich die Kontrolle über die Bauernschaft. Geschickt verstand er es, *campesinos* gegen *mineros* (Bergleute) auszuspielen und Bauernmilizen bei Angriffen der Armee in Bergbauzentren einzusetzen. Diese guten Beziehungen des Militärs zur ländlichen Bevölkerung kamen Barrientos nicht zuletzt bei der Verfolgung von Che Guevara zugute.

Ernesto Che Guevara war 1966 nach Bolivien aufgebrochen, um dort eine Guerilla aufzubauen.[7] Sein strategischer Plan basierte auf seiner Fokus-Theorie. Die Guerilla-Gruppe, eine kleine bewaffnete Gruppe hochmotivierter und ideologisch gefestigter Revolutionäre sollte eine Erhebung der ländlichen Bevölkerung in Bolivien entfachen, die wiederum die Initialzündung für einen Aufstand gegen die Diktatur in Bolivien sein sollte, um dann die Ausbreitung ebensolcher Guerilla-Bewegungen und Aufstände in anderen Ländern Lateinamerikas und darüber hinaus in weiteren Regionen zu bewirken. Ziel war die Expansion von sozialistischen Revolutionen in den Ländern des globalen Südens. Unter seiner Führung schlossen sich einzelne Mitglieder der Kommunistischen Partei Boliviens mit kubanischen und anderen ausländischen Linken zur ELN zusammen und nahmen den bewaffneten Kampf auf. Wegen dessen strategischer Lage wählte Che das unwegsame Gelände am Rio Ñakaguasú im bolivianischen *Chaco* als Ausgangspunkt für die Aktivitäten der Guerilla. Fatalerweise hatte er jedoch die Verhältnisse in Bolivien falsch eingeschätzt. Nicht nur, dass die moskauorientierte Kommunistische Partei (*Partido Comunista de Bolivia*) unter Führung von Mario Monje ihm die Unterstützung

7 Der mexikanische Autor und Historiker Paco Ignacio Taibo II hat eine detaillierte Biografie von Ernesto Che Guevara vorgelegt, in der er anhand von Quellenmaterial in vielen Einzelheiten auch die Geschichte der Guerilla von Ñakahuazú darstellt: Paco Ignacio Taibo II, Ernesto Guevara. También conocido como el Che, 7. Aufl., Barcelona 1997. Das Buch liegt auch in deutscher Übersetzung vor: Paco Ignacio Taibo II, Die Biografie des Ernesto Che Guevara. Aus dem Spanischen übersetzt von Horst Rosenberger und Andreas Löhrer, Hamburg 1997.

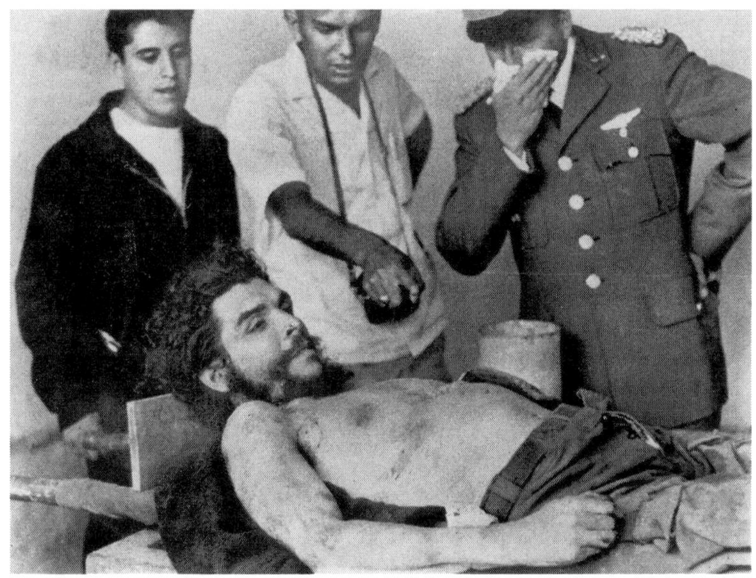

Der getötete Che Guevara,
Pressekonferenz des bolivianischen Militärs in Valle Grande, 10. Oktober 1967
*ullstein bild - TopFoto 80043747*

versagte,[8] auch die Bauern im *Chaco* konnten die Guerilleros nicht für ihre Sache gewinnen. Schon 1967 wurden die Kämpfer von bolivianischen Spezialeinheiten des Militärs unter Anleitung des US-Geheimdienstes aufgerieben. *Campesinos* verrieten die Guerilleros.[9] Der

8 Monje war ein Gegner des Fokus-Ansatzes. Allerdings gab es innerhalb der Partei Auseinandersetzungen um die Zusammenarbeit mit Che, und einige Parteimitglieder schlossen sich der Guerilla an. Siehe Dunkerley, Rebelión en las venas, S. 176–182.

9 Taibo II schildert mehrere Beispiele, darunter den berühmten tödlichen Hinterhalt, den das Militär am 31. Oktober 1967 legte und bei dem mehrere (7 oder 10) Guerilleros umkamen, u. a. die Guerillera Tania (Tamara Bunke). Der Hinterhalt war durch Verrat und Kollaboration des Bauern Honorato Rojas zustande gekommen. Rojas hatte Kontakte zu den Guerilleros, die ihm

Militär-Bauern-Pakt der Regierung Barrientos, gezielte Bedrohungen der Bauern, das Versprechen von Kopfgeld und antikommunistische Hetze verfehlten ihre Wirkung nicht. Das Ende der Guerilla unter Führung von Che Guevara leitete der Verrat des *campesino* Pedro Peña ein. Er entdeckte die bereits stark dezimierte Guerillagruppe am 8. Oktober unweit seines Kartoffelfeldes und meldete dies umgehend dem nahe gelegenen Militär. Es kam zum Gefecht, Che wurde verwundet, festgenommen, vom CIA verhört und wenige Stunden später erschossen.[10]

Die sieben Überlebenden der Guerilla, die der Gefangennahme entkommen konnten, gingen ins Exil oder in den Untergrund. Schon bald darauf organisierten sie unter Führung von Inti Peredo, einem engen Mitkämpfer von Che, das Wiederaufleben des ELN. Sie wollten an Che Guevaras Fokus-Strategie anknüpfen und erneut den bewaffneten Kampf aufnehmen. Dafür warben sie nicht nur in Bolivien neue Kämpfer an, auch in Deutschland, etwa in den Universitätsstädten Tübingen und München, konnten sie Anhänger rekrutieren.[11] Dort war es nicht bei Debatten geblieben. Einige der bolivianischen Studierenden, darunter der Deutsch-Bolivianer Jürgen Schütt, nahmen Kontakt nach Kuba auf, wo die Zusammenarbeit mit der ELN nach der Zerschlagung am Ñakaguasú neu organisiert wurde.

Nach dem Unfalltot von Diktator General Barrientos am 27. April 1969 blieb das Militär weiterhin die entscheidende politische Kraft in der bolivianischen Politik, auch wenn die Nachfolge von internen Divergenzen innerhalb des Militärs gekennzeichnet war. In nur zwei Jahren übernahmen vier Präsidenten die Regierungsgeschäfte. In der kurzen Amtszeit des letzten, des linksgerichteten Militärs Juan José Torres,[12]

vertrauten; er verdingte sich aber als Führer bei den Militärs. Siehe Taibo II, Ernesto Guevara, S. 709.

10 Taibo II, Ernesto Guevara, S. 720–738.

11 Gustavo Rodríguez Ostria, Teoponte – la otra guerrilla guevarista en Bolivia, Cochabamba 2006, S. 26–30.

12 Ausführlicher zur Regierungszeit Juan José Torres siehe das Kapitel „Klaus Altmann/Klaus Barbie – Stichworte zu einem Naziverbrecher“.

erlangten die Gewerkschaften und linke Parteien wieder erheblichen Einfluss. Wie bereits geschildert, verschärfte sich mit der Einrichtung der *Asamblea Popular* (Versammlung des Volkes), eines zivilen politischen Organs neben dem Parlament und der Militärführung, die Konfrontation zwischen der Rechten und der mit ihr verbündeten Fraktionen des Militärs auf der einen Seite und den Gewerkschaften und linken Kräften auf der anderen.[13] Zahlreiche Streiks, Demonstrationen von Gewerkschaften der verschiedenen linken Orientierungen sowie Besetzungen von Minen und *haciendas*[14] trugen Torres zudem die Empörung des bürgerlichen Lagers ein. Anders als Militärdiktator René Barrientos reagierte Torres auf diesen Druck jedoch nicht mit militärischen Mitteln, sondern setzte auf Verhandlungen.

Die reorganisierte ELN trat immer stärker mit Überfällen und Entführungen von Wohlhabenden und Geschäftsleuten in den Städten – hauptsächlich in La Paz – in Erscheinung. Ziel dieser Aktionen war es zum einen, eine finanzielle Grundlage für die Organisation zu schaffen, zum anderen sollten mit ihnen die Präsenz und Kampfbereitschaft der ELN manifestiert werden. Zugleich organisierte der aus dem chilenischen Exil zurückgekehrte Chato Peredo, der Bruder von Inti Peredo, eine Guerillatruppe für den bewaffneten Kampf auf dem Land. Am 19. Juli 1970 machten sich 67 Kämpfer auf nach Teoponte, einer Urwaldregion im Norden des Departements La Paz. Ihr Kampf dauerte nur 100 dramatische Tage, dann war der Trupp, der aus schlecht vorbereiteten, aber sehr engagierten jungen Leute aus der Stadt bestand, von den Streitkräften aufgerieben und zerschlagen. Der bolivianische Historiker Gustavo Rodríguez Ostria hat diese tragische Geschichte ausführlich rekonstruiert.[15]

13 Jürgen Lieser, „Unser Reichtum hat immer unsere Armut hervorgebracht". Zur Geschichte und Gegenwart wirtschaftlicher Abhängigkeit und politischer Unterdrückung in Bolivien, Bonn 1980, S. 317 f.

14 Klein, Historia Genral de Bolivia, 2. Aufl., S. 307.

15 Rodríguez Ostria, Teoponte.

Und welchen Weg schlug Monika Ertl ein?

1969 schloss sie sich der ELN an. Als Decknamen wählte sie *Imilla* – ein politisches Statement. Das Aymara-Wort *imilla* bedeutet „kleines Mädchen". Allerdings benutzten es die sich als „weiß" dünkenden Gesellschaftsschichten als rassistische und abwertende Bezeichnung für junge *indígena*-Mädchen und -Frauen. Mit der Wahl dieses Namens ergriff Monika Partei für die *indígena* – zu jener Zeit auch in der Guerilla eine eher ungewöhnliche Haltung.

Monika Ertl ging nicht nach Teoponte. Sie hatte zwar in Kuba eine Ausbildung im bewaffneten Kampf absolviert,[16] ihre Aufgabenfelder aber lagen im städtischen Bereich: Organisation, Logistik, Beschaffung versteckter Unterkünfte, Lagerung von Ausrüstungsmaterial etc. Zunächst führte sie weiterhin ein legales bürgerliches Leben, arbeitete für die Stiftung San Gabriel, nahm am sozialen Leben in der deutschen Kolonie teil, war kurze Zeit im Goethe-Institut in La Paz tätig und reiste mehrfach nach Deutschland. Eines Tages, so Kitty Rector (sie erinnert sich nicht mehr an das Datum), kam Lilo zu ihr, „blass im Gesicht", und sagte: „Frag nicht – Monika hat uns verlassen. Sie ist weg. Wir werden sie nicht wiedersehen, wir können nicht mehr mit ihr rechnen."[17] Monika Ertl hatte ihr bürgerliches Leben aufgegeben – sie war untergetaucht. Den Kontakt zu ihren beiden Schwestern schnitt sie ebenfalls ab. Zum Bruch mit dem Vater kam es, als sie ihn auf seiner *finca* in der Chiquitania in Ostbolivien aufsuchte und um Unterstützung bat, was er verweigerte. Vielmehr forderte er sie auf, die *finca* zu verlassen.

Autoren wie Régis Debray[18] oder Jürgen Schreiber[19] verbreiten sich ausgiebig über diverse Liebesgeschichten von Monika Ertl: Liebe, Abenteuer und Guerilla sind stets reizvolle Themen und verkaufen sich gut.

16 Siehe ebenda, S. 136.

17 Interview mit Kitty Mocikat, geb. Rector, Landshut, 6. 9. 2013.

18 Régis Debray, Ein Leben für ein Leben. Roman, Düsseldorf 1985.

19 Jürgen Schreiber, Sie starb wie Che Guevara, Düsseldorf 2009.

Wesentlich wichtiger für das Verständnis von Monika Ertls Lebensweg hingegen erscheint mir ihr sozialer und politischer Werdegang, und ich will nicht darüber spekulieren, welche Rolle dabei Liebesbeziehungen spielten. Allerdings ist anzunehmen, dass die Folter und Ermordung von Inti Peredo, dem sie nahestand, nicht ohne Einfluss auf ihr Engagement in der ELN geblieben waren.[20] Inti Peredo war im September 1969 in La Paz vom Geheimdienst festgenommen, gefoltert und ermordet worden. Vermutlich war Verrat im Spiel.[21] Sein Tod war ein schwerer Schock für seine Kampfgefährten in der ELN. Das Kommando des Geheimdiensttrupps hatte Oberst Roberto Quintanilla gehabt. Von ihm ist bekannt, dass er enge Beziehungen zu Klaus Barbie unterhielt und auch verantwortlich für die Ermordung von Che Guevara gewesen war.

1970 wurde Oberst Roberto Quintanilla zum bolivianischen Konsul in Hamburg ernannt. Am 1. April 1971 erlag er einem Attentat. Er wurde in seinem Büro in Hamburg erschossen, mutmaßlich von einer Frau. Diese hatte bei der Flucht eine Perücke, den Revolver und ihre Tasche verloren. Die Tat wurde der ELN zugeschrieben, da der Staatsanwaltschaft Hamburg zufolge in „der Tasche des Anzugs von Oberst Quintanilla [...] ein Drohbrief gegen sein Leben gefunden, [wurde], welchen ihm die E. L. N. [Nationale Befreiungsarmee] mit ihrem kennzeichnenden Motto ‚victoria o muerte' [Sieg oder Tod] geschickt hatte".[22] Der Verdacht richtete sich auf Monika Ertl, unter

20 Der Historiker Rodríguez Ostria, der sich intensiv mit der Geschichte von Inti Peredo befasst hat, spricht an keiner Stelle von einer Liebesbeziehung zwischen Peredo und Ertl, wie das andere Autoren tun.

21 Es wird vermutet, das Inti Peredo durch Verrat aus den eigenen Reihen in die Hände des Geheimdienstes fiel. Rodríguez Ostria hat versucht, den Hergang anhand von Interviews mit Beteiligten zu klären, erhielt aber nur sehr widersprüchliche Versionen. Siehe Rodríguez Ostria, Teoponte, S. 223–240.

22 Staatsanwaltschaft beim Landgericht Hamburg, Der leitende Staatsanwalt, Schreiben vom 21. 9. 1972 an die Staatsanwaltschaft – oder zuständige Behörden, La Paz, Bolivien, PA AA, B 83, Bd. 893.

Fahndungsfoto der als Attentäterin gesuchten Monika Ertl

anderem weil es sich bei der Tatperson um eine Deutsch sprechende, große Frau gehandelt haben soll, Ertl zudem seit einigen Monaten untergetaucht war und ihre Spuren u. a. nach Deutschland und in die Schweiz führten, wo der Revolver gekauft worden war. Die Staatsanwaltschaft Hamburg ermittelte. Sie konnte die Herkunft des Revolvers feststellen und damit den Kontakt zum linken italienischen Verleger Giangiacomo Feltrinelli. Von ihm war bekannt, dass er den Widerstand lateinamerikanischer Oppositioneller gegen die Militärdiktaturen auf dem Subkontinent unterstützte. Wer die Täterin im Fall des Attentats auf Quintanilla war, konnte die Staatsanwaltschaft dagegen nicht aufklären. Rodríguez Ostria ist auf der Grundlage seiner Interviews bei den für die ELN zuständigen Geheimdienstleuten in Kuba von der Täterschaft Ertls überzeugt.[23] In seinem Buch schildert er Details der Planung des Attentats und die beteiligten Personen.[24]

Über den Zeitraum nach Monika Ertls Abtauchen in den Untergrund bis 1973 gibt es nur Vermutungen und Spekulationen, jedoch keinerlei gesicherte Informationen. Einer internen Note des Auswärtigen Amtes über ihren Tod ist zudem zu entnehmen, dass sie laut Auskunft des bolivianischen Innenministeriums zwei Monate zuvor mit

23 Persönliche Mitteilung im Gespräch mit J. S.-G., 8. 9. 2008.

24 Siehe Rodríguez Ostria, Teoponte, S. 537 f.

gefälschten Papieren eingereist war.[25] Es muss der 9. oder 10. Mai 1973 gewesen sein, als Klaus Barbie in Begleitung seines Sekretärs Alvaro Castro sie zufällig auf der belebten Avenida Camacho im Zentrum von La Paz entdeckte. Laut Castro habe sie zwar „ausgesehen wie eine Hippie, wie eine Zigeunerin, schmutzig", aber Barbie, der gute Freund der Familie Ertl, dem Monika seit ihrer frühen Jugend vertraut war, erkannte sie dennoch. Sie befand sich in Begleitung eines bärtigen Mannes. So jedenfalls behauptet es Alvaro Castro.[26] Monikas Schwester Beatrix ist der Überzeugung, dass Klaus Barbie von der Anwesenheit Monikas seit ihrer illegalen Einreise nach Bolivien Kenntnis hatte.[27] Das wäre nicht unwahrscheinlich – schließlich war er der maßgebliche Geheimdienstberater. Castro schildert, wie Barbie ihn auf der Stelle beauftragte, sofort den Geheimdienstchef, Oberst Rafael Loayza, zu benachrichtigen. Loayza war im Innenministerium der Spezialist für die Verfolgung politischer Verdächtiger und bekannt für seine grausamen Verhörmethoden. Castro berichtet, wie wenig später die sogenannten Schwarzen, ein für die Schmutzarbeit zuständiger Totschläger-Trupp, in das Haus der Familie Ertl eindrangen. Dort, in einer kleinen, von dem großräumigen Haus abgesonderten Wohnung, entdeckten sie ein Versteck, in dem Che-Guevara-Fotos, Molotow-Bomben und Pamphlete darauf hindeuteten, dass dies als Unterschlupf von Guerilleros diente. Diesen jedoch war es gelungen, rechtzeitig zu entkommen. Eine Nachbarin hatte sie gewarnt. Doch der Geheimdienst hatte nun ihre Spur aufgenommen. Am 12. Mai 1973 wurde Monika Ertl zusammen mit dem Argentinier José Osvaldo Ukaski, Deckname Viejo Javier,[28] in einem Feuergefecht erschossen:[29] das gewaltsame Ende einer

25 Auswärtiges Amt Bonn (Schulenburg) an AA, Referat 701 (im Haus), 14. 5. 1973, PA AA, Bol. 301 – 321.39, B 33, Bd. 535.

26 Interview in: McFarren/Iglesias, Un novio de la muerte, S. 192 f.

27 Interview mit Beatrix Ertl in: ebenda, S. 188.

28 Rodríguez Ostria, Teoponte, S. 636.

29 Siehe auch Deutsche Botschaft La Paz an AA, Referat 301, Fernschreiben Nr. 29, 14. 5. 1973, AZ: RK Roem 5 4-sw 1455, PA AA, B 33, Bd. 535.

Guerillera – und einer deutschen Frau in Bolivien, die sich losgelöst hatte aus den rechtskonservativen Kreisen der deutschen Kolonie, von der Nazigeschichte ihrer Familie (und der Familie ihres Mannes) und sich für den Kampf für eine gerechte Gesellschaft ohne rassistische Diskriminierung in Bolivien entschieden hatte. In der deutschen Kolonie reichten die Reaktionen von völligem Unverständnis über den Werdegang der Monika Ertl bis hin zu der Erklärung, sie sei schon immer sonderbar gewesen.

Monika Ertl war jedoch nicht die Einzige aus der deutschen Kolonie, die sich gegen die Verhältnisse in Bolivien auflehnte. Es gab weitere junge Deutsch-Bolivianer und Deutsche, die die ELN zumindest unterstützten. Die weltweite Protestbewegung der 1960er-Jahre ging an einigen aus der jungen Generation der deutschen Kolonie nicht spurlos vorbei, zumal sie die Diktatur im eigenen Land miterlebten. Es handelte sich meist um Studenten, die in Deutschland ihre Ausbildung begonnen hatten und dort, wie Monika Ertl, mit der Studentenbewegung in Kontakt kamen. Einer von ihnen war Jürgen Schütt, von dem schon berichtet wurde. Er war der Sohn eines einflussreichen Geschäftsmannes in Sucre, der lange Zeit auch deutscher Wahlkonsul war. Nach Abschluss des Ingenieur-Studiums kehrte Jürgen Schütt zurück nach Bolivien, beteiligte sich an Unterstützungsaktivitäten für die ELN und wurde in La Paz festgenommen. Nach einem Jahr kam er wieder frei. Auch bei ihm ging die politische Spaltung quer durch die Familie. Sein konservativer Vater in Sucre, der gute Verbindungen zu Militärkreisen besaß, verweigerte zunächst, sich für den Sohn einzusetzen, wie die Botschaft erfuhr.[30]

30 Deutsche Botschaft La Paz an AA, 22. 1. 1970, RK V 2 – SE 763 – 87/70, PA AA, B 33, Bd. 534. In dem Bericht wird auch der Umstand vermerkt, dass Jürgen Schütt, wie viele Deutschstämmige in Bolivien, neben der deutschen auch die bolivianische Staatsangehörigkeit besaß, weshalb ihm als Bolivianer von der zuständigen Polizeibehörde der Schutz der Deutschen Botschaft zunächst versagt wurde.

# Schluss

## La Paz, 2014

2014 feierte die deutsche Kolonie, heute unter der Bezeichnung „Deutsche Kulturgemeinschaft“ (*Centro Cultural Alemán* – CCA), ihr hundertjähriges Bestehen. Stolz wurde bei den Feierlichkeiten[1] wie auch in der Festschrift der Blick zurück in die Vergangenheit gerichtet. Hervorgehoben wurden die wirtschaftlichen, sozialen und kulturellen Leistungen, die die Gründergenerationen geschaffen hatten: die Schule insbesondere, aber auch die anderen Institutionen. Gelobt wurden ferner die über all die Jahrzehnte guten Beziehungen zur bolivianischen Gesellschaft. Die Jahre zwischen 1933 und 1945 jedoch wurden übergangen oder wie in der Festschrift lediglich vage und nebulös beschrieben:

> „Die Wirrungen und Verwirrungen des Nationalsozialismus und des Zweiten Weltkrieges gingen auch an den Deutschen in Bolivien nicht spurlos vorbei. Es gab einerseits verschiedene Einwanderungswellen, zunächst kamen die NS-Gegner, später kamen dann auch wohl frühere Befürworter nach Bolivien, um hier Zuflucht zu finden. Andererseits wurden nach Kriegseintritt Boliviens (7. April 1943) auch deutsche Staatsbürger verfolgt und deren Institutionen

1 Ich hatte Gelegenheit, bei einem Festakt in La Paz dabei sein zu dürfen.

bedrängt. So sollte auf Verlangen der Großmächte die deutsche Schule geschlossen werden. Aber der unermüdliche Einsatz der Eltern, Schüler, Ex-Schüler und zahlreicher Persönlichkeiten verhinderte die Schließung durch die bolivianischen Behörden."[2]

Soweit die Ausführungen zur deutschen Kolonie während der Nazi-Zeit. Es erstaunt schon, dass es nach über einem halben Jahrhundert noch immer nicht gelingt, sich der eigenen Vergangenheit zu stellen, sie aufzuarbeiten. Zwar hat sich die deutsche Kolonie in den 2000er-Jahren gewandelt. Viele der Protagonisten der 1950er- und 1960er-Jahre haben sich zurückgezogen oder sind verstorben. Von ihren Kindern sind nur Einzelne in der Deutschen Kulturgemeinschaft aktiv, sofern sie überhaupt in Bolivien geblieben sind. Durch die zeitlich begrenzte Präsenz von Personal aus der Entwicklungszusammenarbeit, Mitarbeitern deutscher Firmen und entsandten Lehrkräften hat sich die Zusammensetzung der deutschen Kolonie verändert; das alte Denken und Handeln ist nicht mehr bestimmend. Gleichwohl ist man offenbar nicht bereit, sich der Vergangenheit kritisch zu stellen. Verdrängt werden der Umgang mit den Geflüchteten aus Nazi-Deutschland, die antisemitische Ausgrenzung von Juden, die Kontinuität von nazistischen Lehrkräften an der Deutschen Schule bis in die 1950er-Jahre, das Wirken alter und nach dem Krieg eingewanderter Nazis innerhalb der deutschen Kolonie. An Klaus Barbie und an seine guten Beziehungen zu Mitgliedern der deutschen Kolonie mag sich niemand mehr erinnern; noch viel weniger daran, welche Rolle er und einige Deutsche in der bolivianischen Politik der 1960er-, 1970er- und sogar noch Anfang der 1980er-Jahre spielten, nicht zuletzt während der Diktatur von General Banzer. In gewisser Weise verständlich ist noch, dass dieser hässliche Teil der Vergangenheit kein Gegenstand von Gedenkreden

2 Deutsche Kulturgemeinschaft, 100 (hundert!) Jahre CCA/Centro Cultural Alemán, 100 (cien!) años CCA. Bemerkenswerterweise fehlt in der spanischen Version der Teil „Die Wirrungen [...] bis Institutionen bedrängte."

war. Durchaus aber wäre zu erwarten gewesen, dass die Deutsche Kulturgemeinschaft das hundertjährige Jubiläum zum Anlass einer Aufarbeitung der eigenen Vergangenheit nimmt.

Und die jüdischen Emigranten und Emigrantinnen? Von der großen jüdischen Diaspora in Bolivien ist heute nur wenig geblieben. Die politischen und wirtschaftlichen Unsicherheiten in den postrevolutionären 1950er-Jahren waren für viele ein Grund, das Land zu verlassen. Und mit der Gründung des Staates Israel bot sich eine neue, lang ersehnte Heimat. Die wenigen heute in Bolivien verbliebenen jüdischen Familien haben ihren Platz in der bolivianischen Gesellschaft gefunden. Für religiöse Juden ist die Synagoge ein zentraler Ort, an dem sie und ihre Kinder ihre jüdische Identität bekräftigen, so der Direktor des *Circulo Israelita,* Gabriel Hercman.[3] Keineswegs aber bedeutet dies ein Abschotten von der bolivianischen Gesellschaft. Das Verhältnis zwischen Juden und deutscher Kolonie hat sich entspannt. Einige wenige jüdische Kinder haben die Deutsche Schule besucht. Deutsche Fest- und Gedenktage werden gemeinsam begangen, bei Begräbnissen findet man zueinander. Die Aktivitäten der Deutschen Botschaft haben über die Jahre viel zu dieser Überwindung der Barrieren beigetragen. Regelmäßig wird am Volkstrauertag auf dem deutschen Friedhof im Beisein von Vertretern der jüdischen Gemeinde der Opfer des Holocaust gedacht, gefolgt von einer gemeinsamen Gedenkfeier auf dem jüdischen Friedhof.

Nicht zuletzt ist es die Generation junger Juden und Jüdinnen, die weniger in den alten Abgrenzungsmustern denkt. Das heißt nicht, dass die jeweilige Herkunfts-Identität keine Rolle mehr spielt und mit dem Generationenwandel junge Juden und Jüdinnen keinen Bezug mehr zu der Verfolgungsgeschichte hätten. Im Gegenteil. Im Rahmen der von Steven Spielberg 1994 gegründeten *Survivors of the Shoah Visual History Foundation*, die eine Sammlung von Interviews mit Überlebenden und anderen Zeugen des Holocaust aufgebaut hat, wurden

3 Interview mit Gabriel Hercman, La Paz, 23. 10. 2006.

auch in Bolivien Interviews durchgeführt. Dies hat zu einer Erneuerung des historischen Bewusstseins junger Juden geführt, wie Marek Ajkes Tochter Deborah betonte.[4] Doch diese Entwicklung hat die Abgrenzung zu den Deutschen nicht vertieft. Nicht zuletzt die Initiativen der Botschaft und des Goethe-Instituts haben dazu beigetragen, dass die verschiedenen sozialen Räume der jüdischen Gemeinschaft und der deutschen Kolonie ein wenig durchlässiger geworden sind. Von besonderer Bedeutung waren dabei der Konferenz-Zyklus des Jahres 2001 und die Publikation zum Thema „Rechtsradikalismus in Vergangenheit und Gegenwart" der Friedrich-Ebert-Stiftung und des Goethe-Instituts aus dem Jahr 2003.[5] Dass einst geflüchtete Juden und Jüdinnen aus La Paz bereit waren, an der Konferenz teilzunehmen und ihre Lebensgeschichte zu erzählen, mag als Indiz für ihre Bereitschaft zum Dialog mit den Angehörigen der deutschen Kolonie verstanden werden. Vielleicht nahm der eine oder die andere der „alteingesessenen" Deutschen die Gelegenheit zur Annäherung an die eigene Geschichte wahr und reduziert diese seither nicht mehr auf „Wirrungen und Verwirrungen".

4 Interview mit Deborah Ajke, La Paz, 23. 10. 2006.
5 Friedrich Ebert Stiftung/ILDIS/Goethe Institut, Extrema derecha.

# Dank

Auch wenn es kein umfangreiches Buch geworden ist, so haben sich die Arbeiten daran doch über viele Jahre erstreckt, immer wieder unterbrochen von verschiedenen anderen Forschungsprojekten und entwicklungspolitischen Aktivitäten – nicht zuletzt in Bolivien. Hinzu kam die Unsicherheit, ob mir eine Darstellung meiner Erinnerungen, verbunden mit der komplizierten Geschichte der jüdischen Geflüchteten und der deutschen Kolonie in Bolivien sowie deren gegenseitige Beziehungen gelingen würde. Motiviert, die Recherchen und die Arbeit am Text fortzusetzen, haben mich nicht nur ein Mal die beständigen Nachfragen und Ermutigungen von Marianne Braig, Sozialwissenschaftlerin und Politologin, vor allem aber Freundin und Kollegin am Lateinamerika-Institut der Freien Universität Berlin. Ihr sei von ganzem Herzen gedankt – auch für ihre kritische Lektüre der ersten Version und für viele weitere Anregungen. Ein ganz besonderer Dank gilt meinen Gesprächspartnerinnen und Gesprächspartnern aus der jüdischen Gemeinschaft in La Paz. Ich war tief beeindruckt und berührt von ihrer Bereitschaft, sich mir zu öffnen und die alten Erinnerungen lebendig werden zu lassen. Sodann war es eine große Freude, meine Freundin aus Kindheitstagen, Kitty Rector, in Landshut zu besuchen, wo sie nun schon seit Jahren lebt. Wir haben über unsere Kindheit gesprochen: „... weißt Du noch ...“, viel gelacht – und es war ergreifend, ihre Geschichte und die ihrer Eltern zu hören.

Mein Dank gilt auch den Interviewpartnern aus der Deutschen Kulturgemeinschaft in La Paz, die mir einen Einblick in die Geschichte ihrer Familie und – wenngleich eher eingeschränkt – in die der deutschen Kolonie in jener Zeit ermöglichten. Bernd Stahmer sei gedankt für seine Informationen zu Klaus Barbies Auftreten in der deutschen Gemeinschaft. Besonders danke ich Klaus Bauer, dem Freund seit dem gemeinsamen Besuch der Deutschen Schule in La Paz. Er kann wunderbar erzählen. Seine Erzählungen und unsere Gespräche, die wir seit meinen jährlichen Aufenthalten in La Paz ab 1980 führten, insbesondere auch in dem paradiesischen Anwesen der Familie, Villa Kiki, in den *Yungas* waren vielfach Ausgangspunkt für weitere Recherchen. Unvergessen bleibt unser gemeinsamer Besuch des neu eröffneten jüdischen Museums Charobamba 2014. Ein Dank gebührt auch meiner – leider verstorbenen – Freundin Lieselotte „Lilo“ Bauer de Barragan in La Paz. Ihr verdanke ich nicht nur wesentliche Informationen und Erklärungen zum Leben von Monika Ertl. – Erst all die Erzählungen meiner Gesprächspartnerinnen und Gesprächspartner ermöglichten es mir, die „Erinnerungssplitter“ aus meiner Kindheit in einen Zusammenhang zu bringen und zusammenzufügen.

Ein festes Standbein in La Paz während meiner Aufenthalte seit den 1980er-Jahren in Bolivien bot mir die großzügige Gastfreundschaft meiner langjährigen Freundin Renata Hofmann. Sie half zudem mit vielen Kontakten und bei organisatorischen Angelegenheiten, die in Bolivien nicht immer leicht zu bewältigen sind. Wir reisten zusammen in die *Yungas* und in entlegene Gegenden des *Altiplano*. Stundenlang debattierten wir über die politische Geschichte und Entwicklung Boliviens und mit Beginn meiner Recherchen zu dem Buch auch über all die Themen und Fragen, die sich aus den Interviews ergaben. Ich danke ihr sehr herzlich.

In Deutschland geht mein Dank an Hans-Jürgen Puhle, Politikwissenschaftler an der Universität Frankfurt und erfahrener Bolivienkenner, dessen kritische Lektüre des Textes, Kommentare und Anregungen mir wichtige Impulse bei der Auswahl und Darstellung jener Aspekte der bolivianischen Geschichte gaben, die zum Verständnis der Migrationsgeschichte sowie der sich wandelnden politischen

Verhältnisse im Land notwendig sind. Dabei war es ebenso unerlässlich, die Bedeutung des Nationalsozialismus in Bolivien darzustellen. Die Historikerin Irma Lorini, mit der ich seit unserer gemeinsamen Zeit des Engagements gegen die Diktatur von García Meza 1980 verbunden bin, beendete 2015 hier in Berlin gerade ihre Forschung zur Nazi-Bewegung in Bolivien zwischen 1929 und 1945. Ich hatte die Möglichkeit, ihr Manuskript zu lesen, und die darin enthaltenen detaillierten, bisher nicht zugänglichen Informationen aus Dokumenten waren für mich äußerst aufschlussreich. Mit ihrer Hilfe konnte ich meine eigenen Forschungsergebnisse aus dem Politischen Archiv des Auswärtigen Amtes erheblich erweitern und vertiefen. Bei unseren regelmäßigen Treffen diskutierten wir die Resultate unserer Recherchen, aber auch unsere Erinnerungen an die Verhältnisse in der Deutsche Schule, die Irma zur gleichen Zeit besucht hatte wie ich; weitere wichtige Themen betrafen die Verdrängung der dunklen Geschichte der Deutschen in Bolivien – nicht nur bezogen auf die Nazi-Zeit – sowie die ideologische Nähe bestimmter Kreise der bolivianischen Gesellschaft zum Nationalsozialismus einschließlich der antisemitischen Tendenzen. Für diesen Gedankenaustausch danke ich Irma sehr.

In Berlin war auch Alberto Koschützke, Kollege im einstigen Herausgeber-Team des Lateinamerika-Jahrbuches, langjähriger Leiter des Verlages *Nueva Sociedad* in Caracas und Herausgeber zahlreicher Publikationen, ein wichtiger Gesprächspartner. Unsere Gespräche bei Espresso oder heißer Schokolade waren stets besondere Momente, denn sein Wissensfundus – nicht nur zu Lateinamerika – eröffnete mir immer wieder neue Perspektiven. Darüber hinaus waren seine Fähigkeit, sich in die Sichtweise und Anliegen einer Autorin oder eines Autors hineinzudenken, Stärken und Schwächen aufzuzeigen, und sein kreatives Denken ein unschätzbarer Gewinn für mich. Sein Urteil war mir überaus wichtig und hilfreich. Last but not least fand er sich bereit, Korrektur zu lesen, und gab wertvolle Anregungen bezüglich der Strukturierung des Textes. Zudem stand er mir immer wieder mit Rat zur Seite. Auch Alberto gilt ein herzlicher Dank.

# Quellen und Literatur

## Internetquellen

(alle zuletzt abgerufen 6. 2. 2018)

Centro Internacional para la Promoción de los Derechos Humanos (CIPDH)/Categoría II UNESCO, Operación Cóndor. 40 años después/Baltasar Garzón Real. 1a ed. adaptada, Ciudad Autónoma de Buenos Aires 2016, http://centroprodh.org.mx/impunidadayeryhoy/DiplomadoJT2015//TxtInt/Operacion%20Condor%2040%20años%20despues%20UNESCO.pdf.

Deutsche Kulturgemeinschaft, 100 (hundert!) Jahre CCA, ein kurzer Rückblick, kein Nachruf/Centro Cultural Alemán, 100 (cien!) años CCA. Una breve retrospectiva, no una necrología!, 23. 6. 2014, http://www.cca-bolivia.com/wp-content/uploads/2014/06/Festschrift-23.06.14.pdf.

Deutsche Schule La Paz, Begegnung leben. Geschichte, o. J., https://www.ds-lapaz.edu.bo/home/geschichte/.

Erste Verordnung zum Reichsbürgergesetz vom 14. November 1935, in: Reichsgesetzblatt, Jahrgang 1935, Teil I, S. 1333, http://www.fasena.de/courage/archiv/19351114a.htm.

Geschäftsverteilungsplan des Auswärtige Amt (Auszug) für die Jahre 1932–1942, http://forum.axishistory.com/viewtopic.php?t=158720.

Instituto Nacional de Estadística (INE), Historia de Censos, 2012, http://censosbolivia.ine.gob.bo/portal_infantes/censos.php?id=5.

Nercesian, Inés, El pensamiento de René Zavaleta Mercado y sus principales contribuciones al campo de las ciencias sociales, in: X Jornadas de Sociología. Facultad de Ciencias Sociales, Universidad de Buenos Aires, Buenos Aires 2013, http://cdsa.aacademica.org/000-038/154.pdf.

Orquesta Sinfónica Nacional, Acerca de Nosotros, 2016, http://www.sinfonicabolivia.org/Acerca%20de%20Nosotros.htm.

Reichsbürgergesetz vom 15. September 1935, in: Reichsgesetzblatt, Jahrgang 1935, Teil I, ALEX – Historische Rechts- und Gesetzestexte Online, http://alex.onb.ac.at/cgi-content/alex?apm=0&aid=dra&datum=19350004&seite=00001146&zoom=2.

Schuster, Michaela, Erich Eisner, in: Claudia Maurer Zenck/Peter Petersen (Hrsg.), Lexikon verfolgter Musiker und Musikerinnen der NS-Zeit, Hamburg: Universität Hamburg 2007 [aktualisiert 4. 8. 2017], https://www.lexm.uni-hamburg.de/object/lexm_lexmperson_00001593.

USC Shoah Foundation Institute testimony of Marek Ajke, Haifa/Israel, 23. 2. 1997, http://collections.ushmm.org/search/catalog/vha28123.

## Zeitungs- und TV-Quellen (auch Internet)

(wenn nicht anders angegeben, zuletzt abgerufen am 6. 2. 2018)

4 claves para entender el Plan Cóndor, la empresa de la muerte creada por regímenes militares en Sudamérica, in: BBC Mundo, 27. 5. 2016, http://www.bbc.com/mundo/america_latina/2016/05/160524_america_latina_plan_operacion_condor_argentina_uruguay_bolivia_brasil_paraguay_jcps.

Argentina Plan Cóndor. Histórico juicio por el Plan Cóndor culmina con 15 represores condenados, in: Agencia EFE, 27. 5. 2016, http://www.efe.com/efe/america/politica/historico-juicio-por-el-plan-condor-culmina-con–15-represores-condenados/20000035-2938768.

Argentina sentencia a responsables del Plan Cóndor, in: DW – Deutsche Welle Noticias, 28. 5. 2016, http://www.dw.com/es/argentina-sentencia-a-responsables-del-plan-cóndor/av-19290008.

Argentina: Tribunal condena a 15 militares en juicio por „Plan Cóndor", in: EyN – Economía y Negocios Online, 28. 5. 2016, http://www.economiaynegocios.cl/noticias/noticias.asp?id=256511.

Bolivien. Faustkampf der Sieger, in: Der Spiegel, Nr. 36, 30. 8. 1971.

Bolivien fest in deutscher Hand, in: Der Stern, 10. 12. 1972.

Bolivien. Mütze mit Hakenkreuz, in: Der Spiegel, Nr. 20, 11. 5. 1981, S. 161–165, http://www.spiegel.de/spiegel/print/d-14330583.html.

Bolivien. Nur noch Kugeln, in: Der Spiegel, Nr. 45, 1. 11. 1971, http://www.spiegel.de/spiegel/print/d-44915044.html [7. 7. 2017].

Condenas por crímenes del Plan Cóndor: el dictador Bignone recibe 20 años, in: RT International, 27. 5. 2016, https://actualidad.rt.com/actualidad/208537-historico-juicio-militares-argentina-plan.

Deutsche in Bolivien, Monitor-Sendung, 28. 1. 1972.

Exil in den Anden. Wolfgang Hirsch-Weber fand in Bolivien Zuflucht vor dem Nazi-Terror. Interview von Gert Eisenbürger mit Wolfgang Hirsch-Weber, in: ila – Das Lateinamerika-Magazin, Nr. 161, Dezember 1992, S. 50–53, https://www.ila-web.de/ausgaben/161/exil-in-den-anden.

Heckl, Claudia, Un exilado del Nazismo en Bolivia: Georg Terramare, los salones de Viena al Teatro Municipal, in: PULSO, Febr. 25 a marzo 2, 2000, S. 24 f.

Heidemann, Gerd, „Das Geständnis". Auszüge auch den Gesprächen mit dem früheren SS-Hauptmann Klaus Altmann alias Klaus Barbie in La Paz, Bolivien, 15. 8. bis 20. 8. 1979, in: Der Stern, Nr. 7, 10. 2. 1983, S. 48–52.

Hermann, Kai, Barbie: Eine Killer-Karriere, Teil 1, in: Der Stern, Nr. 20, 10. 5. 1984, Teil 2, in: Der Stern, Nr. 21, 17. 5. 1984, Teil 3, in: Der Stern, Nr. 22, 24. 5. 1984, Teil 4, in: Der Stern, Nr. 23, 30. 5. 1984, Teil 5, in: Der Stern, Nr. 24, 7. 6. 1984, Teil 6, in: Der Stern, Nr. 25, 14. 6. 1984.

Hörtner, Werner, Die Lerche von La Paz, in: Südwind-Magazin, Wien, Nr. 3, 1995, S. 32 f.

„Niemand wußte, wohin er ging", in: Der Spiegel, Nr. 5, 31. 1. 1983, http://www.spiegel.de/spiegel/print/d-14018615.html.

„Schindler Boliviens". Bergbauunternehmer aus Biblis rettete Tausende Juden, in: FAZ, 16. 3. 2017, http://www.faz.net/aktuell/wirtschaft/agenda/bergbauunternehmer-aus-biblis-rettete-tausende-juden-14927261.html.

Südamerikanische Militärdiktaturen: Argentinien verurteilt Militärs wegen „Plan Condor", in: Spiegel Online, 28. 5. 2016, http://www.spiegel.de/politik/ausland/argentinien-verurteilt-militaers-wegen-plan-condor-a-1094626.html.

Zárate, Freddy, Claudio San Román: Los campos de concentración en Bolivia, in: El Día, 4. 10. 2016, https://www.eldia.com.bo/index.php?cat=162&pla=3&id_articulo=210015.

## Archive

*Politisches Archiv des Auswärtigen Amtes, Berlin (PA AA)*

Deutsche Botschaft (Ed.), Aporte Alemán en la historia en la ciudad de La Paz, 2014.

Auswärtiges Amt, Instruktionen für die Gesandtschaft der Bundesrepublik in La Paz, gez. Gregor, 8. 10. 1952, 210-02/8 – III–14866/52, B 11, Bd. 324.

Auswärtiges Amt an Gesandten Dr. Gregor (im Haus) (Instruktionen, Entwurf), 16. 10. 1952, 210-02/8 III–14866/52, B 11, Bd. 324, S. 82 f.

Deutsche Gesandtschaft an AA, 8. 1. 1953, B 11, Bd. 988.

Deutsche Gesandtschaft La Paz an AA (vertraulich), 25. 3. 1953, Anlage zu Bericht Nr. V 30/53, B 11, Bd. 1292.

Bericht der Deutschen Botschaft, 3. 5. 1955, Bol. 212-06, B 11, Bd. 1293.

Deutsche Gesandtschaft La Paz, an AA, 15. 6. 1953, Ber. Nr. 905/53, Bol. 212-06, B 11, Bd. 1293.

Deutsche Gesandtschaft La Paz an AA, 15. 6. 1953, Flugblatt, Anlage, Ber. Nr. 905/53, Bol. 212-06, B 11, Bd. 1293.

Gesandtschaft La Paz an AA, 28. 6. 1953, Anlage Bericht Dr. Alfred Cohn, Ber. Nr. 53/54.-445-05, PA AA, Bol. 212-06, B11, Bd. 1293.

Deutsche Botschaft La Paz (Gregor) an AA, 5. 4. 1954, Bericht 164/54. 110-00, B 11, Bd. 324.

Deutsche Gesandtschaft La Paz (Gregor), 26. 6. 1954, Ber. Nr. 734/54 – 212-00, B 11, Bd. 1293, S. 5.

Deutsche Gesandtschaft La Paz an AA, Abschrift Studie Cohn, Alfred, 28. 6. 1954, Ber. Nr. 735/54 – 443-05, Bol. 212-06, B 11, Bd.1293.

Gesandtschaft La Paz (Gregor) an AA, 9. 8. 1954, Ber. Nr. 894/54 – 360-07, B 11, Bd. 324.

Deutsche Gesandtschaft La Paz, Bericht des Wahlkonsuls Nowotny, Potosí, 24. 8. 1954, B 11, Bd. 324.

Bericht der Deutschen Botschaft, 16. 9. 1954, Militär in Bolivien, B 11, Bd. 1293.

Deutsche Botschaft La Paz (Gregor) an AA, 6. 12. 1954, Ber. Nr. 1502/54 – 118-0, B 11, Bd. 324.

Deutsche Botschaft La Paz an AA, 1. 6. 1956, Betr.: Bedrohung des Konsuls der Bundesrepublik in Sucre bei Indianerunruhen, Ber. Nr. 510-05 – 677/56, B 33, Bd. 020.

Deutsche Botschaft La Paz an AA, 27. 7. 1959, Betr. Innenpolitik Bolivien, Pol. 306-81, 688/59 II, B 33, Bd. 101.

Deutsche Botschaft La Paz (Bindewald) an AA, 1. 2. 1960, Antisemitismus 165/60, Pol. 708-82, B 33, Bd. 101.

Deutsche Botschaft La Paz (Motz), 14. 1. 1966, RK V 3-88 Altmann, Klaus (Klaus Barbie 1966–1972), B 83, Bd. 1351.

Deutsche Botschaft La Paz, 25. 1. 1966 (vertraulich!), RK V 3-88 Altmann, Klaus (Klaus Barbie 1966–1972), B 83, Bd. 1351.

Deutsche Botschaft La Paz an AA, 22. 1. 1970, RK V 2 – SE 763 – 87/70, B 33, Bd. 534.

Botschaft La Paz, an AA, 4. 6. 1971, Pol I, B2 – SE 1500 – 570/71, B 33, Bd. 533.

Deutsche Botschaft La Paz an AA, Fernschreiben (verschl.) Nr. 96, 22. 6. 1971, B 33, Bd. 533.

Bericht Deutsche Botschaft La Paz an AA, 6. 8. 1971, Pol I, B2 – SE 1588 – 840/71 VS-NfD, B 33, Bd. 533.

Deutsche Botschaft La Paz an AA, 10. 3. 1972, Anlage zum Bericht, Pol I, B2 – 82 – 233/72, Bd. 634.

Staatsanwaltschaft beim Landgericht Hamburg, Der leitende Staatsanwalt, Schreiben vom 21. 9. 1972 an die Staatsanwaltschaft – oder zuständige Behörden, La Paz, Bolivien, B 83, Bd. 893.

Auswärtiges Amt Bonn (Schulenburg) an AA, Referat 701 (im Haus), 14. 5. 1973, Bol. 301 – 321.39, B 33, Bd. 535.

Deutsche Botschaft La Paz an AA, Referat 301, Fernschreiben Nr. 29, 14. 5. 1973, AZ: RK Roem 5 4-sw 1455, B 33, Bd. 535.

*Archiv der Deutschen Schule, La Paz*

Deutsche Schule La Paz, Geschichte der Deutschen Schule in La Paz in Geschichten, in: Deutsche Schule La Paz Bolivien 1923–1998, 75 Jahre, o. O. 1998.

*Archiv des Iberoamerikanischen Instituts Preußischer Kulturbesitz, Berlin*

Deutsche Schule zu Oruro, Festschrift zur Einweihung des Neubaus der Deutschen Schule zu Oruro – Bolivien, Oruro 1938.

Golde, Werner, Der Volkstumsgedanke und die deutsche Auslandsschule, in: Deutsche Schule zu Oruro, Festschrift zur Einweihung des Neubaus der Deutschen Schule zu Oruro – Bolivien, Oruro 1938, S. 55–62.

Jacob, Hans, Die Geschichte der Deutschen Schule zu Oruro, Bolivien (Von der Gründung bis zum Jahre 1934), in: Deutsche Schule zu

Oruro, Festschrift zur Einweihung des Neubaus der Deutschen Schule zu Oruro – Bolivien, Oruro 1938, S. 4–11.

*Exilbibliothek im Literaturhaus Wien*

Kalmar, Fritz: Nachlass. Exilbibliothek im Literaturhaus Wien, Inv. N1.EB-29.

Kalmar, Fritz: Nachlass. Exilbibliothek im Literaturhaus Wien, Inv. N1.EB-29, II, 2, Briefe von Fritz Kalmar [u. a.: Fritz Kalmar, Brief an die Organización Sionistas Unidos de Bolivia, La Paz, 6. 1. 1948].

*Bibliothek der Gedenkstätte Deutscher Widerstand, Berlin*

Rundschau vom Illimani. Microfilm.

## Autobiografien

Ajke, Marek, Meine Verfolgungsschilderung. undatiertes Manuskript.

Filippa, Marcella, Hubiera sacudido las montañas. Georgina Levi en Bolivia, 1939–1946. Traducción del italiano y edición: Clara López Beltrán, La Paz 2005 [italienische Originalausgabe: Avrei capovolto le montagne : Giorgina Levi in Bolivia, 1939–1946, Firenze 1990].

Kassewitz de Vilar, Eva Marianne, Wenn du es doch erlebt hättest, Vater. Lebenserinnerungen einer jüdischen Emigrantin zwischen Europa und Bolivien, Kronstadt 2004.

Levy, Ayda, El rey de cocaína. Mi vida con Roberto Suárez Gómez y el nacimiento del primer narcoestado, Barcelona 2012.

Salzmann, Margitta, Bericht meiner Berliner Jahre im Untergrund. Manuskript, La Paz o J.

Schwarz, Egon, Unfreiwillige Wanderjahre. Auf der Flucht vor Hitler durch drei Kontinente, München 2005.

Spitzer, Leo, Hotel Bolivia. Auf den Spuren der Erinnerung an eine Zuflucht vor dem Nationalsozialismus, Wien 2003 [engl. Originalausgabe 1998].

Wiener, Guillermo, Recuerdos de un judío boliviano, La Paz 2004.

## Literatur

Albó, Xavier, Desafíos de la solidaridad aymara (Cuaderno de investigación, No. 25), La Paz 1985.

Aly, Götz, Hitlers Volksstaat. Raub, Rassenkrieg und nationaler Sozialismus, Frankfurt a. M. 2005.

Antezana E., Luis, La táctica nacionalista en la revolución boliviana. Impresores, La Paz 1969.

Arce Aguirre, René D., Notas para una Historia del Siglo XX en Bolivia, in: Fernando Campero Prudencio (Ed.), Bolivia en el Siglo XX. La formación de la Bolivia contemporánea, La Paz 1999, S. 47–66.

Asociación Filantrópica Israelita (Hrsg.), Juden in Bolivien, in: Zehn Jahre Aufbauarbeit in Südamerika. Diez años de obra constructiva en América del Sud, Buenos Aires 1943, S. 172–204.

Avni, Haim, Perú y Bolivia – dos naciones andinas – y los Refugiados Judíos durante la era nazi, in: Beatriz Gurevich/Carlos Escudé (Eds.), El Genocidio ante la Historia y la Naturaleza Humana, Buenos Aires 1994, S. 335–355.

Barbian, Nikolaus, Auswärtige Kulturpolitik und „Auslandsdeutsche" in Lateinamerika 1949–1973, Wiesbaden 2014.

Barkai, Avraham, Die Heimat vertreibt ihre Kinder. Die nationalsozialistische Verfolgungspolitik 1933 bis 1941, in: Stiftung Jüdisches Museum Berlin/Stiftung Haus der Geschichte der Bundesrepublik Deutschland (Hrsg.), Heimat und Exil – Emigration der Deutschen Juden nach 1933, Berlin 2006, S. 15–21.

Bascopé Aspiazu, René, La veta blanca : coca y cocaína en Bolivia, La Paz 1982.

Bieber, León, La sociedad de protección a los inmigrantes israelitas: su aporte a la integración económica de judíos en Bolivia, 1939–1945, in: Latin American Research Review 34 (1999) 2, S. 152–178.
– Colonización agrícola judía en Bolivia, 1939–1952, in: Iberoamerikanisches Archiv, Neue Serie 25 (1999) 3–4, S. 269–306.
– Presencia judía en Bolivia. Evidencias y enigmas, in: Friedrich Ebert Stiftung/ILDIS/Goethe Institut, Extrema derecha: pasado y presente, La Paz 2003, S. 111–132.
– Presencia judía en Bolivia. La ola inmigratoria de 1938–1940, Santa Cruz de la Sierra 2010.
– (Ed.), Bolivia y Alemania. Facetas de una relación secular, La Paz 2011.
Brockmann, Robert, El general y sus presidentes. Vida y tiempos de Hans Kundt, Ernst Röhm y siete presidentes en la historia de Bolivia 1911–1939, La Paz 2007.
Cárdenas, Victor Hugo, La lucha de un pueblo, in: Xavier Albó (Compilación), Raíces de América. El Mundo Aymara, Madrid 1988, S. 495–534.
Carter, William/Albó, Xavier, La comunidad aymara: un mini-Estado en conflicto, in: Xavier Albó (Compilación), Raíces de América. El Mundo Aymara, Madrid 1988, S. 451–495.
– /Mamani, Mauricio, Irpa Chico. Individuo y comunidad en la cultura aymara, La Paz 1982.
Choque Canqui, Roberto, Historia de una lucha desigual. Los contenidos ideológicos y políticos de las rebeliones indígenas de la pre y post Revolución Nacional, La Paz 2005.
Círculo Israelita (Ed.), Medio siglo de vida judía en La Paz, 2da. ed. corr., La Paz 1987.
Conrad, Sebastian/Randeria, Shalini, Geteilte Geschichten – Europa in einer postkolonialen Welt, in: dies. (Hrsg.), Jenseits des Eurozentrismus. Postkoloniale Perspektiven in den Geschichts- und Kulturwissenschaften, Frankfurt a. M. 2002, S. 9–49.
Debray, Régis, Ein Leben für ein Leben. Roman, Düsseldorf 1985.

Dietz, Eva, Der Funktionswandel der Koka in Bolivien, Saarbrücken/Fort Lauderdale 1990.

Dirmoser, Dietmar u. a. (Hrsg.), Die Wilden und die Barbarei (Lateinamerika – Analysen und Berichte, Nr. 16), Münster 1992.

Dunkerley, James, Rebelión en las venas, 2. Aufl., La Paz 2003.

Ertl, Hans, Paititi. Ein Spähtrupp in die Vergangenheit der Inkas im Rahmen der Anden-Amazonas-Expedition 1954–1955, München 1956.

Espinoza Morales, Jorge, Minería boliviana – su realidad, La Paz 2010.

Eisenbürger, Gert, Ein Symphonieorchester über den Wolken. Der jüdische Emigrant Erich Eisner und das Musikleben in Bolivien, in: Nico Huhle/Teresa Huhle (Hrsg.), Die subversive Kraft der Menschenrechte. Rainer Huhle zum radikalen Jubiläum, Oldenburg 2015, S. 379–392.

Farceau, Bruce W., The Chaco War: Bolivia and Paraguay, 1932–1935, Westport /London 1996.

McFarren, Peter/Iglesias, Fadrique, Un novio de la muerte: vida y crímenes de un nazi no arrepentido: una experiencia personal con el „Carnicero de Lyon“, La Paz 2014.

Fischermann, Bernd, Los Ayoréode, in: Jürgen Riester/Bernd Fischermann, En busca de la Loma Santa, La Paz/Cochabamba 1976, S. 66–118.

Friedrich Ebert Stiftung/ILDIS/Goethe Institut, Extrema derecha: pasado y presente, La Paz 2003.

Gabbert, Wolfgang, Mestizaje/mestiçagem, in: Silke Hensel/Barbara Potthast (Hrsg.), Das Lateinamerika-Lexikon, Wuppertal 2013, S. 217 f.

Golte, Jürgen, La racionalidad de la organización andina, Lima 1980.

Gruner, Wolf, Judenverfolgung in Berlin 1933–1945. Eine Chronologie der Behördenmaßnahmen in der Reichshauptstadt, 2. vollständig überarb. und stark erw. Aufl. 2009

Gurtner, Stefan, Guttentag. Das Leben des jüdischen Verlegers Werner Guttentag zwischen Deutschland und Bolivien, Lich 2012.

Hammerschmidt, Peter, Deckname Adler. Klaus Barbie und die westlichen Geheimdienste, Frankfurt a. M. 2014.

– „Daß V–43 118 SS-Hauptsturmführer war, schließt nicht aus, ihn als Quelle zu verwenden." Der Bundesnachrichtendienst und sein Agent Klaus Barbie, in: Zeitschrift für Geschichtswissenschaft (2011) 4, S. 333–348.

– „Der Schlächter von Lyon" im Sold der USA. Über die Beziehungen zwischen Klaus Barbie und dem amerikanischen Geheimdienst. Wissenschaftliche Prüfungsarbeit im Fach Geschichte, Johannes Gutenberg-Universität Mainz, 2010 [masch.].

Harris, Olivia, El parentesco y la economía vertical en el Ayllu Laymi (Norte de Potosí), in: Avances (Febrero 1978) 1, S. 51–64.

– /Bouysse-Cassagne, Thérèse, Pacha: en torno al pensamiento aymara, in: Xavier Albó (Compilación), Raíces de América. El Mundo Aymara, Madrid 1988, S. 217–282.

– /Albó, Xavier, Monteras y guardatojos. Campesinos y mineros en el Norte de Potosí, 2. Aufl., La Paz 1984.

Hoffmann, Bert, Kuba, München 2003.

Hurtado, Javier, El Katarismo, La Paz 1986.

Informe Nacional sobre Desarrollo Humano del Programa de las Naciones Unidas para el Desarrollo (PNUD) (Ed.), Los cambios detrás del Cambio. Desigualdades y movilidad social en Bolivia. Informe Nacional sobre Desarrollo Humano en Bolivia, La Paz 2010.

Klein, Herbert S., Orígenes de la Revolución Nacional Boliviana: La crisis de la generación del Chaco, La Paz 1968.

– Historia General de Bolivia, 2. Aufl., La Paz 1984 [1. Aufl. 1982].

– A Concise History of Bolivia, Cambridge 2011.

Krempin, Michael, Bauernbewegung in Bolivien. Die Entwicklung der sozioökonomischen Lage sowie der politischen Haltung und Organisationsformen der ländlichen Bevölkerung in Bolivien unter besonderer Berücksichtigung der Bauernbewegung seit 1969, Frankfurt a. M. 1986.

Kübler, Fritz, Deutsche in Bolivien, Stuttgart 1936.

Kuruner, Claudia Helen, Los colegios alemanes en Bolivia, in: León Bieber (Ed.), Bolivia y Alemania. Facetas de una relación secular, La Paz 2011, S. 177–197.

Lehm, Zulema/Rivera Cusicanqui, Silvia, Los artesanos libertarios y la ética del trabajo, La Paz 1988.

Lehmann, Armin, Deutschjüdisches Leben in der Emigration und im Exil in Bolivien 1937–1945. Magisterarbeit, Freie Universität Berlin, 1996 [masch.].

Levine, Michael/Kavanau-Levine, Laura, The Big White Lie. The CIA and the Cocaine/Crack Epidemic, New York 1993.

Linklater, Magnus/Hilton, Isabel/Ascherson, Neal, The Forth Reich. Klaus Barbie and the Neo-Fascist Connection, London 1984.

Lieser, Jürgen, „Unser Reichtum hat immer unsere Armut hervorgebracht". Zur Geschichte und Gegenwart wirtschaftlicher Abhängigkeit und politischer Unterdrückung in Bolivien, Hrsg. Bolivienhilfe des BDKJ Trier/Informationsstelle Laterinamerika, Bonn 1980.

Lorini, Irma, El nacionalismo en Bolivia de la pre y posguerra del Chaco (1910–1945), La Paz 2006.

– Nazis en Bolivia. Sus militantes y simpatizantes 1928–1945, La Paz 2016.

Malloy, James M., Bolivia. The Uncompleted Revolution, Pittsburgh 1970.

– /Thorn, Richard S. (Eds.), Beyond the Revolution. Bolivia Since 1952, Pittsburgh 1971.

– Revolutionary Politics, in: James M. Malloy/Richard S. Thorn (Eds.), Beyond the Revolution. Bolivia since 1952, Pittsburgh 1971, S. 111–156.

Maennling, Claudia, „Auf nach Amerika!" Deutsche Einwanderung nach Bolivien, La Paz 2014 [elektr. Ressource], http://www.la-paz.diplo.de/Vertretung/la__paz/de/04-kultur-und-bildung/Elek-Buch.html [3. 7. 2017].

Mamani Condori, Carlos B., Taraqu 1866–1935: Masacre, Guerraaraqu, 1866–1935: Masacre, Guerra Y Renovacion En La Biografia

De Eduardo L. Nina Qhispi (Serie Agresion colonial y resistencia indigena), La Paz 1991.

Manrique, Nelson, Vinieron los Sarracenos: el Universo mental de la Conquista de América. Lima 1993.

Mansilla, H. C. F., La revolución de 1952 en Bolivia: un intento reformista de modernización, in: Revista de estudios políticos (1980) 17, S. 117–128.

Meliá, Bartomeu, La Tierra sin Mal, in: Ñande Reko, La comprensión guaraní de la Vida Buena, Eschborn 2002, S. 99–104.

Mesa, José de/Gisbert, Teresa/Mesa Gisbert, Carlos D., Historia de Bolivia, 6. Aufl., La Paz 2007 [9. Aufl. 2012].

Murra, John, Formaciones económicas y políticas del mundo andino, Lima 1975.

Pearse, Andrew, Campesinado y Revolución: El Caso de Bolivia, in: Fernando Calderón/Jorge Dandler (Comp.), Bolivia: la fuerza histórica del campesinado, La Paz 1984, S. 309–360.

Platt, Tristan, Pensamiento político Aymara, in: Xavier Albó (Compilación), Raíces de América. El Mundo Aymara, Madrid 1988, S. 365–450.

Randeria, Shalini, Geteilte Geschichte und verwobene Moderne, in: Jörn Rüsen/Hanna Leitgeb/Nobert Jegelka (Hrsg.), Zukunftsentwürfe. Ideen für eine Kultur der Veränderung, Frankfurt a. M. 2000, S. 87–96.

República de Bolivia – Ministerio de Agricultura, Regadío, Colonización e Inmigración, Memoria – Presentada al Honorable Congreso Ordinario de 1940, La Paz 1940.

Rivera Cusicanqui, Silvia, La expansión del latifundio en el altiplano boliviano: elementos para la caracterización de una oligarquía regional, in: Avances (Noviembre 1978) 2, S. 95–118.

– Oprimidos pero no vencidos – luchas del campesinado aymara y qhechwa 1900–1980, La Paz 1984.

Rodríguez Ostria, Gustavo, Teoponte – la otra guerrilla guevarista en Bolivia, Cochabamba 2006.

Sanchez Salazar, Gustavo/Reimann, Elisabeth, Klaus Barbie en Bolivia – Criminal hasta el final, Barcelona 1987 (deutsch: Sánchez Salazar, Gustavo/Reimann, Elisabeth, Barbie in Bolivien, Köln 1987).

Schreiber, Jürgen, Sie starb wie Che Guevara. Die Geschichte der Monika Ertl, Düsseldorf 2009.

Schopflocher, Roberto, Das Komplott zu Lima, Frankfurt a. M. 2015.

Seelisch, Winfried, Jüdische Emigration nach Bolivien Ende der 30er Jahre, in: Achim Schrader/Karl Heinrich Rengstorf (Hrsg.), Europäische Juden in Lateinamerika, St Ingbert 1989, S. 77–101.

– Das Andere Deutschland. Eine politische Vereinigung deutscher Emigranten in Südamerika. Diplomarbeit, Otto-Suhr-Institut, Freie Universität Berlin 1970 [masch.].

Sivak, Martin, El dictador elegido: biografía no autorizada de Hugo Banzer Suárez, La Paz 2001.

SOCOBO – Sociedad Colonizadora de Bolivia, Agricultores judíos. Manuskript. Besitz: Marek Ajke, La Paz o. J. [vermutlich 1991].

Soto, César, Historia del pacto militar campesino, Cochabamba 1994.

Stahl, Daniel, Nazi-Jagd. Südamerikas Diktaturen und die Ahndung von NS-Verbrechen, Göttingen 2013.

Stiftung Jüdisches Museum Berlin/Stiftung Haus der Geschichte der Bundesrepublik Deutschland (Hrsg.), Heimat und Exil – Emigration der Deutschen Juden nach 1933, Berlin 2006.

Strauss, Herbert A., Jewish Emigration from Germany. Nazi Policies and Jewish Responses (I), in: The Leo Baeck Institute Year Book 25 (1980) 1, S. 313–361.

Ströbele-Gregor, Juliana, Transnationale Spurensuche. Von „Altdeutschen“, Nazis und geflüchteten Juden im Bolivien der 1950er-Jahre, in: Markus Hochmüller/Anne Huffschmid/Teresa Orozco Martínez/Stephanie Schütze/Martha Zapata Galindo (Hrsg.), Politik in verflochtenen Räumen – Los espacios entrelazados de lo político. Festschrift für Marianne Braig, Berlin 2013, S. 476–498.

– Bolivien, in: Silke Hensel/Barbara Potthast (Hrsg.), Das Lateinamerika-Lexikon, Wuppertal 2013, S. 38–44.

Taibo II, Paco Ignacio, Ernesto Guevara. También conocido como el Che, 7. Aufl., Barcelona 1997.

– Die Biografie des Ernesto Che Guevara. Aus dem Spanischen übersetzt von Horst Rosenberger und Andreas Löhrer, Hamburg 1997.

Thieß, Patrick, Klaus Barbie – der Architekt des „Kokainputsches" 1980 in Bolivien. Vom Gestapo-Chef in Lyon zum Leiter der Geheimdienste in Bolivien, Bachelor-Arbeit, Albert-Ludwigs-Universität Freiburg im Breisgau 2012, www.makingsciencenews.com/catalogue/papers/442/download [6. 2. 2018].

U. S. Department of Commerce, Bureau of the Census (Eds.), Bolivia. Summary of biostatistics. Maps and Charts, Population, Natality and Mortality Statistics, Washington 1948.

Viezzer, Moema, „Wenn man mir erlaubt zu sprechen". Zeugnisse von Domitila, einer Frau aus den Minen Boliviens, Köln 1978.

Van Kessel, Juan, Cuando arde el tiempo sagrado, La Paz 1992.

Von zur Mühlen, Patrik, Fluchtziel Lateinamerika. Die deutsche Emigration 1938–1945. Politische Aktivitäten und soziokulturelle Integration, Bonn 1988.

Weismann, Hannah Magdalena, „Sind Sie zuhaus zuhaus?" Der österreichische Schriftsteller Fritz Kalmar und das bolivianische Exil (1939–1953). Diplomarbeit zur Erlangung des Magistergrades der Philosophie, Universität Wien, 2003 [masch.].

Wolff, Reinhard/Fröschle, Hartmut, Die Deutschen in Bolivien, in: Hartmut Fröschle (Hrsg.), Die Deutschen in Lateinamerika. Schicksale und Leistungen, Tübingen/Basel 1979, S. 146–168.

## Filme

Gesucht: Monika Ertl – Die Frau, die Che Guevara rächte. Dokumentarfilm. Regie: Christian Baudissin, Deutschland 1988/89.

My enemy's enemy (Mon meilleur ennemi). Dokumentarfilm. Director/Writer: Kevin Macdonald, Frankreich 2007.

## Bolivien: Gesetze, Dekrete

Decreto Supremo del 16 de Agosto de 1939. El Departamento de Inmigración del Ministerio de RR.EE pasa a depender del Despacho de Agricultura y Colonización. Hasta tanto sea faccionado el estatuto de inmigración no se atenderán solicitudes de ingreso, in: Julio Estrada S./Ricardo Perales S., Inmigración y Extranjería. Disposiciones vigentes 1938–1942, La Paz 1942, S. 24.

Decreto Supremo del 30 de Abril de 1940. Quedan suspendidas con carácter indefinido las autorizaciones de ingreso en favor de elementos semitas, in: Julio Estrada S./Ricardo Perales S., Inmigración y Extranjería. Disposiciones vigentes 1938–1942, La Paz 1942, S. 42 f.

Decreto Supremo del 6 de Mayo de 1940. Prohíbase la concesión de visas de turismo a elementos semitas, in: Julio Estrada S./Ricardo Perales S., Inmigración y Extranjería. Disposiciones vigentes 1938–1942, La Paz 1942, S. 44.

Decreto Supremo del 28 de Enero de 1937. Permisos de Ingreso. Regleméntese su concesión a turistas y extranjeros que deseen radicarse en el territorio nacional, http://www.derechoteca.com/gacetabolivia/decreto-supremo-28-01-1937-3-del-28-enero-1937/ [6. 2. 2018].

Decreto Supremo del 28 de Junio de 1939 – Leyes de Bolivia respecto a las migraciones: Reglamento para el ingreso de agricultores extranjeros, http://www.derechoteca.com/gacetabolivia/decreto-supremo-28-06–1939-6-del-28-junio–1939/ [10. 7. 2017].

Resolución Suprema del 14 de Marzo de 1938. Selección en el ingreso de semitas. El Ministerio se reserva el derecho de autorizar o rechazar el ingreso de semitas de acuerdos a su especificación, capacidad y motivos concretos.

## Interviews

Abendroth, Bernd, La Paz, 30. 10. 2006.
Ajke, Deborah, La Paz, 23. 10. 2006.
Ajke, Marek, La Paz, 10. 11. 2006.
Bauer de Barragán, Dr. Lieselotte, La Paz, 22. 10. 2003; 6. 10. 2005; 9. 10. 2005 und zahlreiche weitere Gespräche.
Bauer, Klaus, La Paz, 20.–21. 10. 2006; 22. 10. 2007 und zahlreiche weitere Gespräche.
Bedregal, Guillermo, La Paz, 16. 10. 2007.
Cajías, Roberto, La Paz, 9. 9. 2006.
Grebe, Horst, La Paz, 23. 9. 2008.
Guttentag, Werner, Cochabamba 17. 10. 2007.
Hercman, Gabriel, La Paz, 23. 10. 2006.
Koziner, Dr. Marcelo, La Paz, 19. 10. 2006.
Kyllmann, Wolfgang, La Paz, 2. 11. 2006.
Libermann, Jacobo, La Paz, 16. 10. 2007.
Lorini, Irma, Berlin, 8. 3. 2016; und zahlreiche weitere Gespräche.
Mocikat, geb. Rector, Kitty, Landshut, 6. 9. 2013.
Rector, Irene, La Paz, 23. 10. 2007.
Rodríguez Ostria, Gustavo, Cochabamba, 7. 9. 2008.
Salzmann, Margitta, 2. 11. 2006.
Schilling, Dieter, La Paz, 22. 10. 2007.
Seligmann, Alfons, La Paz, 1. 10. 2007; 4. 10. 2007.
Simon, Idl, La Paz, 25. 10. 2006.
Stahmer, Bernd, 26. 10. 2006 und 8. 11. 2006.
Süsz, Pablo (Paul), La Paz, 2. 10. 2007.
Szwerdszarf, Luis, La Paz, 20. 10. 2006.
Udler, Roberto C., La Paz, 19. 10. 2006.
Weinheber, Marion, La Paz, 2. 10. 2007.
Weiss, Lieselotte, La Paz, 24. 10. 2006.
Wiener, Guillermo, La Paz, 8. 11. 2006.

# Personenregister